역사연구는 비판적 성찰이어야 한다. 젊은 역사학도의 눈과 발(귀중한 사료의 섭렵)을 통해 한국그리스도교역사의 진면목을 확인할 기회를 누리게 되었다. 특히 신념공동체의 역사를 정술(正述)하려면 더욱 고백적인 자기비판이 필요할 것이다. 지금의 한국그리스도교는 윤리적 기반과 예언자적 점검력을 모두 잃어버린 것으로 보인다. 시의적절한 때에 나온 이 책 저자의 고뇌는 오히려 남은 온기로 한국그리스도교 일말의 가능성을 견인한 것으로 읽힌다. 경탄할 만한 책이다.

_서정민(일본 메이지가쿠인대학 교수, 동 대학 그리스도교연구소 소장)

강성호의 《한국기독교의 흑역사》는 한국 기독교 연구에 파문을 던지기에 충분하다. 이 책이 방법론적으로는 비신학적, 역사학적 비판이면서 시선으로는 외부자가 아닌 내부자로서 던진 비판이기 때문이다. 한국 근현대에서 학살과 부정부패의 역사를 이끌어 온 그러면서 스스로는 전혀 부끄러워하지 않는, 그래서 오죽했으면 '개독교'라고까지 모멸을 들어야 하는 한국 기독교 뿌리의 민낯을 그대로 드러내는 책이다. 그 뿌리가 꽃을 피우기 시작하는 2000년대 이후 벌어진 기독교 수구 세력의 난동의 역사도 이어 연구하여 다시 학계에 내놓기를 학수고대한다.

_이광수(부산외대 교수, 인도사)

드디어 올 것이 왔다. '한국 개신교의 흑역사'를 젊은 사학도의 패기어린 노력 덕분에 정면으로 만나게 되었다. 책을 읽어내기가 마냥 곤혹스러울 줄 알았는데, 당대의 신문, 저술, 보고서, 사진 등의 방대한 자료를 인용해가며 사실관계를 재확인하는 과정은 오히려 매우 흥미진진했다. 한국 개신교가 새로운 시대로 건너가려면 이 책에서 다루는 현대사 속의 물음들을 통과해야 마땅하다. 한국교회의 성숙한 성도들 모두에게 탐독을 권한다.

_양희송(청어람ARMC 대표)

한국사회를 읽으려면 기독교를 읽어야 한다. 신학자나 목사가 아니라 인문학자나 사회과학자, 그리고 독서를 많이 하는 시민들의 말이다. 그리고 이 말 속에 들어 있는 숨은 뜻은 오늘 한국사회의 숱한 병리성의 배후에 한국개신교가 있다는 것이다. 한국사회를 진단하고 개혁하려면 개신교와 한국사회의 불온한 혹은 부당한 만남에 대한 보다 철저한 점검이 필요하다는 뜻이다.

그런 점에서 《한국기독교의 흑역사》는 퍽 유용하다. 마치 신문스크랩처럼 많은 사건들에 대해 간략하면서도 명쾌하게 정리되어 있다. 해서 시민의 비판적 문제인식을 위해 적절한 책이다. 나아가 더 깊은 연구를 하려는 이에게도 어떻게 무엇을 어떤 관점으로 더 조사할지 생각하는 데 큰 도움이 될 만한 저작이다.

_김진호(제3시대그리스도교연구소 연구실장)

한국기독교 흑역사

한국기독교 흑역사
ⓒ 강성호

초판1쇄 발행 2016년 5월 12일
초판4쇄 발행 2020년 6월 3일
초판4쇄 발행 2020년 6월 10일

지은이 강성호
펴낸이 김성민
편집 김성민
디자인 공윤지 최건호

펴낸곳 도서출판 짓다
출판등록 제 633-96-00050호
주소 (08740) 서울특별시 관악구 남부순환로233길, 39. 401호
전화 031-907-3927
팩스 031-905-3927
홈페이지 www.jidda.co.kr
이메일 jiddabooks@gmail.com
ISBN 979-11-956118-1-2 (03230)

이 책의 무단 복제를 금지합니다
책값은 뒤표지에 표시되어 있습니다.
잘못 만들어진 책은 언제든지 교환해드립니다.

짓다 (도서출판 짓다) 밥을 짓고 시를 짓고 집을 짓듯 이야기를 짓다.
짓:다 - 나의 짓, 너의 짓, 우리의 짓

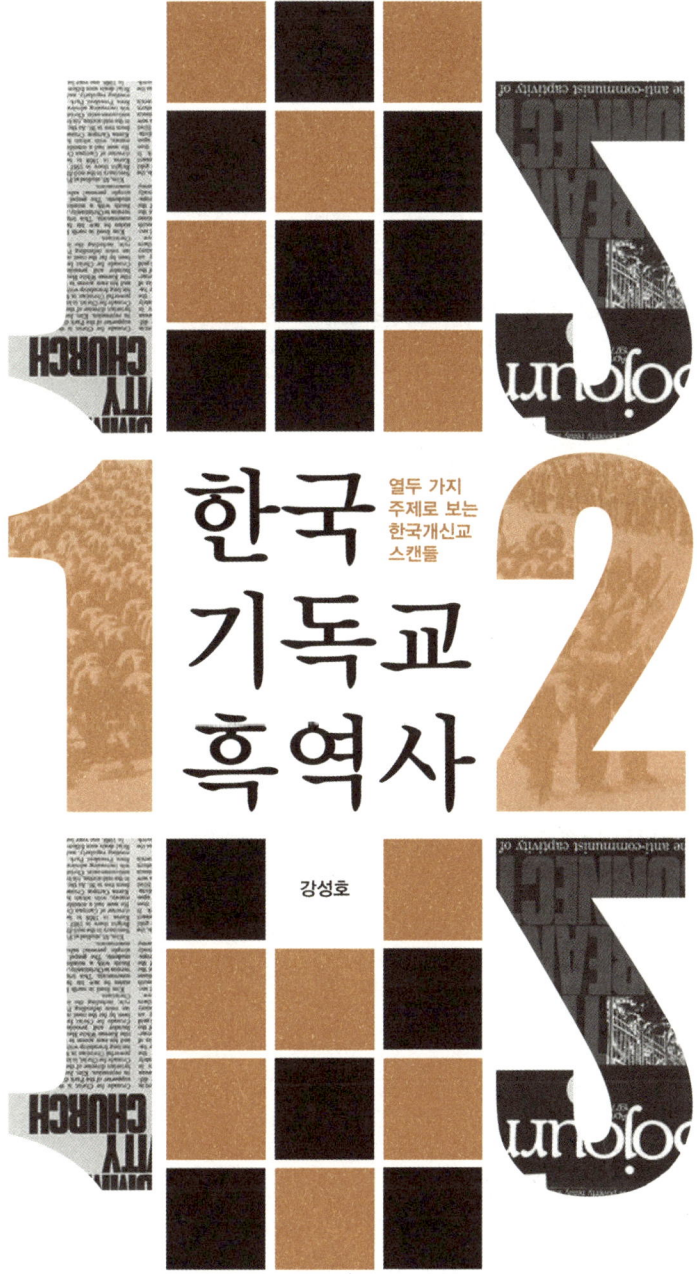

열두 가지
주제로 보는
한국개신교
스캔들

한국 기독교 흑역사

강성호

짓다

차례

감사의 글 11
서론 15

제1부 식민지 경험과 한국기독교

1. 한국기독교의 제도화
조선총독부의 선교사 회유정책 30
조선총독부의 법인설립 허가 33
제도적 기독교로의 재편 36
신사참배의 자발성 39

2. 침략전쟁을 지원하다
전쟁을 지지하기 시작하다 46
군수자원이 된 기독교 50
전쟁 협력의 내적 논리 56
일제의 구약성서 말살정책 60
평화를 고백하기 63

3. 반민특위와 한국기독교
해방정국의 친일 청산 논의 66
친일파 처단의 제도화 70
'교회 보호'라는 논리 75
이승만의 4·15담화 79
반민특위의 와해 82
인적 청산에서 체제 청산으로 84

4. 미완의 과거사 청산이 불러온 비극들
《한국기독교해방십년사》 금서사건(1958) 88
독립운동가로 변신한 친일목사(1977) 94
정춘수 목사 동상 철거 사건(1996) 99

제2부 한국기독교의 왜곡된 정치 참여

5. 민간인 학살에 가담한 기독교인들
테러단체 서북청년회와 기독교 110
목사가 된 테러대장 114
그들의 아버지를 죽인 '예수쟁이' 116
백두산 호랑이 김종원 121
백두산 호랑이, 예수를 믿다 124
무한 유통되는 천박한 회개 신학 128

6. 부정선거에 협력한 한국기독교
경무대에 찬송가 울리게 하자 134
이승만 대통령의 삼선을 위한 노력 136
"우리나라를 바티칸에 팔아먹을 것이다" 140
이승만 정권의 천주교 탄압 145
3·15부정선거와 반천주교운동 148

7. 로마서 13장의 정치학
식민지 시절의 로마서 13장 157
기독교 건국론과 로마서 13장 164
박정희 정권에 대한 한국기독교의 지지 166
로마서 13장을 둘러싼 갈등과 논쟁 174
저항의 근거가 되는 로마서 13장 180

8. 한국기독교의 반공주의운동사
사회주의와의 조우 183
해방 후 반탁운동의 참여 187
북진통일론과 휴전반대운동 190
반공주의의 내면화 193
WCC를 둘러싼 용공논쟁 197
문화냉전: 반공 서적의 편찬 201
88평화통일선언을 둘러싼 갈등 206

9. 불의로 얻은 재물
특혜 위에서 이루어진 교회재건 212
광화문 거리에 회관을 짓다 215
YMCA의 회관재건과 이승만 정권 217
삼선개헌과 총신대 219
K 목사의 눈엔 하나님 너머로 빌딩만 아른거리다 221
"조찬기도회 설교를 통해 예비해 놓으신 땅" 224
학생아카데미의 건립 228
구 러시아 공사관 부지를 얻다 230
한국대학생선교회의 역사왜곡? 232

제3부 한국기독교의 사회적 추문

10. 부동산에 저당 잡힌 한국기독교
강남 개발과 대형교회의 등장 244
환원적 근대화와 교회 성장 250
몸을 팔아 세운 교회 252
장승빈 목사 살인사건 255
교회 건축의 과잉 257
이 성전을 헐라 259

11. 무례한 기독교의 탄생
교회종 문제 262
타종교에 대한 무례함 267
죽음에 대한 무례함 278

12. 기독교기업의 잔혹사
컴패션 집단해고 사건 283
초창기 산업전도 286
강제예배 반대운동 288
기독교기업의 부당해고와 복직운동 293
믿음과 사랑으로 위장한 신애전자 295
신화적 성장의 이랜드, 노조탄압에도 신화창조 299

참고문헌 307

감사의 글

여러 가지 이유로 힘들었던 학창 시절을 그나마 버티게 해준 것은 교회였다. 여기에서 정말 많은 사람들을 만났고, 다양한 경험들을 할 수 있었다. 지금은 기독교와 탈기독교의 경계에서 아슬아슬하게 줄다리기를 하고 있지만 나의 자아 정체성 형성에 교회의 영향은 컸다. 특히, 중학교 1학년 때부터 시작한 교회 찬양단 활동은 일종의 탈출구 역할을 해주었다. 이런 부분에서 나는 교회에 고마운 마음을 가지고 있다.

그런데 문제는 한국현대사에 관심을 갖고 공부하면서 시작되었다. 한국전쟁 초기에 발생한 민간인 학살 사건을 알게 된 계기로 현대사를 집중적으로 공부하기 시작했다. 그때는 진실화해위원회의 활동이 활발했던 시기였는데 내가 살던 울산에서도 보도연맹사건의 유족들이 왕성하게 움직였다. 이런 정황 때문에 현대사 공부와 '기독교인의 사회참여'의 관계에 대해 고민하지 않을 수 없었다. 역사와 사회 속에서 정의와 평화의 가치를 실천하기 위한 기독교인의 노력은 어떠해야 하는지 말이다. 하지만 당시 나는 개인 경건만을 강조하는 교회에서는 답을 얻지 못하고 교회에 괴리감만 쌓여갔다.

　교회에 대한 괴리감은 MB장로의 등장으로 더욱 커져갔다. 세 번째 장로 대통령의 등장 이후 기독교의 생태계는 더욱 악화되는 것 같았다. 이때 스타 목사의 성추행 사건, 대형교회의 무리한 건축비용 집행, 논문 표절, 목사들의 망언과 윤리적 타락 등이 집약적으로 표출되었기 때문이다. 도대체 문제의 원인은 무엇인가, 왜 한국 기독교는 이 지경이 되었을까 하는 물음은 역사를 공부하는 사람으로서 너무나도 당연한 것이었다. 과거의 역사 자료들을 들춰보기 시작했고 탁월한 선행 연구를 읽고 정리해나갔다. 결국 한국현대사를 공부하기 위해 문을 두드린 대학원에서는 '정교유착' 문제를 석사학위논문의 주제로 잡게 되었다. 이와 같은 문제의식의 과정에서 이 책이 열매를 맺은 것이다.

　나는 2년 동안의 작업 끝에 나온 졸저를 통해 한국기독교 역사의 민낯을 적나라하게 드러내고 싶다. 권력에 아부했던 교회 지도자들의 치부를 밝히고, 기독교가 왜 '개독교'라는 비판을 피할 수 없게 되었는지 고발할 것이다. 과거의 치부를 드러내는 작업은 한국기독교의 현실에 대한 풍자이자 고발이기도 하다.

　집필하는 과정에서 정말 많은 분들의 도움을 받았다. 먼저 대학원 수료 후 울산에서 알게 된 형들에게 고마움을 전하고 싶다. 서른 살이 되어 사귀게 된 IVF 출신의 형들은 나의 문제의식과 고민에 관심을 가져주었다. 심지어 의기투합하여 '집단지성-U'라는 모임을 만들어 한 달에 한 번씩 인문학 강연회를 열었고, 김교신의 일기를 함께 읽기도 했다. 광욱, 한신, 재한, 정환 형들은 나에게 정서적 지지를 아끼지 않았을 뿐만 아니라 여러 실제적인 도움을 주었다. 지금은 아련한 울산에서의 활동은 평생 잊지 못할 추억이다.

대학원 졸업 후 나는 전남 순천으로 삶의 터전을 옮겼다. 이때 카이로스와 청어람아카데미에서 한국기독교의 역사를 주제로 글을 써보자는 제의가 들어왔다. 그리고 IVF복음주의연구소에서도 종종 사람들 앞에서 얘기할 수 있는 기회를 주었다. 이런 기회들 때문에 다행히 나는 공부의 끈을 놓지 않을 수 있었다. 감사의 인사를 드리고 싶다.

그리고 한일 기독교의 관계사를 연구하신 서정민 교수님을 비롯하여 이용민, 홍승표, 홍이표, 손승호 선생님들은 한국기독교의 역사를 공부하는 데 좋은 귀감이 되었다. 물리적 거리 때문에 직접적인 왕래는 거의 하지 못했지만 이분들의 연구와 조언은 공부의 외연을 확장하는 데 큰 도움이 되었다. 그밖에 구하기 어려운 자료들을 선뜻 제공해주신 박정규 님, 김성한님, 이범진님, 김영명님, 이강일 목사님, 정병준 교수님, 정지영 편집장님, 박경준님, 서명삼님, 홍신해만님 등의 관심과 배려가 있었기에 책 작업을 원활히 진행할 수 있었다. 혹시나 내가 잊은 분이 있다면 양해를 구하고 싶다.

나에게 책 출간을 권한 도서출판 짓다의 김성민 대표님과는 10년 넘게 알고 지낸 사이다. 2003년 SFC의 대학생대회에서 나는 김성민 대표님의 기독교 인문학 강의를 듣고 이른바 '의식화'가 되어 지금에 이르렀다. 나의 부족한 글을 다듬고 하나의 책으로 만들어 주셔서 감사할 따름이다.

이 책을 쓰는 과정에서 아내와 나는 연인에서 부부가 되었다. 모자란 게 많은 남편을 둔 그녀는 따뜻한 마음과 예리한 통찰력을 가진 사람이다. 그녀와 함께 지내면서 참으로 많은 것을 배우고 있다. 인생의 기쁨과 어려움을 함께 하는 동반자가 있다는 것만으로도 성공한 삶이 아닐까 생각한다. 우리의 사랑이 의롭기 위하여 바르게 알고 깊이 생각하며 옳은 길을 걷는 부부가 되고 싶다.

  끝으로 가족들에게 마음을 전하고자 한다. 사랑하는 우리 엄마, 부족함이 많은 사위를 믿어주셔서 감사한 장인·장모님, 미안한 마음뿐인 여동생 엄지, 든든한 매제, 본받을게 많은 처남, 유쾌하고 씩씩한 차진 엄마. 가족의 소중함을 깨닫게 해주고 힘들 때나 기쁠 때나 함께 해줘서 너무나 소중하다. 이 지면을 빌어 힘이 되어준 가족들에게 경의와 애정을 전하고 싶다.

2016년 4월

강성호

서론

"역사는 악과 불의에 연루된 기독교의 모습에 대해 경고한다."[1]

한국기독교의 문제가 무엇인지, 그 실체를 밝히기 위한 작업은 꽤 진행되어 왔다. 이는 크게 신학적 진단과 역사적 진단으로 구분할 수 있다. 먼저, 최근 기독교계에서 논의되고 있는 '가나안 성도' 현상을 언급할 필요가 있다.[2] 이 현상은 한국기독교의 위기를 방증하는 하나의 징표로 주목받고 있다. 가나안 성도란 '안 나가'란 말을 '가나안'으로 뒤집어서 만든 조어로 "교회에 나가지 않는 기독교인"을 의미한다. 이들은 교회의 분규를 원치 않아 떠다니는 부유층과 달리 보다 선명한 자의식을 갖고 교회의 행태에 대해 비판적인 태도를 취한다. 이들은 교회를 떠났지만

---

1. 에마뉘엘 카통골레 · 크리스 라이스, 『화해의 제자도』, IVP, 2013, 127쪽.
2. 양희송, 『가나안 성도, 교회 밖 신앙』, 포이에마, 2014. 정재영, 『교회 안 나가는 그리스도인』, IVP, 2015.

신앙은 갖고 있기 때문에 교회는 무엇이고 어떠해야 하는지 지속적으로 고민한다. 한국기독교는 가나안 성도들의 질문에 적절한 대답을 제시하고 마땅한 대안을 찾을 수 있을지 그 귀추가 주목된다.

기독교의 정체성은 신학을 통해 형성되므로 한국기독교의 문제를 신학적 실패에서 찾는 건 자연스러운 접근방식이라 할 수 있다. 보수적인 입장으로는 교리를 강조하는 개혁주의 노선이 있다. 이들은 16세기 종교개혁 이후에 전개된 칼뱅주의를 신봉하는데, 한국기독교의 위기가 교리교육의 부재에서 비롯된 것으로 진단한다. 이들은 교리교육의 강화를 통해 한국기독교의 위기를 타개할 수 있다고 여긴다. 그러나 이들은 교리에 지적 사고의 많은 부분을 할애하다보니 전통을 우상시하는 경향이 있다. 이들은 유럽인의 시각으로 해석되고 체계화된 신학을 신앙의 정답처럼 가르치고 답습하는 데에 급급할 뿐이다. 16~18세기 유럽인들의 관점이 반영된 교리체계를 반복한다고 해서 문제 해결의 실마리를 찾을 수 있을지는 무척 회의적이다.

최근에는 한국기독교의 윤리적 실패를 '아르뱅주의'로 설명하는 문제 제기가 있어 주목을 끈다.[3] 이 개념은 메가처치 현상에 천착해 온 신광은 목사가 아르미니우스주의의 '구원의 확신'과 칼뱅주의의 '성도의 견인'을 최악의 방식으로 결합한 한국기독교의 왜곡된 구원관을 가리키기 위해 만든 조어이다. 그의 주장에 따르면, 한국기독교는 아르뱅주의로 인해 자신의 구원을 무제한적으로 확신하고 미래의 구원까지도 안전하게 확보했다고 여긴 결과 윤리적 추진력을 잃어버리고 말았다고 한다. 따라서 아르뱅주의에 물든 한국기독교는 구원에 필수적인 칭의를 말할 뿐

---

3. 신광은, 『천하무적 아르뱅주의』, 포이에마, 2014.

성화에 대해서 얘기하지 않는다고 한다. 아르뱅주의를 통해 한국기독교는 어떠한 실천이나 윤리를 강조하지 않고도 신앙만 있으면 모든 죄가 용서받는다는 교리를 가지게 되었다. 비록, 아르뱅주의가 과연 실재한 것인지는 좀 더 많은 논의를 거쳐야하겠으나 한국기독교의 천박한 회개신학을 고발하는 데 획기적인 담론이라고 말할 수 있다.

한편, 한국기독교가 역사적 산물이라는 점을 착안하여 문제의 원인을 특정한 시공간에서 찾는 경우가 있다. 과거는 사라지는 것이 아니라 현재의 층위를 두텁게 만들면서 현재에 남아있기 때문이다. 역사학은 과거가 현재의 우리에게 제기하는 의미를 해석하는 작업이다. 이런 점에서 역사학은 한국기독교를 진단하는 데 매우 유용한 담론적 실천이라고 할 수 있다.

근본주의 패러다임에 대한 문제제기

한국기독교의 문제에 대한 대표적인 역사적 진단으로는 '근본주의 패러다임'이 있다. 근본주의 패러다임은 초기 내한 선교사들의 성격 규정에 초점이 맞추어져 있다. 이는 한국기독교의 신학적 뿌리가 무엇인지를 규명하기 위한 차원에서 이루어졌기 때문이다. 한국기독교의 역사에서 초기 내한 선교사의 존재는 무척 중요하다. 한국인의 주체성을 강조한다고 해도 이들의 영향력을 무시할 수 없기 때문이다. 초기 내한 선교사들의 신학적 성격과 특징을 밝히는 작업은 매우 중요하지만 이들을 제대로 규명하기란 결코 쉬운 일이 아니다. 그럼에도 불구하고 초기 내한 선교사들을 명쾌한 방식으로 설명하기 위한 작업들이 시도되었다.

주목할 점은 진영의 논리를 정당화하고 강화하기 위한 맥락에서 근본주의 패러다임이 제기되었다는 사실이다. 이는 1950년대 교회분열의 현상과 밀접하다. 한국장로교회의 두 번째 분열(1953)을 통해 성립된 기독교장로회는 초기 내한 선교사들의 신학을 최초로 근본주의(Fundamentalism)로 규정하였다.[4] 진보 신학을 견지한 기독교장로회의 입장에서는 초기 내한 선교사들의 부정적 영향을 강조할수록 자신들의 정당성이 확보되었기 때문이다. 이들은 1957년 8월에 창간된《기독교사상》지를 중심으로 한국기독교의 보수적 성경관을 비판하였는데, '근본주의'를 특집으로 내건 1960년 2월호는 근본주의에 대한 전형적인 이해와 평가를 낳았다.

1960년대 초반에 전개된 토착화 신학 논쟁은 초기 내한 선교사들의 선교정책을 비판적으로 재조명하는 계기가 되었다. 이 논쟁은 1960년대에 민족 문제가 주요 담론으로 등장한 맥락에서 이해할 필요가 있다.[5] 토

---

4. 근본주의는 1910년부터 1915년에 걸쳐서 출판된 『근본들』(The Fundamentals)이란 소책자 시리즈에서 명칭이 유래되었다는 것이 현재의 정설이다. 근본주의는 ① 성경 원본의 무오성 ② 그리스도의 동정녀 탄생 ③ 그리스도의 대리적 속죄 ④ 그리스도의 역사적 부활과 재림 ⑤ 성경에 기록된 기적들의 실재성 등 5가지 교리를 중시하는 하나의 종교운동이라 할 수 있다. 근본주의는 세속화 현상에 대한 보수주의자들의 방어기제라는 성격이 강하여 전투적인 입장을 취하는 경향이 있다.

5. 토착화 신학 논쟁은 1962년 유동식이 『감신학보』에 「복음의 토착화와 한국에서의 선교적 과제」라는 글을 투고하면서 촉발되었다. 여기에 대해 한신대의 전경연은 『신세계』에 「기독교문화는 토착화할 수 있는가?」를 게재하면서 이를 반박하였다. 유동식은 지면을 『기독교사상』로 옮겨 논쟁의 물꼬를 이어나갔다. 즉, 1963년 4월호 『기독교사상』에 「기독교의 토착화에 대한 이해」를 실었던 것이다. 그러자 전경연은 1964년 5월호 『기독교사상』에 「토착화이론은 원시화를 의미」라는 반박 논문을 올렸다. 유동식이 기독교의 특수성을 강조했다면, 전경연은 기독교의 보편성에 주목했다고 볼 수 있다.

착화 신학은 서구의 신학을 그대로 답습하기보다는 한국적 상황에 맞게 재해석하여 한국적 신학을 수립하려고 했던 시도였다. 한마디로 한국 기독교의 주체성을 추구하는 신학적 작업이었다. 무엇보다 토착화 신학은 한국기독교가 서구의 신학을 지나치게 의존하는 경향에 대한 반동이었다. 이는 자연스럽게 한국기독교의 자립에 대한 고민으로 이어졌고 근본주의 패러다임을 강화시킨 요인이 되었다. 초기 내한 선교사들에 의해 이식된 근본주의를 한국적 신학을 수립하는 결정적인 장애로 인식했기 때문이다.

초기 내한 선교사들에 대한 부정적 서술은 1972년 한국교회사에 관한 최초의 통사를 저술한 민경배 교수를 통해 한층 강화되었다.[6] 그는 토착화 신학의 연장선상에서 '민족교회'라는 관점을 제시하였다. 민경배 교수는 한국교회사를 민족교회의 형성사로 이해하였는데, 내한 선교사들을 민족교회의 설립에 저해되는 요소로 보았다. 특히 그는 내한 선교사들의 비정치화 정책을 문제 삼았다. 그의 논지는 초기 내한 선교사들을 근본주의자로 설명하는 데 유용한 전거를 제공하였다.

한편, 윤성범은 1963년 5월호 『사상계』에 「환인, 환웅, 환검은 곧 하나님이다」라는 소논문을 실어 논쟁의 불길에 기름을 끼얹었다. 그의 토착화 신학은 단군설화의 삼신을 삼위일체와 연결하려는 시도였다. 그에 대한 반박은 박봉랑과 전경연이 제기하였다. 박봉랑은 1963년 7월호 『사상계』에 「기독교 토착화와 단군신화」라는 글을 게재하였고, 전경연은 1963년 8·9월호 합본호 『기독교사상』에 「윤성범의 환인, 환웅, 환검은 곧 하나님이다에 대한 논평」을 실었다. 이처럼 토착화 신학 논쟁은 '유동식 vs 전경연'과 '윤성범 vs 박봉랑, 전경연'의 구도로 진행되었다. 재미있는 건 이 구도가 토착화 신학을 주장하는 감리교의 신학자(유동식, 윤성범)와 토착화 신학을 거부하는 기독교장로회의 신학자(전경연, 박봉랑)로 구분된다는 점이다.

6. 민경배, 『한국기독교회사』, 대한기독교서회, 1972.

나는 현재 한국기독교의 신학이 근본주의적 경향을 띠고 있고, 이 근본주의 신학이 한국기독교의 제반 문제들을 야기하고 있다는 데 동의한다. 하지만 초기 내한 선교사들의 신학노선이 과연 근본주의였는지는 재고할 필요가 있다고 본다. 가장 큰 이유는 미국의 근본주의 운동과 시기상 거리가 있기 때문이다. 근본주의가 하나의 운동으로 형성된 건 1920년대로 들어서면서였다. 하지만, 초기 내한 선교사들은 1880년대부터 1900년대에 걸쳐 조선에서 활동한 이들이다. 시기상 일치하지 않는 맹점이 있다. 오히려 초기 내한 선교사들의 신학노선은 청교도주의, 경건주의, 복음주의로 요약될 수 있다. 한 예로, 한국장로교회의 형성에 큰 영향을 미친 매코믹(McCormick)신학교 출신의 선교사들은 경건주의, 부흥운동, 행동주의 유형의 복음주의를 뿌리내리는 데 기여하였다.[7] 근본주의가 한국기독교에 이식된 과정을 살펴보기 위해서는 해방 후 내한한 '메이첸파' 선교사들과 국제기독교연합회(ICCC: International Council of Christian Churches)의 동향을 주목할 필요가 있다고 본다.[8]

이와 함께 내가 제기하고 싶은 또 다른 문제는 초기 내한 선교사들의 신학을 '근본주의'로 규정한 뒤 모든 문제를 근본주의 탓으로 돌리는 관점이다. 초기 내한 선교사들의 신학노선이 과연 근본주의였는지 의문이거니와 이후의 모든 현상을 근본주의로 설명하는 것도 동의하기 어렵다. 이런 환원주의적 논리는 역사적 정밀성을 떨어뜨리거나 아예 무관심하게 만드는 역설을 낳는다. 왜냐하면, 모든 문제에 대한 설명이 근본주의

---

7. 이재근, 「매코믹신학교 출신 선교사와 한국 복음주의 장로교회의 형성, 1888-1939」, 『한국기독교와 역사』 제35호, 2011, 5-46쪽.

8. 이 부분은 향후 다른 지면을 통해 발표하고자 한다.

로 아주 쉽게 끝나버리기 때문이다.

내가 보기에 근본주의 패러다임은 일종의 신화에 가깝다. 이러한 신화는 역사적 사실관계를 아주 모호하게 만들어 버릴 뿐만 아니라 심지어 은폐하기까지 한다. 근본주의 패러다임 때문에 한국기독교의 역사를 비판적으로 규명하는 일이 게을러진 것은 아닐까. 모든 사실을 아주 명확하게 얘기하기 때문이다. 한국기독교의 한계와 문제를 굳이 근본주의라는 범주로만 접근하려는 방식은 지양될 필요가 있다.

한국기독교의 과거 청산 문제

이 책은 한국기독교의 과거 청산 문제를 통사적으로 다루는 데 목적이 있다. 한국현대사에서 풀어나가야 할 과거 청산 문제는 너무나 광범위하다. 한국전쟁 전후의 민간인 학살(Genocide) 문제, 제1공화국 시기의 부정선거, 군사독재시절의 인권유린 문제 등 아직 청산되지 못한 사안들이 너무나 많다. 이는 한국교회사의 영역에서도 마찬가지다. 한국기독교는 지배 권력과의 야합 속에서 이념 대립을 조장하고 전쟁을 찬양했으며 독재 권력의 정당성을 선전하였다. 이뿐만이 아니다. 한국기독교는 시민 사회 속에서 종교 인권을 침해하는 과오를 범하기도 했다. 주류의 종교가 되기 위하여 폭력과 지배문화를 수용한 결과이다.

지금까지 한국기독교의 과거 청산 문제를 다룬 글은 적지 않았다.[9] 그

---

9. 김용복, 「해방후 교회와 국가」, 『국가권력과 기독교』, 민중사, 1982. 이장식, 「한국 정치현실과 교회」, 『교회와 국가』, 엠마오, 1988. 이만열, 「한국 현대사에 나타난 과거사 청산의 문제」, 『신학사상』 92집, 1996. 김승태, 「일제 말기 한국기독교계의 변질·개편과 부일협력」, 『한국기독교와 역사』 제24호, 2006. 강인철, 「해

러나 이 문제에 대한 엄밀하고 실증적인 검토는 거의 이루어지지 못했다. 그나마 최근 발표된 굵직한 연구들은 역사의 퍼즐을 맞추는 데 큰 통찰력을 주지만 대중적으로 전달되기에 어려운 내용이고 특정 시기에 국한된 경우가 대부분이다.[10] 따라서 이 책은 식민지 경험, 한국전쟁, 냉전, 군사독재, 산업화 등으로 이어진 근현대사의 흐름 속에서 한국기독교의 역사적 과오를 실증적으로 살펴보는 데 일차적인 목적이 있다.

과거 청산 문제는 주로 '기억투쟁' 내지 '기억의 정치학' 담론으로 논의되어 왔다. 일반적으로 기억의 정치학이란 국가권력의 공식기억과 민중의 대항기억이 상호 충돌하고 타협하면서 다시 쓰는 기록이라고 할 수 있다. 이 두 가지 형태의 기억은 자신들의 역사적 정당성을 주장하면서 두 개의 대립되는 해석을 내놓는다. 논의의 장을 조금 옮겨보자면, 지금까지 한국교회사는 호교론(護敎論)의 관점에서 전유된 측면이 강했다. 이러한 호교론은 현재를 위한 신화적인 정당화로 한국교회사를 재구성하였다. 여기에는 최소, 생략, 부정, 책임 전가, 합리화라는 네 가지의 프레임이 존재한다. 즉 1950년대 교회 분열 현상을 상대방에게 묻고(책

방 이후 4·19까지의 한국교회와 과거 청산 문제」, 『한국기독교와 역사』 제24호, 2006. 장규식, 「군사정권기 한국교회와 국가권력」, 『한국기독교와 역사』 제24호, 2006. 박정신·박규환, 「'뒤틀린 기독교' 굳히기」, 『현상과 인식』 36권 1호, 2012.

10. 김승태, 「일제의 식민지 종교정책과 한국 기독교계의 대응, 1931~1945」, 한국학중앙연구원 종교학 박사학위논문, 2005. (김승태, 『식민권력과 종교』, 한국기독교역사연구소, 2012로 출간됨) 강인철, 『한국의 개신교와 반공주의』, 중심, 2007. 장숙경, 「한국개신교의 산업선교와 정교유착」, 성균관대 사학과 박사학위논문, 2009. (장숙경, 『산업선교, 그리고 70년대 노동운동』, 선인, 2013으로 출간됨) 최태육, 「남북분단과 6·25전쟁 시기(1945-1953) 민간인집단희생과 한국기독교의 관계연구」, 목원대 신학과 박사학위논문, 2015.

임 전가), 납북 사실을 강조하는 반면 부일협력에 대해서는 전혀 거론하지 않고(생략), 자신들의 정통성을 강조하거나(합리화) 치부를 전면적으로 거부한다(부정). 이러한 프레임으로는 한국기독교의 과거 청산 문제를 전혀 물을 수가 없다. 따라서 이 책은 호교론의 프레임에 맞서기 위한 대항기억을 제시하려고 한다. 아마 저자로서 내 논의의 최전선은 이 지점이지 않을까 싶다.

이 책에 수록된 글들은 조선총독부의 문화정치가 시작되는 1920년대부터 시작해서 1980년대까지의 사건들을 대상으로 하고 있다. 책의 구성은 크게 세 부분으로 이루어져 있다. 식민지 유산의 문제를 다룬 1~4장은 식민지 경험이 해방 후 한국기독교에 어떠한 영향을 미쳤는가를 조명하였다. 일제 식민지 시기가 남긴 부정적 유산의 그늘에 한국기독교가 아직도 머물러 있다는 인식을 반영하고 있다. 식민지 유산의 연속성을 강조하고 있다고 볼 수 있다. 나는 식민지 유산이 한국현대사를 결정짓는 구조적 요인이라고 생각하지만 식민지 유산의 단절성도 함께 고려해야 한다고 본다. 식민지 유산의 연속성만을 강조하다보면 위에서 살펴본 근본주의 패러다임과 같이 환원주의적 오류를 쉽게 범할 수 있기 때문이다.

책의 5~9장은 한국전쟁, 냉전, 독재라는 키워드를 중심으로 한국기독교의 역사를 살핀다. 좀 더 압축적으로 얘기하자면, 냉전 논리의 내면화와 정교분리의 왜곡을 다룬다. 냉전 논리의 내면화를 통해 한국기독교는 증오의 언어를 내뱉는 데 익숙해졌다. 냉전적 세계관은 '빨갱이', '자유주의자', '이단'과 같은 외부 집단을 정의하게 만들고, 권위에 대한 절대복종을 요구한다. 이는 헌법에 명시된 정교분리의 원칙을 사문화하는 현상으로 귀결되었다. 독재정권이 정치적 헤게모니를 장악하고 있는 동안 이루어진 정교유착의 역사를 실증적으로 검토한다.

마지막으로 10~12장은 주류 종교가 되어 버린 한국기독교의 사회적 추문을 다룬다. 한국 사회에서 기독교는 주류 중의 주류라고 할 수 있다. 한 예로, 정부 수립 이후 현재까지 대통령은 11명인데 기독교가 4명(이승만, 윤보선, 김영삼, 이명박)으로 가장 많은 수를 자랑하고 있다. 이밖에 다양한 영역에서 기독교인은 기득권을 쌓았다. 그렇다면, 이들은 성서의 가르침대로 빛과 소금의 영향을 미치고 있을까. 오히려 한국기독교는 교회 건축의 과정에서, 타종교와의 관계 속에서, 죽음에 대한 태도에서, 노동자와의 관계에서 아주 심각한 폭력을 행사하고 있다. 10~12장은 한국기독교가 시민의 자유를 어떻게 침해했었는지를 살필 것이다.

역사를 다시 생각해본다는 것은 단지 과거를 되돌아보는 것이 아니라 현재를 응시하는 일이다.[11] 이 책은 과거를 그대로 재현하고자 쓴 것이 아니다. 객관적 역사란 존재할 수 없다. 역사가는 자신의 관점에서 역사를 재단하기 때문이다. 단지, 한국기독교가 범한 오류들을 보여줌으로써 앞으로 무엇을 피해야 하는지를 얘기하고자 이 책을 썼다.

---

11. 하워드 진, 『하워드 진, 교육을 말하다』, 궁리, 2008, 172쪽.

제1부
식민지 경험과 한국기독교

제도적 기독교로의 재편은 국가권력의 부당한 요구와 명령을 거부할 수 없도록 한다. 조직의 생존을 위해서라면 무엇이라도 할 수 있기 때문이다. 이러한 이유로 제도적 기독교의 관점에서 부일협력 문제를 조명한다면 그동안 은폐되어 왔던 사실을 발견할 수 있다. 한국기독교의 부일협력에는 조직의 유지를 위해 '자발적'으로 선택한 측면이 있다는 사실이다.

1. 한국기독교의 제도화

　복음서에는 예수가 사람들과 함께 음식을 나누는 이야기가 가득하다. '먹보에다 술꾼'인 예수의 별명을 생각하면 자연스러운 현상이다. 혹자는 예수가 해온 일을 '밥상공동체운동'이라고 불렀다.[1] 예수가 그 당시 사회적 지탄을 받고 있던 사람들과 함께 밥을 먹으며 어울렸던 점에서 착안한 표현이다. 예수의 밥상공동체운동은 단순한 식사 모임이 아니었다. 예수의 밥상공동체운동은 공동식사와 해방의 경험(정의·평화·기쁨)이 서로 결합하는 형태로 나타났다. 이는 삶 자체를 나누어 소외된 이웃들에 대한 사랑과 연대를 나타내는 가장 구체적인 행동이었다. 예수의 밥상은 환대와 공동체가 구현되는 장이었다.

　사도행전에 나오는 초대교회 역시 밥상 공동체였다. 집집마다 돌아가며 빵을 나누고 기쁜 마음으로 음식을 함께 먹었다. 밥상공동체의 실현

---

1. 박재순,『예수운동과 밥상공동체』, 남명문화사, 1987, 195-234쪽. 안병무,「밥상공동체의 실현」,『민중신학 이야기』, 한국신학연구소, 1988, 315-330쪽.

으로써 그들 가운데 가난한 사람은 한 명도 없었다고 한다. 땅이나 집을 가진 사람들이 재산을 팔아 골고루 나누었기 때문이다. 일종의 원시 공산사회가 실현된 것이다. 그런데 고린도전서를 살펴보면 문제가 발생한 것을 알 수 있다. 당시 교회공동체의 공동식사에서는 가진 자들이 저희들끼리 모여 배불리 먹고 취했다. 그들은 음식을 가져오지 못한 가난한 사람들을 모욕하고 멸시했다. 이를 해결하고자 바울은 공동식사와 성찬식을 엄격히 분리함으로써 성찬식만 남게 하였다. 그러나 이러한 조치는 예수의 밥상공동체운동을 종교의식인 성찬식으로 형식화한 꼴이었다. 이로써 예수공동체운동은 파괴되고 종교의식만 남게 되었다. 예수의 삶과 사상은 제도화되어 버렸다.

한국기독교의 역사도 이러한 측면에서 이해할 수 있다. 1910년을 전후로 한국기독교는 조직을 정비하기 시작했다. 가령 장로교회는 1907년 최초의 노회(지역조직)를 결성하였고, 1912년 총회(전국조직)를 발족하였다. 남·북 감리교회는 1910년을 전후로 별도의 연회조직을 만들었다가 1930년에 합동을 하여 '기독교조선감리회'를 탄생시켰다. 이로써 한국기독교는 하나의 사회조직으로 완비되었다.

문제는 1920년대에 이르러 한국기독교가 제도화의 길을 걷게 되었다는 점이다. 조직에는 두 가지의 중요한 메커니즘이 작용한다. 하나는 조직의 자기 존속을 위한 '유지의 메커니즘'이고, 다른 하나는 조직의 목적을 이루고자 하는 '성취의 메커니즘'이다. 문제는 유지의 메커니즘이 강해질수록 목적 전치 현상이 발생할 가능성이 크다는 사실이다. 이 현상은 본래의 목적이 수단으로 전락하고, 목적을 이루기 위한 수단이 사실상 목적의 위치를 차지하게 되는 것을 말한다. 1910년을 전후로 조직을 정비한 한국기독교는 유지의 메커니즘이 과잉되어 제도화된 교회를 지키고, 성장, 확장하는 데 온 힘을 다하게 되었다. 그 결과 목적 전치 현상이 발생하여 한국기독교는 조선총독부의 지배체제로 편입되기 시작하였다.

먼저, 식민지의 통치구조가 형성된 통감부 시기(1905~1910)를 살펴보자. 초대 통감인 이토 히로부미(伊藤博文)는 내한 선교사들의 기득권을 보장해 주는 조치를 취했다. 선교사의 명의로 되어 있는 교회부지, 전답, 주택 등의 소유권을 인정해 줄 뿐만 아니라 면세 특권까지 부여하였다. 이토 히로부미가 내한 선교사들을 우대한 이유는 조선병합에 대한 국제여론의 호전을 노렸기 때문이다. 내한 선교사들은 일본의 대외선전에서 우선적으로 중요한 대상이었다는 점을 기억할 필요가 있다. 상세한 검토가 필요하나 재일사학자 강동진이 "평양지방에서 기독교가 급속한 발전을 이룬 것은 이토 히로부미의 기독교 보호정책과도 관련한다"라고 서술한 내용은 곱씹을 필요가 있다.[2]

1910년 일본의 조선병합 이후 조선총독부는 내한 선교사들을 압박하는 정책을 취하기 시작하였다. 1915년 포교규칙을 제정하여 선교의 자유를 제한하였고, 미션스쿨의 종교교육을 금지하였다. 한편, 조선총독부는 어용적인 일본조합교회를 식민지 조선에 침투시켰다. 1910년 10월 1일 일본조합교회는 '조선전도부'를 설치하고 와타세 쓰네요시(渡瀨常吉)를 파견하였다. 그는 조선총독부의 막대한 자금 원조를 받으며 전도를 명목으로 식민 지배를 뒷받침하였다. 1913년에 출판한 《조선교화의 급무》라는 책에서 와타세는 "그들(조선인)을 동화시켜 우리의 충성스런 신민으로 만들어 병합의 대목적을 철저히 해야 하는 일본인으로서의 입

---

2. 강동진, 『일본의 한국침략정책사』, 한길사, 1980, 74쪽.

장"을 밝히기도 했다.³ 독립운동가의 활동을 감시한 유일선과 '직업적 친일분자'라는 평가를 받는 선우순이 일본조합교회에 적극적으로 참여하였다.

조선총독부의 선교사 회유정책

하지만 1919년 3·1운동이 발발하면서 조선총독부의 기독교정책은 강경노선에서 온건노선으로 바뀐다. 미국과의 우호적인 관계가 이전보다 더욱 중시되면서 내한 선교사의 중요성이 부각되었기 때문이다. 특히, 1919년 9월 제3대 총독으로 부임한 사이토(齊藤實)는 적극적으로 선교사 회유정책을 펼치기 시작하였다. 그는 미국 워싱턴에 4년 간 체류하면서 교회도 나가고 영어로 일기를 쓸 정도로 어학실력을 갖춘 지미파(知美派)였다. 한 연구자는 그가 정책관계를 넘어서 선교사들과 두루 교제를 즐겼던 것으로 추측하였다.⁴ 그래서인지 그에게 우호적인 내한 선교사들이 많았다. 사이토 총독은 미국인과의 만남을 빈번히 가졌는데, 그중에서도 웰치(H. Welch) 선교사와 브로크맨(F. M. Brockman) 선교사 등을 자주 만났다.⁵ 지방순시를 갈 경우에도 사이토 총독은 꼭 그 지방에 거주하고 있는 선교사를 만나고 오찬회를 베풀었다고 한다. 그의 회유솜씨는 너무나도 유명해서 총독부 안에서 사이토 총독을 가리켜 '선교사 담당'이라고 불렀을 정도라고 한다.

---

3. 渡瀨常吉,『朝鮮敎化の急務』, 警醒社, 1913.

4. 이성전,『미국선교사와 한국근대교육』, 한국기독교역사연구소, 2007, 52쪽.

5. 강동진,『일본의 한국침략정책사』, 88쪽.

조선총독부의 선교사 회유정책은 선교사들의 요구를 적극 반영하는 형식으로 전개되었다. 사이토 총독의 부임에 맞춰서 선교사들은 연합대회를 개최한 적이 있다. 조선총독부는 학무국장을 보내 총독부의 시정방침을 설명하고 선교사들의 의견을 물었다. 이에 따라 선교사들은 진정서를 제출하여 자신들의 의견을 피력하였다. 선교사들은 전도, 교육, 의료, 종교 문헌, 재산권, 도덕적 개선 등 크게 여섯 가지 분야에 대한 사항을 요구하였다. 이들의 요구는 조선총독부의 선별을 거쳐 선교사 회유정책에 반영되었다.

일제의 선교사 회유정책은 크게 포교규칙의 개정과 종교교육 금지의 폐지, 그리고 기독교단체의 법인화 허용으로 구분할 수 있다. 결론부터 말하자면, 선교사 회유정책의 핵심은 식민지 조선의 기독교를 보수화하여 식민지배의 한 축으로 삼는 것이었다. 식민지 조선의 기독교가 가진 기득권을 보장해주는 방식으로 말이다.

우선, 조선총독부는 포교규칙을 개정하여 선교사들의 환심을 샀다. 당시 식민지 조선은 1915년에 제정된 포교규칙 때문에 선교활동이 자유롭지 못했다. 일제는 포교규칙을 통해 교파신도와 불교, 그리고 기독교만을 '공인종교'로 인정한 뒤 행정적인 통제를 가하였다. 포교규칙 하에서 선교활동과 교회설립 등은 일제의 허가 없이는 불가능했고, 부흥회나 기도회를 개최할 경우 경찰의 감시를 받아야 했다. 이에 선교사들은 포교규칙에 의한 종교통제에 불만을 품고 자유로운 선교활동을 요구하였다. 이를 수용한 조선총독부는 허가제를 신고제로 바꾸어 행정수속을 간소화하였다. 조선총독부는 규제를 완화함으로써 선교사들을 포섭하였다. 포교규칙의 개정 이후 교회 수는 크게 증가하였다.

또한, 조선총독부는 기존의 종교교육 금지를 폐지하여 선교사들의 호감을 얻어냈다. 1915년에 조선총독부는 교육과 종교의 분리 원칙을 내세우며 미션스쿨의 종교교육을 완전 금지한 적이 있었다. 이는 선교사들의 주력사업인 교육사업의 존립을 위협하는 문제였다. 따라서 조선총독부는 선교사 회유정책의 일환으로 미션스쿨의 종교교육을 허가하였다. 여기까지는 문제가 전혀 없어 보인다. 이러한 상황에서 조선총독부는 지정학교제도를 시행하였다. 이는 미션스쿨의 학력을 인정하여 상급학교에 진학할 수 있는 자격을 주는 제도이다.

문제는 이 제도를 통해 미션스쿨이 식민지 교육체제로 귀속되기 시작했다는 사실이다. 미션스쿨은 근본적으로 기독교교육을 시행하기 위한 곳이었고, 일제가 강요하는 교과과정을 거부하는 성격도 지녔다. 하지만 경신학교, 계성학교, 신흥학교, 신성학교 등의 미션스쿨들은 지정학교로 인가된 이후 일제가 요구하는 교과과정을 따르기 시작했다. 식민지 조선의 기독교는 지정학교로 인가받기 위해 총독부의 시혜를 바라는 입장을 가지게 되었다.

〈표1〉 식민지 시기 장로교회의 재정 구조

큰 항목	작은 항목	1918	1921	1924	1927	1928	1932	1936	1940
교회내 직접경비	목사 급여	11.7	11.3	14.0	16.0	17.8	14.7	20.4	28.3
	조사 급여	9.7	12.3	11.9	7.5	6.9	0	0	0
	신학생비	0.2	0.2	0.1	0.1	0	0	0	0
	전도인 급여	0	0	2.8	2.7	2.1	0	0	0
	교육비	0	0	3.0	0.5	5.1	4.9	6.7	10.8
	합계	21.6	23.8	31.8	26.8	31.9	19.6	27.1	39.1
교회내 간접경비	건축비	21.6	27.3	22.3	15.4	16.2	9.5	22.4	18.3
	회당공용	17.6	13.4	0	12.8	8.5	5.8	5.8	7.3
	합계	39.2	40.7	22.3	28.2	24.7	15.3	28.2	25.6
교회밖 직접경비	총회노회비	1.5	1.7	2.0	9.3	2.4	1.7	2.7	2.2
	전도비	5.0	6.2	3.2	1.8	2.8	5.1	4.4	4.9
	특별연보	0.2	0.2	0.3	0.1	0.1	0.1	0.1	0
	합계	6.7	8.1	5.5	11.2	5.3	6.9	7.2	7.1
교회밖 간접경비	학교용비	30.8	25.6	38.9	28.2	35.8	56.9	33.6	22.5
	구제비	1.6	1.8	1.6	1.1	1.2	0.8	0.8	0
	특별보조비	0	0	0	0	0.8	0.4	0.6	0
	합계	32.4	27.4	40.5	29.3	37.8	58.1	35	22.5

출처: 노치준, 『한국의 교회조직』, 민영사, 1995, 297-302쪽을 참조함.

위의 표는 식민지 시기 장로교회의 재정 구조를 총회록을 토대로 정리한 것이다. 여기에서 우리는 교회 밖 간접경비에 드는 미션스쿨 운영비(학교용비)가 가장 큰 비중을 차지하고 있다는 사실을 알 수 있다. 전체 지출 내역의 23~57%를 차지하고 있다. 1% 전후의 구제비와는 사뭇 다르다. 즉 미션스쿨의 유지와 운영은 장로교회의 큰 관심거리였다. 따라서 일제가 신사참배를 강요할 때 장로교회는 미션스쿨의 유지를 위해 이를 받아들인 측면이 있었다. 그런데 역설적으로 이러한 과정을 거쳐 미션스쿨들은 본래의 설립취지와 멀어지게 되었다. 아시아·태평양 침략전쟁 시기에 미션스쿨들은 황국신민을 양성하는 교육기관으로 전락하고 말았기 때문이다.

조선총독부의 법인설립 허가

1912년 3월 조선총독부는 '조선민사령'을 공포하면서 식민지 조선에 부동산 등기제도를 실시하였다. 이를 계기로 부동산에 관련된 제반사항은 등기를 통해서만 이뤄져야 했다. 실질적인 시행은 토지조사사업이 완료된 1918년부터 이루어졌지만 말이다. 조선총독부는 등기된 토지에 대한 배타적인 소유권을 인정함으로써 근대적 부동산제도를 식민지 조선에 도입하였다. 유의할 점은 이러한 조치가 식민 지배를 위해 마련되었다는 사실이다.

조선총독부는 이를 바탕으로 1920년대에 기독교단체의 법인설립을 허용하기 시작하였다. 이는 선교사 회유정책의 핵심전략 중의 핵심이었다. 그 이전만 해도 식민지 조선의 기독교는 재산을 개인 명의로만 등기해야 했던 관계로 안정적인 재산의 보호가 어려웠다. 한 예로, 소유권을 둘러싼 분쟁이 일어날 경우 교회의 권리는 법적으로 인정되지 않았기 때문에 법적으로 대응하기가 난감했다. 따라서 선교사들은 교회 및 선교회를 법인으로 인정할 것과 개인 명의로 등기되어 있는 재산을 이전할 경우 세금 혜택을 줄 것을 지속적으로 요구하였다. 그러나 선교사 회유 정책이 시행되기 전에는 번번이 거절을 당했다. 조선총독부는 서구 선교사들이 관할하는 종교단체에 재단법인이 설립되면 자신들의 식민 지배가 어려워질 것을 우려했기 때문이다.

1919년 3·1운동 이후 선교사들은 교회 및 선교회 명의로 재산을 등기할 수 있도록 법인의 설립을 요청하는 진정서를 총독부에 제출하였다. 이 사안에 대해 총독부는 수용의 뜻을 표시했다. 당시 미국 북감리교의 선교사인 빌링스(Billings)에 의하면, 진정서를 제출한 며칠 뒤 사이토 총독은 자신을 만나 진정서를 검토했다며 그 중의 많은 제안들이 수용될 것이라고 보장했다고 한다.[6] 그러나 기독교단체의 법인설립은 그 즉시 시행되지 않았다. 법인의 종류와 세금 문제 등을 조율해야 하는 문제가 남아 있었기 때문이다.

1924년 조선총독부는 여러 교파의 책임자들을 불러 법인설립을 허용하겠다는 의사를 밝혔다. 이를 계기로 기독교단체들은 재산권 행사의 주체가 되어 법의 보호를 받으며 재산을 지킬 수 있게 되었다. 특히, 1924년부터 1926년까지 2년 동안은 선교회의 법인설립이 집중적으로 이루어졌다. 이때 미국 북장로교 선교부, 미국 남장로교 선교부, 미국 남감리교 선교부, 미국 북감리교 선교부, 캐나다 장로교 선교부, 호주장로교 선

---

6. 안유림, 「일제하 기독교 통제법령과 조선기독교」, 이화여대 사학과 박사학위논문, 2012, 217쪽.

18년 만에 이루어진 장로교회의 재단법인 설립을 보도하고 있다. (출처: 1930년 9월 4일자 《동아일보》)

교부 등의 선교부가 재단법인을 설립하였다. 주목해야 할 점은 조선총독부로부터 세금감면의 혜택을 받았다는 사실이다. 30/1000의 비율이었던 세금이 5/1000의 비율로 감면된 것이다.

선교사 회유정책의 결과 선교사들은 조선총독부에 협조하는 태도로 경도되었다. 당시 한 잡지는 선교사들이 "그 아래에 있는 신도에게 향하여 정치운동과 종교는 다르다는 것을 강조하면서 모든 권세는 하나님에게서 나온 것이니 권세자에게 굴복"하라고 일러주는 모습을 꼬집을 정도였다.[7] 심지어, 한국감리교의 감독(1916~1928)을 지냈던 웰치(H.

---

7. 「에루살렘의 조선을 바라보면서」, 『개벽』 61, 1925, 61쪽.

Welch) 선교사는 사이토 총독을 '기독교 정신의 구현자'라고 불렀으며,[8] 스코필드(F. W. Schofield) 선교사는 식민지 조선의 지도자들에게 "공연히 일본 통치를 공격만 하지 말고 스스로 고치고 타일러 민족을 위한 길을 찾아보시오. 당신네들은 일선(日鮮) 공존공영의 필요를 인정하고 온전한 사상을 가지는 것이 이로울 것"이라고 타이르기도 했다.[9] 이와 같은 선교사들의 부일화에 식민지 조선의 사람들이 반감을 갖게 된 것은 당연한 일이다.

제도적 기독교로의 재편

기독교단체의 법인화와 관련하여 조선총독부는 장로교회를 분리하고 차별하는 정책을 펼쳤다. 1920년대 조선총독부는 선교회와 감리교회의 법인설립만을 허용했기 때문이다. 웬일인지 조선총독부는 장로교회의 법인설립에 대해서 쉽사리 허가를 내지 않았다. 아마 상대적으로 일제에 협조적이지 않은 장로교회의 태도에 기인한 측면이 있을 것이다. 한 예로, 1915년 사립학교규칙이 개정되었을 때 감리교회가 운영하던 학교들은 일제의 정책에 따라 고등보통학교로 전환을 했지만, 장로교회는 폐교를 각오하고 고등보통학교로의 전환을 거부한 적이 있었다.

장로교회의 재단법인 설립은 1930년대에 이르러서야 허용이 되었다. 서구 선교사들이 운영하는 선교회나 다른 교파들이 1920년대에 재단법

---

8. 齋藤子爵記念會 編, 『(子爵)齋藤實傳 卷2』, 1941, p. 842 (강동진, 『일본의 한국침략정책사』, 89쪽 재인용)

9. 강동진, 『일본의 한국침략정책사』, 92쪽.

인의 설립을 완료한 것과 대조를 이룬다. 그렇다고 장로교회가 재단법인의 설립에 큰 욕심을 부리지 않았다는 의미는 아니다. 오히려 장로교회는 1912년 창립총회 때부터 이 문제에 큰 관심을 가졌다. 1912년 11월 장로교회는 법인의 설립을 신청했으나 불가하다는 통보를 받았다. 이에 장로교회는 일본인 변호사와 상의한 결과 노회별로 법인을 설립하기로 결정하였다.[10]

1920년대로 들어서자 장로교회는 '총독부교섭위원'을 설치하고 본격적인 교섭에 나서기 시작하였다. 장로교회는 1923년부터 법인설립운동을 본격화하였는데, 각 노회에 재단부를 두고 법인의 명칭은 노회의 이름을 따라서 정하기로 했다. 1929년 장로교회는 "부동산은 노회의 소유로 할 것이니라"라는 조항을 교단 헌법에 추가하였다. 교회의 부동산을 노회별 재단법인의 명의로 등기하라는 의미이다. 그러나 조선총독부와의 교섭은 계획대로 진행되지 않았다. 왜냐하면, 세금 감면을 받기 위한 절차로 난항을 겪었기 때문이다.

장로교회의 법인설립운동은 1930년 전남노회의 재단법인이 설립되면서 물꼬가 트였다. 18년 만에 이루어진 일이다. 이후 1930년대 내내 노회별 재단법인의 설립이 이어졌다. 평양노회(1931), 평서노회(1932), 순천노회(1932), 경안노회(1933), 의산노회(1933), 평북노회(1933), 황해노회(1932), 경북노회(1934), 함남 · 함중 · 함북연합노회(1934), 전북노회(1934), 안주노회(1934), 경남노회(1935), 용천노회(1940) 등의 순서로 재단법인의 설립이 이어진 것이다.

---

10. 박용권, 『국가주의에 굴복한 1930년대 조선예수교장로회의 역사』, 그리심, 2008, 210쪽.

문제는 노회별로 재단법인이 설립되면서 장로교회가 일제의 식민지배에 더 적나라하게 노출되기 시작하였다는 점이다. 이는 장로교회뿐만 아니라 재단법인의 설립에 적극적으로 가담한 식민지 조선의 기독교가 처한 상황이기도 했다. 재단법인의 설립으로 식민지 조선의 기독교는 기득권을 지킬 수 있게 되었으나 조선총독부의 전면적인 통제를 받게 되었다. 재산목록과 사업상황, 지출과 수입 등 재산상황과 관련된 정보들이 조선총독부에 보고되었기 때문이다. 이 때문에 기독교단체의 법인화는 일제의 식민지배에 적극적으로 협력하는 결과를 초래하였다.

이뿐만이 아니다. 식민지 조선의 기독교는 여러 가지 사안에서 조선총독부에 의존하는 모습을 보였다. 장로교회는 기독교인 공동묘지를 설치하기 위해 총독부와 교섭하기로 결의한 적이 있으며, 총회에 참석하는 사람들의 경비를 절감하기 위해 철도 할인권을 총독부에 요구하기도 했다. 전자의 경우 지나친 혜택을 요구한 것이라 총독부가 반대했지만 후자는 1924년부터 실행되었다.[11] 총회 기간 중에 장로교회는 총독부의 협조 하에 철도를 저렴하게 이용할 수 있었다. 더 나아가 장로교회는 총회 기간 이외에도 항상 할인을 받게 해달라고 4년 동안 거듭 요청하거나 50%할인을 요구하기도 했다.

이러한 과정을 거쳐 식민지 조선의 기독교는 '제도적 기독교'로 재편되기 시작하였다. 제도적 기독교는 국가권력에 대한 절대적 의존성을 바탕으로 조직의 생존과 확장에만 큰 관심을 두는 경향을 보인다. 즉 교회의 존재 이유를 조직의 생존과 유지에 비중을 둘 뿐 본질적인 차원에 대해 고민을 하지 않는 것이다. 예를 들어, 캐나다 구세군은 조직의 규모가

---

11. 같은 책, 400-404쪽.

커지자 조직의 유지와 자금 확보에 더 많은 관심을 기울이게 되었고, 이는 자금의 확보가 불확실한 지역에서는 본래의 목적인 전도 활동을 중단하는 것도 서슴지 않았던 결과로 이어졌다고 한다.[12]

제도적 기독교로의 재편은 국가권력의 부당한 요구와 명령을 거부할 수 없도록 한다. 조직의 생존을 위해서라면 무엇이라도 할 수 있기 때문이다. 이러한 이유로 제도적 기독교의 관점에서 부일협력 문제를 조명한다면 그동안 은폐되어 왔던 사실을 발견할 수 있다. 한국기독교의 부일협력에는 조직의 유지를 위해 '자발적'으로 선택한 측면이 있다는 사실이다. 그동안 한국기독교는 부일협력 문제를 수탈론적 관점으로만 기억해 왔다. 일제의 강요라는 외적 요인 때문에 신사참배를 '어쩔 수 없이' 결의하게 되었다는 식이다. 이때 전시체제기(1937~1945)는 '암흑기' 내지 '박해기'로서 수탈과 억압의 극대화로 이미지화되었다. 여기에는 일제의 '강요'와 한국기독교의 '수동적 굴욕'이라는 구도로 설명되는 가해지와 피해지만이 존재할 뿐이다.

신사참배의 자발성

단적인 예로, 1938년 제27회 총회에서 장로교회가 결의한 신사참배는 일제의 강압이 분명 작용한 것이지만 장로교회 자체의 의지가 전혀 없었던 것은 아니다. 총회 차원에서 신사참배를 결의하기 이전부터 23개 노회 가운데 17개 노회가 독자적으로 신사참배를 실행하고 있었다. 장로교회의 74%가 이미 신사참배를 하고 있었던 상황이었다. 그리고 평남지

---

12. 노치준, 『한국의 교회조직』, 민영사, 1995, 54-56쪽.

총회에서 신사참배를 결의한 직후 평양신사에서 참배한 모습을 담고 있다. (출처: 1938년 9월 12일자 《조선일보》)

역 3노회는 평양에 새로운 신학교를 설립하고자 신사참배 결의를 주도하기도 했었다.[13] 신사참배 결의 이전부터 장로교회는 국가의 목적을 위해 식민지 조선인을 설득하는 교화단체의 역할을 하고 있었다.[14] 이러한 상황에 따라 "사전에 총회가 참배를 결의하게 될 것이라는 기대를 가질 수 있게" 되었던 것이다.[15]

수탈론적 시각은 한국기독교의 상대적 자율성을 간과하고 있다. 한국기독교는 부일협력이 타율적인 행위였다고 강조한다. 그런데 수탈만

---

13. 「長老會總會에 臨하야 平壤神學校問題에 一言을 呈함」, 『기독신문』, 1938년 9월 8일자.
14. 박용권, 『국가주의에 굴복한 1930년대 조선예수교장로회의 역사』, 400-425쪽.
15. 김승태, 『일제강점기 종교정책사 자료집』, 한국기독교역사연구소, 1996, 281쪽.

을 강조하다 보면 역사 주체성의 결핍이 발생할 수밖에 없다. 박해 시기라고 하나 역사 주체로서 자신을 설명하고 싶은 욕구는 있는 법이다. 이러한 의미에서 신사참배 반대운동에 대한 강조는 역사 주체로의 결핍을 보완하기 위한 대안적인 서술이라 할 수 있다.

부일협력에 대한 기억을 수탈론적 시각으로 확립한 결정적인 계기는 1954년 안동총회에서 이루어진 신사참배 결의 취소 사건을 통해서다. 이때 발표된 취소성명서는 제27총회(1938)에서 이루어진 신사참배 결의가 "일제의 강압에 못이긴 결정"이었으나 "하나님 앞에서 계명을 범한 것"이기 때문에 신사참배의 결의를 취소한다고 밝혔다. 십여 년 전에 이루어진 결의를 새삼 취소한다는 발상 자체도 웃기지만 이 성명은 크게 두 가지 문제를 안고 있다. 첫째는 신사참배 결의가 타율적으로 이루어졌다는 것을 공식화하면서 책임의 소재를 외부로 돌렸다. 이 취소성명서의 주된 논리는 신사참배 결의가 강압에 못이긴 결정이라는 것이다. 물론 일제의 강압은 있었고 이 사실을 부인할 필요는 없다. 하지만 다율성만 강조하다보면 문제의 원인은 신사참배를 강요한 일제와 그 당시 시대적 상황에만 있게 된다. 부일협력 행위를 수탈의 극대화라는 외적 상황의 문제로 치환하는 것이다.

둘째는 부일협력 행위를 신사참배로만 좁게 이해하게 만들었다. 전시체제기 한국기독교의 부일협력 행위는 신사참배로만 국한해선 안 된다. 이유는 크게 두 가지다. 하나는 신사참배 이외에도 한국기독교가 행했던 신도의식은 여러 가지가 있었기 때문이다. 신도침례부터 시작해서 동방요배, 황국신민서사 제창 등에 이르기까지 다양한 형태로 이루어졌다. 신사참배 문제를 부일협력의 상징적인 행위로 이해할 수는 있지만 이것만 지나치게 강조하다보면 다른 문제들이 가려지는 폐해가 생긴다.

또 다른 이유로 한국기독교의 부일협력은 본질적으로 침략전쟁에 대한 협력이기 때문이다. 나는 한국기독교의 부일협력을 '전쟁과 평화'의 맥락에서 살펴봐야 한다고 생각한다. 신사참배는 내선일체의 구현을 위한 하나의 방편이었을 뿐이다. 이 시기에 한국기독교가 전쟁을 정당화하고 폭력을 미화했던 부분에 대해서는 크게 주목할 필요가 있다. 장로교회는 다음과 같이 총회가 신사참배를 결의(1938.9)하기 이전부터 전쟁에 협력해왔다.

① 《기독교보》는 중일전쟁의 발발(1937.7) 이후 국민의 의무를 강조하는 사설을 싣기 시작하였다. 예를 들어, 1937년 8월 17일자 사설은 중일전쟁에 참전한 병사들의 승리를 기원했으며, 10월 12일자 사설은 로마서13장 등을 인용하며 국가에 대한 복종을 강조했다. 장로교회가 신사참배를 결의하기 약 1년 전의 일이다.

② 제26대 총회장 이문주 목사는 1938년 4월 12일자 《기독교보》에서 '총후보국강조주간'을 지킬 것을 지시한 적이 있었다. 이외에도 4월 29일 천장절 봉축식을 거행하고, 5월 1일을 국민정신보국주일로 지킬 것을 지시하기도 했다. 장로교회가 총회 차원에서 신사참배를 결의하기 약 5개월 전의 일이다.

③ 장로교회는 중일전쟁 1주년을 기념하기 위해 1938년 7월 7일 새벽에 황실과 황군을 위해 기도하고, 국가의식을 행하고, 설교를 통해 국민의 의무에 대해서 가르칠 것을 지시한 적이 있었다. 장로교회가 총회 차원에서 신사참배를 결의하기 약 2개월 전의 일이다.

④ 장로교회는 신사참배를 총회 차원에서 결의하기 전부터 전승축하회 86회와 무운장구기도회 2,042회를 실시하고, 국방헌금 454,539원을 거둔 상태였다.

이러한 이유로 나는 한국기독교도 전쟁 책임으로부터 자유로울 수 없다고 본다. 전시체제기에 한국기독교는 복종의 신학, 지배의 신학을 발전시켰고, 이는 어떠한 형태로든 한국현대사에서 명맥을 유지해 왔다. 모든 문제를 하나로 돌려버리는 환원주의를 경계하지만, 이때의 경험은 해방 이후 한국기독교가 힘과 권력을 추구하는 데 단초를 제공했다.

2. 침략전쟁을 지원하다

　초기 기독교에는 평화주의 전통이 있었다. 기독교가 로마제국의 공인(A. D. 313년)을 받고 국교(A. D. 380년)가 되기까지 기독교인들은 살인이나 살상을 반대할 뿐만 아니라 병역을 거부하였다. 2세기 후반 켈수스(Celsus)라는 사람은 기독교인들의 군복무 반대가 로마제국의 멸망을 가져올 것이라고 비판했으며, 키프리아누스(Cyprianus)라는 기독교인은 "사람을 죽이는 살인은 범죄로 간주되지만 국가라는 이름으로 행하는 살인은 용기로 간주 된다"라는 입장을 밝힌 적이 있었다. 그러나 4세기 이후 기독교는 제국의 종교가 되면서 엄청난 변화를 겪게 된다. 기독교의 평화주의 전통은 전쟁을 찬성하는 노선으로 대체되기 시작한 것이다. 이러한 변화는 교회의 제도화에 따른 결과였다. 1920~1930년대에 제도적 기독교로 재편된 한국기독교가 일제의 침략전쟁에 적극 협력한 꼴도 이와 비슷하다고 할 수 있다.

전쟁을 지지하기 시작하다

일제의 아시아·태평양 침략전쟁은 1937년 7월 7일에 발발한 중일전쟁으로 본격화되었다. 중일전쟁은 20세기 아시아에서 벌어진 가장 큰 전쟁으로 아시아의 판도를 바꾸고 세계사의 흐름에 큰 영향을 미쳤다. 이때 일제는 일본 본토뿐만 아니라 각 식민지에 전시동원체제를 구축하기 시작했다. 전시동원체제는 전쟁의 승리를 위해 전방과 후방 구별 없이 모든 자원을 총동원하는 체제이다. 근대의 전쟁 양상이 총력전으로 바뀌면서 거대한 군수 생산력이 전쟁의 승패를 좌우하게 되었기 때문이다.

전시동원체제는 군사력을 위시하여 정치, 경제, 사회, 그리고 사상과 종교까지 전쟁의 승부를 결정하는 요인으로 간주하였다. 이때 식민지 조선의 모든 인적·물적 자원도 총동원의 대상으로 고려되었다. 이를 위해 일제는 1938년 7월 식민지 조선에 국민정신총동원 조선연맹을 조직하였다. 중일전쟁이 발발한지 1년이 지난 시점에서다. 국민정신총동원 조선연맹은 지방행정기구에 준하여 도연맹-부군도(府郡島)연맹-읍면연맹-부락연맹-애국반으로 이어지는 지역연맹을 조직하였고 제반 사회단체들을 망라한 각종연맹을 결성했다. 이를 통해 식민지 조선인의 대부분은 국민정신총동원 조선연맹으로 조직화되었다. 한 사람이라도 빠짐없이 전시동원체제의 일부가 되었다. 이로써 식민지 조선은 탄약, 연료, 병기와 같은 군용물자뿐만 아니라 전쟁의 수행에 필요한 노동력과 병력을 안정적으로 공급하는 병참 기지가 될 준비를 마쳤다.

중일전쟁 시기 식민지 조선의 기독교는 주로 '시국선전'과 '후방후원'에 비중을 두면서 전쟁협력을 수행해 나갔다. 먼저, 시국선전은 식민지 조선인들에게 황국신민이라는 정체성을 심어주는 목적을 지향했다. 시국선전은 전쟁의 정당성을 홍보하고 타도할 적이 누구인지를 명확하게 인식하게 했다. 식민지 조선인들이 전쟁에 대한 관심에서 전쟁 속으로 개입하도록 촉구하였다. 이를 위해서 식민지 조선의 기독교는 교역자 좌담회를 개최하여 시국인식의 철저를 기했다. 그리고 교회당에 국기게양탑을 설치하고, 국기경례, 동방요배, 국가봉창, 황국신민서사의 제창, 신사참배 등을 거행하였다. 식민지 조선의 기독교는 점차 만세일계의 천황이 군림하여 통치하는 '국체에 적합한 야소교'로 거듭나게 되었다.

시국선전은 기독교인들의 자발적인 전쟁 협력을 이끌어 내기도 했다. 황국신민이라는 정체성은 총후(후방)에서 지원하는 이들을 앞서 나가 싸우는 병사와의 일체감을 가지게 했기 때문이다. 예를 들어, 평안북도 선천군의 여성 기독교인들은 1937년 10월 말 이래 '총후부인'의 각오를 깨닫게 되어 애국부인회에 가입하는 경우가 속출하였다고 한다. 1937년 11월 6일 함경북도에 살던 박석홍이라는 기독교인은 "우리들은 일본제국 신민이라는 것을 망각하고 있는 감은 없지 않지만, 좌담회 등에 의하여 황군을 우리들 때문에 싸우고 있다는 것을 알았다"라고 하면서 신자들로부터 국방헌금을 갹출하였다고 전해진다.[1]

한편, 후방후원은 크게 전쟁 물자 동원과 병사 위문으로 나눌 수 있다. 먼저, 전쟁 물자 동원은 전쟁자금의 충당에 보탬을 주기 위한 목적을 가졌다. 여기에는 국방헌금의 모금이나 유기그릇 헌납 등이 포함된다. 참고로 유기그릇은 총알을 만드는 데 긴요한 재료였다. 병사 위문의 경우 전장에 나가 있는 군인들을 위로하기 위해 휼병금을 모으거나 일선

---

1. 「지나사변기에 기독교의 동정과 그 범죄에 관한 조사」, 『사상휘보』제16호 (1938.9), 조선총독부 고등법원 검사국 사상부(김승태, 『일제강점기 종교정책사 자료집』, 한국기독교역사연구소, 1996, 253쪽).

해방 이후 이승만 대통령의 비서를 지냈던 윤치영(덕수교회 장로)은 "공정무사"하고 "사랑이 지극하신" 하나님이 일본군에게 "풍성하신 은총"과 "보호"뿐만 아니라 전쟁에 필요한 모든 자원을 줄 것을 기도하는 글을 YMCA의 기관지 《청년》지에 게재한 적이 있다. (출처: 《청년》1940년 1월호)

병사에게 위문대를 보내는 운동 등을 일컫는다. 이를 두고 윤치호는 "조선 기독교인들이 중국에 파병되어 있는 일본군에게 크리스마스 선물로 위문대를 보내는 운동은 그 발상 자체만으로도 칭찬받을 만한 일"이라고 평가한 적이 있었다.[2] 후방후원은 태평양전쟁의 발발 이후 대대적인 물자 동원 운동으로 발전하였다.

---

2. 윤치호, 김상태 편역, 『윤치호 일기(1916~1943)』, 역사비평사, 2001, 427-428쪽.

그렇다면, 중일전쟁 시기 한국기독교의 전쟁협력 규모는 어느 정도였을까. 여기에서는 장로교회의 경우를 중심으로 살펴보자. 1940년 제29회 총회에 보고된 바에 의하면, 장로교회는 1937년부터 1939년까지 3년에 걸쳐 전승축하회 604회, 무운장구기도회 8,953회, 시국 강연 1,355회, 국방헌금 1,580,424원, 휼병금 172,646원, 유기 헌납 308점, 위문 181회, 위문대 1,580개라는 실적을 냈었다고 한다.[3] 즉 장로교회가 국민정신총동원 조선연맹의 산하기구로 편입되기 전부터 활발한 전쟁협력운동을 펼쳤던 것이다. 따라서 1939년 제28회 총회에서 이루어진 국민정신총동원 조선예수교장로회연맹의 출범은 그 이전부터 전개된 장로교회의 전쟁협력을 공식화한 조치에 불과했다.

흥미로운 점은 천주교의 전쟁협력과 비교해볼 때 내용에 일정한 차이가 있다는 사실이다. 천주교와 장로교회의 신자 수를 비교하면 1:1.86의 비율로 장로교회가 2배 가까이 많았다. 그런데 정신적인 측면의 협력활동(축하회, 기도회, 강연회)은 천주교 측이 우세하지만 물질적인 측면의 협력활동(국방헌금, 위문금 등)은 장로교회 측이 천주교 측을 능가하였다.[4] 천주교회가 일본군의 무운(武運)을 비는 기도회를 55,452회나 개최했다면 장로교회는 그보다 6배나 적은 8,954회 밖에 가지지 않았다. 하지만, 천주교회가 국방헌금으로 3,624원을 거두고 있을 때 장로교회는 그보다 약 436배 많은 1,580,324원을 모았다. 위문금의 경우 천주교회는 72,360원이지만 장로교회는 약 185배 많은 172,646원을 모금하였다. 물론, 여기에는 장로교회의 규모가 천주교회보다 2배에 해당한다는 사실

---

3. 『조선예수교장로회총회 제29회 회록』(1940), 88-89쪽.

4. 윤선자, 『일제의 종교정책과 천주교회』, 경인문화사, 2001, 299쪽.

을 간과해선 안 된다. 하지만 이러한 차이를 고려한다고 해도 장로교회의 전쟁협력이 물질적인 측면에서 천주교회보다 아주 월등히 앞섰음을 알 수 있다.

군수자원이 된 기독교

일제는 '황기 2600년'과 '조선 시정30주년'을 맞이하여 1940년 10월 이후에 신체제운동을 대대적으로 벌였다. 일제의 신체제운동은 유럽 중심의 구체제에서 벗어나 새로운 세계를 만들어가자는 일종의 유토피아적 성격을 띠었다. 서양의 몰락과 동양의 부상을 표방하는 신체제운동은 종래의 국민정신 총동원연맹을 국민총력연맹으로 개편하는 계기가 되었다. 전시동원체제의 실행 기구가 바뀐 것이다. 이는 단순히 명칭만의 변화를 의미하지 않는다. 국민총력연맹은 신체제의 완성을 위해 "고도 국방국가체제의 완성"과 "동아신질서의 건설"을 분명한 목표로 삼았다. 전자는 군국주의로 표출되었다면 후자는 '대동아공영권'이라는 상상의 공간으로 표상되었다. 1941년 12월 7일 일제는 진주만 기습을 가해 태평양 전쟁을 일으켰다. 이제 식민지 조선은 국민총력운동이라는 미명 하에 태평양 전쟁의 병참기지로써 그 역할을 다하게 되었다.

국민총력운동은 전쟁의 장기화에 따른 전쟁 물자의 부족을 보완하기 위해 대대적인 물자 동원 운동을 감행하였다. 이는 국민총력 조선연맹을 중심으로 전국적이고 조직적으로 이루어졌다. 그 중요성은 국민총력 조선연맹의 총재에 조선총독이 취임한 사실에서 짐작할 수 있다. 국민총력 조선연맹은 전쟁 비용의 확보와 전시 인플레의 방지를 위해 저축장려운동을 실시했으며, 병기 제작에 필요한 물자를 충당하기 위해 금속회수운동을 시행하였다. 또한, 국민총력 조선연맹은 생산확충운동의 일환으로 농업생산보국운동, 목재증산운동, 수산보국운동, 공·광업증산운동, 상업진흥운동, 노무증강운동 등을 전개하였다.

식민지 조선의 기독교는 국민총력 조선연맹의 가맹단체가 되면서 보다 적극적이고 포괄적인 규모의 전쟁협력을 전개하였다. 이제 전쟁협력의 초점은 물자 동원과 병력 동원으로 모아졌다. 먼저, 물자 동원 가운데 비행기 헌납은 전체 군용물자의 헌납에서 50%를 상회할 정도로 아주 중요한 부분을 차지하고 있었다. 비행기는 자연을 정복한 과학적 상징이자 인간이 신의 영역에 근접하게 해주는 숭고의 대상으로 표상되었다. 특히 현대전의 총아로 일컫는 전투기는 하늘을 식민 지배를 위한 확장된 공간으로 사용할 수 있게 하였다. 비행기 헌납운동은 국가에 대한 애국심을 보여준다는 의미에서 '애국기(愛國機) 헌납'으로 명명되었다.

비행기 헌납운동은 1931년 10월 도쿄(東京)의 한 청년단이 최초로 전개한 '1전 갹출운동'에서 비롯하였다고 한다.[5] 원래는 민간 차원의 운동으로 시작되었지만 차츰 관 주도의 성격으로 바뀌게 되었다. 비행기 헌납운동은 일제의 전쟁 수행에 중요한 비중을 차지하였다. 비행기 헌납운동은 전시동원체제의 공고화 과정을 보여주는 지표였기 때문이다. 일본 본토에서 시작된 비행기 헌납운동은 점차 식민지 조선과 만주로까지 확산되었다. 조선인에 의한 비행기 헌납은 처음에 재력이 풍부한 친일자본가들에 의해 이루어졌다. 그러나 태평양 전쟁이 발발한 이후 비행기 헌납운동은 전국적이고 조직적으로 이루어지기 시작했는데, 주목할 점은

---

5. 후지이 다다토시, 이종구 역, 『갓포기와 몸뻬, 전쟁: 일본 국방부인회와 국가총동원체제』, 일조각, 2008, 31쪽.

장로교회가 헌금 15만원을 모아 애국기를 헌납했다는 내용을 보도하고 있다. (출처: 1941년 8월 22일자 《매일신보》)

친일자본가들 다음으로 종교계가 눈에 띄게 비행기 헌납운동에 적극적으로 참여했다는 사실이다.

장로교회는 두 차례에 걸쳐 비행기 헌납운동을 벌였다. 1941년 8월 14일 장로교회는 금속품 공출과 폐품 회수, 그리고 '애국기 헌납'을 교인들이 전시체제의 상황에서 국가를 위해 봉사해야 할 사항임을 강조하였다.[6] 그리고 장로교회의 비행기 헌납운동을 총계획하고 주도할 실행 기관으로 '애국기헌납기성회'를 만들기로 했다. 장로교회의 제1차 비행기 헌납운동은 애국기헌납기성회를 중심으로 활발히 전개되었다.

---

6. 「전시체제실천성명서」, 『기독교신문』, 1941년 8월 15일자.

장로교회의 제2차 비행기 헌납운동은 1944년 초반에 시작되었다. 그런데 이때는 장로교회가 크게 두 그룹으로 분열된 이후의 상황이었다. 1943년에 장로교회는 황해·평남·영호남·함경도지역의 노회들이 일본기독교 조선장로교단을 조직했으며, 평북노회만이 조선예수교장로회의 이름을 내걸고 있었다. 전필순 목사를 중심으로 한 경기노회는 일본기독교 조선혁신교단을 결성한 적이 있지만 곧바로 일본기독교 조선장로교단으로 흡수된 상태였다. 이와 같은 분열은 주도권을 둘러싼 갈등이 주원인이었다. 그런데 각 세력들은 주도권을 장악하기 위해 더욱 적극적인 친일행위·전쟁협력을 수행하였다. 이러한 상황에서 1944년 1월 12일 김진수 목사가 노회장을 맡고 있던 평북노회는 장로교회의 주도권을 선점하기 위해 제2차 비행기 헌납운동을 일으켰던 것이다.[7] 일부 기록에서는 평북노회가 예수교장로회의 정통성을 지키기 위해 명칭도 바꾸지 않고 일본기독교 조선장로교단과 대치했다고 서술하고 있으나 이는 사실과 다르다.[8]

비행기 헌납운동은 교회애국반마다 책임지고 거두어야 할 금액을 하향식으로 할당하는 방식으로 진행되었다. 중앙-지역-교회애국반으로 이어지는 상명하달식 경로를 활용하여 비행기 헌납운동을 전개했다. 예를 들어, 애국기헌납기성회는 각 노회에 명하여 각 교회마다 1인당 1원씩을 헌납하도록 지시한 적이 있다. 대구지역의 신후식 목사는 '미영격멸 비행기 헌납운동에 관한 건'이라는 공문을 통해 각 교회에 일정금액

---

7. 「緊急實行スベキ愛國事業に關スル件」, 『기독교신문』, 1944년 2월 2일자.
8. 김경, 『엘리. 엘리. 라마 사박다니』, 기독교사조사출판부, 1981, 56쪽.

을 할당하고 기한을 정해 송부할 것을 독촉하였다.⁹ 대구 시내의 주요 24개 교회는 상회부담금의 4할을 각출하고, 다른 교회는 신자 1인당 20전씩 모금할 것을 지시한 것이다. 헌금의 수준을 넘어서 강제기부가 되었다. 그 결과 1942년 2월 10일 장로교회는 전투기 1대와 기관총 7정의 마련이 가능한 15만원을 일제에 헌납할 수 있었다. 이 금액은 농가 1년 수입의 160배 이상이나 되는 거액이었다. 1930년대 초반 농민의 1년 총수입은 800~900원 정도였기 때문이다.¹⁰

한편, 식민지 조선의 기독교는 비행기 헌납운동을 매개로 일본군과 일종의 제휴 체계를 구축하게 되었다. 예를 들어, 1941년 장로교회는 가와키시(用岸) 총력연맹 사무총장 등을 초청한 만찬회를 열어 구라시게(倉茂) 조선군 병무부장의 시국강연을 듣기도 했고, 1942년 9월 20일 일본해군성으로부터 비행기 명명식(命名式)에 초청되어 감사장을 받기도 했다. 그해 11월 17일 일본육군성은 경기도 내에서 헌납한 비행기 55대 중 하나를 '조선장로호'라는 명칭을 부여하기도 했다. 이러한 명명식은 비행기 헌납 행사에서 중요한 제식으로 성대히 거행되었다. 비행기에 이름을 붙여주는 행위는 식민지 조선인들의 '물신적 애국주의'를 조성하는 주요한 기제였기 때문이다.¹¹

식민지 조선의 기독교는 비행기뿐만 아니라 교회종도 전쟁 물자의 보급을 위해 일제에 바쳤다. 교회종 헌납운동은 전쟁 물자의 부족을 보충

---

9. 탁지일, 「일제 말기 경상도지역 장로교단의 전시협력활동 연구」, 『한국기독교신학논총』58집, 2008, 109-110쪽.

10. 송규진 외, 『통계로 본 한국근현대사』, 아연, 2004, 184쪽.

11. 한민주, 『권력의 도상학: 식민지 시기 파시즘과 시각 문화』, 소명, 2013, 508쪽.

하기 위해 일제가 시행한 금속회수운동의 일환으로 전개되었다. 1942년 4월 10일 장로교회는 각 교회가 보유하고 있는 교회종의 현황을 조사한 다음 일제에 바치도록 지시하였다.[12] 이러한 방침에 따라 1942년 5월 7일 경북노회는 "철물회수는 현하 긴급한 정세이라 우리 노회에서는 관내 수백 개 교회에서 사용하고 있는 종모 및 철제 종각 기타 철물을 일제히 헌납하기로 결의"하였음을 알리며 소속 교회에 교회종을 바칠 것을 지시하였다.[13] 그 결과 1,540개의 교회종은 무기와 총알의 제작을 위한 재료가 되었다.[14]

이와 관련하여 하나의 일화가 있다. 전시체제기에 대구 시내의 유명한 어느 큰 교회는 종이 너무 높이 매달려 있어 일제 경찰이 내릴 수 없다고 단념하고 돌아갔다고 한다. 그러나 그 교회의 담임 목사는 어느 날 새벽 혼자서 사다리를 놓고 망치를 들고 올라가 종을 모두 부수어 끌어내려 바쳤다고 한다. 문제는 해방이 된 후 다른 교회들이 바친 종 가운데 일제가 가져가지 못한 것은 도로 찾을 수 있었지만, 부수어 바친 그 교회의 종은 영영 돌아올 수 없었다고 한다. 그래서 이 교회 교인들은 자기들 교회의 종을 '영원히 돌아오지 않는 종'이 되었다고 하면서 몹시 서운하게 생각했다는 이야기가 전해지고 있다.[15]

요약하자면 한국기독교는 전쟁 물자의 마련을 위해 비행기 헌납운동과 교회종 헌납운동 등을 적극적으로 전개하였다. 이 과정에서 한국기독

---

12. 「귀금속 헌납의 건」, 『기독교신문』, 1943년 5월 5일자.

13. 탁지일, 위의 논문, 109쪽.

14. 『조선예수교장로회 총회 제31회 회록』(1942), 50쪽.

15. 이재원, 『대구장로교회사(1893~1945)』, 사람, 1996. 202쪽.

교는 특별헌금의 명목을 내세우며 군대식 동원방식을 구현하였다. 이는 위로부터 하달된 목표를 이루기 위해 사용 가능한 모든 역량을 집중하여 돌진적으로 수행하는 방식이다. 곧이어 전쟁협력의 논리를 보겠지만, 나는 한국기독교가 일제의 아시아·태평양 전쟁을 적극적으로 도우면서 국가주의의 논리와 군사주의적 사고방식을 깊게 내면화했다고 본다.

전쟁 협력의 내적 논리

위에서 우리는 식민지 조선의 기독교가 실질적이고 물질적인 차원에서 전쟁협력을 어떻게 수행했는지를 살펴보았다. 이제는 식민지 조선의 기독교가 침략전쟁을 신성화하고 정당화하기 위해 사용한 전쟁 협력의 논리를 살펴보자. 식민지 조선의 기독교는 무엇보다 신약성서에 나오는 예수 서사를 차용하여 전쟁 협력의 논리로 사용하였다. 이는 반공의 논리를 강력하게 호소하기 위해 요한계시록에 등장하는 붉은 용의 이미지를 차용한 것과 유사하다. 중일전쟁이 한창이던 시기에 기독교사회운동 단체인 YMCA의 총무 신흥우는 예수 서사를 다음과 같이 국가의 시책에 복종할 것을 강조하는 논리로 사용하였다.

우리의 위대한 구주 예수도 무엇보다 먼저 '나라를 사랑하라'고 가르치셨다. 우리의 국가는 대일본제국이다. 그리고 우리 조선기독교인도 대일본제국의 신민(臣民)이다. 지금의 우리는 종교인이고 조선인이기 이전에 무엇보다 일본인이라는 것을 잊어서는 안 된다. 천황폐하의 충성한 적자(赤子)로서 일본을 사랑하라. 이것이 우리들 조

선기독교도에게 부여된 신의 사명이다. 나는 감히 이렇게 확신한다.[16]

이 글에서 신흥우는 예수가 "너희는 먼저 그 나라와 의를 구하라"라고 가르쳤던 마태복음 6장 33절을 전쟁협력의 논리를 위한 테마로 잡았다. 문제는 '그 나라'에 대한 해석이다. 성서에서 예수가 강조한 나라는 하나님 나라를 가리킨다. 하지만, 신흥우는 이를 충성과 복종의 대상인 일본제국주의로 뭉뚱그렸다. 그리고 이 뭉뚱그림을 바탕으로 식민지 조선의 기독교인들에게 황국신민의 정체성을 강조하며 그 역할과 책임에 대해 설명하였다. 이는 일본제국주의와 하나님 나라의 의식적인 바꿔치기 내지 무의식적인 혼동에서 비롯되었다.

한편, 감리교회의 심명섭 목사는 반(反)서구주의의 일환으로 전개된 일제의 신체제운동을 누가복음 5장 34~38절의 내용을 인용하며 정당화했다.[17] 이 성서구절은 "새 포도주는 새 부대에"로 잘 알려진 부분이다. 심명섭 목사는 예수가 유대교를 혁신하여 기독교를 만들었듯이 식민지 조선의 기독교도 일본적으로 혁신되어야 한다고 주장했다. 왜냐하면 충효와 가족주의를 존중하지 못하는 서구기독교의 불합리함을 극복하고 황국신민의 본분을 다하기 위해서다. 이를 통해 그는 식민지 조선의 기독교가 "국책에 순응하는 전사"로서 "보국운동을 활발히 전개"해야 한다고 역설했다. 이러한 주장은 당시 일제의 신체제운동에 호응하여 일본적 기독교로 재편되어야 한다고 했던 한국기독교의 혁신운동을 합리화하는 담론이었다.

---

16. 신흥우, 「조선기독교도의 애국적 사명」, 『동양지광』, 1939.2, 74쪽.
17. 심명섭, 「기독교의 혁신」, 『기독교신문』, 1942년 4월 29일자.

전쟁 협력의 논리는 1944년에 시행된 징병제를 정당화하기도 했다. 전쟁의 장기화와 전선의 확대에 의해 부족해진 병력과 노동력을 보충하기 위해 일제는 지원병령(1938), 징용령(1939), 학도동원령(1943), 징병령(1944)을 공포하고 수많은 인력을 강제로 동원하였다. 해방 후 연세대학교 총장을 역임하기도 했던 백낙준 박사는 요한복음 2장 16절의 내용, 즉 예수가 성전(聖殿)을 "내 아버지의 집"이라고 가리킨 장면을 천황에 대한 보은(報恩)의 논리로 차용했다. 백낙준 박사는 병역을 국민의 가장 숭고한 의무라고 강조하면서 식민지 조선의 청년들에게 징병제에 적극 동참할 것을 강권하였다. 이를 정당화하기 위해 백낙준 박사는 예수가 '내 아버지의 집'인 성전(聖殿)을 수호했듯이 우리도 일본을 결사 수호해야 한다고 역설하였다.[18] 이렇듯 한국기독교는 예수를 전쟁의 아이콘으로 만들 만큼 충분한 주장을 펼쳤다.

전쟁 협력의 논리로 동원된 것은 예수 서사만이 아니다. 유대인이지만 동시에 로마제국의 시민권을 가졌던 사도 바울은 '내선일체'의 중요한 모델로 제시되었다. 일본기독교 조선장로교단의 총무 김종대 목사는 사도 바울이 로마 영토 내에서 전도를 하기 위해 유대인의 이름인 사울을 버리고 로마인의 이름인 바울로 개명했듯이 식민지 조선의 기독교인들도 창씨개명을 해야 한다고 주장했다. 그리고 바울의 전도는 로마가 지중해를 점령한 상태에서 발달된 교통수단의 혜택을 본 것이라고 하면서, 대동아공영권을 구축하려는 일제의 침략전쟁을 미화하였다. 마지막으로 김종대 목사는 바울이 전도의 언어로 모국어가 아니라 헬라어를 사용한 것처럼, 우리도 일본어를 적극적으로 배워 전도의 기회로 삼자

---

18. 백낙준, 「내 아버지의 집」, 『기독교신문』, 1942년 5월 20일자.

고 주장했다. 김종대 목사는 사도 바울의 서사를 동원해 창씨개명, 대동아공영권, 일본어 사용을 중심으로 하는 일제의 내선일체 기조를 적극적으로 지지하였다. 이는 감리교의 양주삼 목사도 마찬가지였다. 1930년대 후반기까지 감리교회의 교권을 장악했던 양주삼 목사는 사도 바울이 로마제국의 공민(公民)이 된 점을 자랑스럽게 여겼듯이 식민지 조선의 기독교인들도 일본제국의 신민이 된 것을 영광스럽게 여겨야 한다고 주장하였다.

이렇듯 식민지 조선의 기독교는 성서에 등장하는 인물들을 전쟁 협력의 논리로 이용하는 데 주저하지 않았다. 그 결과 예수는 '전쟁의 아이콘'으로 급부상했고, 사도 바울은 내선일체의 롤모델로 제시되었다. 이 외에도 한국기독교는 일제의 주요한 전쟁 논리인 팔굉일우(八紘一宇)를 성서의 내용으로 정당화하였다. "세계를 한 가족으로 삼겠다"는 의미를 가진 팔굉일우는 일제의 아시아·태평양전쟁을 세계평화의 구현을 위한 조치로 설명되고 전쟁의 정당성을 홍보하는 개념이었다. 여기에서 식민지 조선의 기독교는 기독교의 공동체 이념을 팔굉일우와 뭉뚱그려 전쟁 협력의 논리로 이용했다. 성결교의 기관지 《활천》은 팔굉일우를 일제의 건국정신이자 사상이라고 설명한 다음 성서와도 모순되지 않는다고 주장하였다.[19] 왜냐하면 "하늘과 땅에 있는 모든 족속에게"라는 표현이 적혀있는 에베소서 3장 15절은 성서가 이미 팔굉일우를 얘기하고 있음을 보여주는 증거라는 것이었다. 이러한 이유로 《활천》은 기독교인이 내선일체를 이루기 위해 국민으로서의 충성을 다해야 한다고 강조하였다.

---

19. 「팔굉일우의 대사상」, 『활천』, 206권, 1940, 1쪽.

일제의 구약성서 말살정책

식민지 조선의 기독교는 신사참배를 비롯하여 일제의 침략전쟁에 적극 협력하는 길을 걸으면서 여러 가지 변화를 겪었다. 그리고 그 변화들 가운데는 지금까지도 한국기독교의 심성에 큰 영향을 미치고 있는 것도 존재한다. 특히, 한국기독교는 전쟁을 지지하고 침략에 협력한 '폭력의 경험'을 통해 평화의 공동체로 나아가는 데 실패하였다. 이 부분이야말로 우리가 한국기독교의 친일협력 문제에서 가장 주목해야 할 주제라고 생각한다.

다른 한편으로 한국기독교는 전쟁협력을 통해 구약성서에 대한 경시 풍조를 내면화하였다. 이는 태평양 전쟁을 전후로 일어난 일본적 기독교로의 재편 과정에서 일어났다. 한국기독교의 구약성서 경시는 식민지 유산의 하나라고 말할 수 있다.

그러나 한국기독교가 처음부터 구약성서를 경시했다고는 볼 수 없다. 오히려 오늘날보다 구약성서를 더욱 강조하는 분위기가 있었다. 식민지 시절 한국기독교는 구약성서에 담긴 이스라엘 민족의 수난과 구원을 자신과 동일시하는 경향이 강했다. 설교 시간에는 민족의식을 고취시키기 위해 에스더, 에스라, 느헤미야 등 이스라엘 민족의 해방을 위해 일했던 지도자들을 중점적으로 언급했으며, 성탄절에는 모세의 출애굽 테마가 교회연극의 주요 소재로 등장할 정도였다.[20] 따라서 일제는 구약성서가 식민 지배에 걸림돌이 된다는 생각을 갖게 되었다. 1940년 조선총독부

---

20. 케네스 M.. 웰즈, 『새 하나님 새 민족』, 김인수 역, 한국장로교출판사, 1997, 143, 154쪽.

의 경무국 보안과가 작성한 한 보고서에 의하면, 식민지 조선의 기독교는 유대민족의 저항의식에 큰 영향을 받았다고 한다. 이러한 이유로 일제는 구약성서를 불온한 책으로 보았다.

구약성서에 대한 일제의 경계는 구약성서말살정책으로 이어졌다. 일제는 구약성서를 폐기하거나 식민 지배를 정당화하도록 해석하는 지침서를 마련하고자 했다. 이러한 방침은 1940년 일제 경찰이 마련한 〈기독교에 대한 지도방침〉에서부터 시작되었다. 이 지침을 가장 먼저 실행한 것은 1942년 12월 구약성서의 폐기를 선언한 감리교회였다. 다음해 4월 장로교회와 감리교회가 교파합동을 위해 모인 자리에서는 구약성서의 폐기 문제가 논쟁의 주요 이슈가 되었다. 이때 전필순 목사(연동교회)를 중심으로 한 장로교회의 기호세력은 구약성서에 나타난 유대인의 사상을 없애기 위해 구약성서의 새로운 해석교본을 제정할 것을 결의하였다. 논쟁 끝에 장로교 경기노회와 감리교회가 합쳐져 '일본기독교 조선혁신교단(통리 전필순 목사)'이 만들어졌다. 하지만, 일본기독교 조선혁신교단은 한 달도 버티지 못하고 유야무야되었기 때문에 구약성서의 새로운 해석교본을 남기지는 못했다.

일본기독교 조선혁신교단은 사라졌지만 구약성서 폐기의 흐름은 계속해서 이어졌다. 1943년 5월 5일 일본기독교 조선장로교단은 구약성서에 나타나는 유대사상을 없애기 위해 적당한 해석교본을 편찬할 것을 결의했으며, 1943년 10월 일본기독교 조선감리교단도 설교 시간에 구약성서와 요한계시록을 사용하지 않고 4복음서만을 사용할 것을 지시하였다. 이러한 현상은 재미있게도 나치에 적극적으로 협력한 독일교회에서도 찾을 수 있다. 독일교회가 구약성서를 폐기하자고 주장한 이유는 유대인에 대한 독일교회의 인종적 혐오 때문이다. 이들에게 구약성서는 유

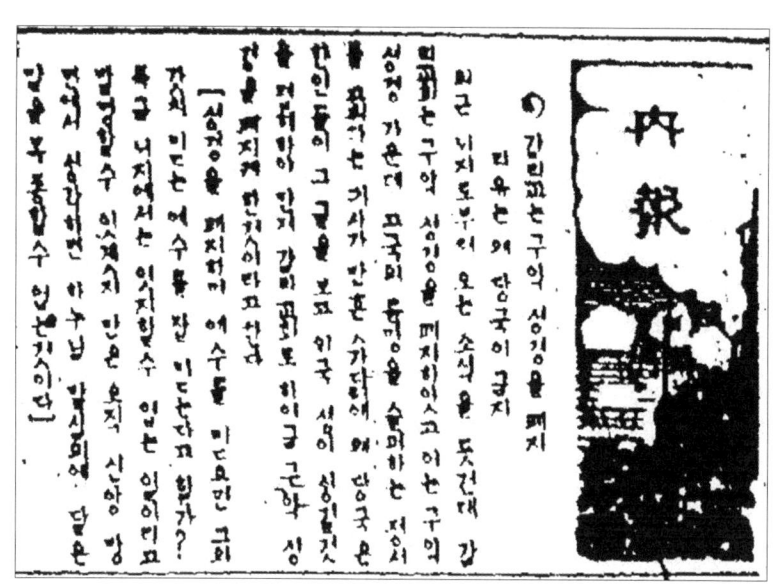

구약성경의 폐지를 보도한 신문 기사 (출처: 1941년 7월 24일자 《신한민보》)

대인의 고유한 역사책이었을 뿐이다. 순수한 아리아인종을 추구하는 이들이 구약성서를 자신들의 신앙 텍스트로 인정할 수 없었을 것이다. 유대인 예수마저 아리안 인종임을 입증하기 위한 연구소를 차렸던 것을 생각하면 충분히 있을 수 있는 일이다.

한편, 일제가 구약성서를 말살하려고 했던 이유는 구약성서 특히 예언서에 담긴 저항적인 메시지를 제거하고 그 정신을 거세하기 위해서였다. 일제는 성서에서 저항적인 메시지를 없앰으로써 식민지 조선의 기독교가 자신들의 지배에 대해 그 어떤 저항도 하지 않기를 기도했다. 이것이 일제가 구약성서를 폐기하려 했던 근본적인 이유이다. 그러다보니 윤치호와 같은 이도 구약성서의 저항적 메시지를 온전히 받아들일 수 없었다. 윤치호는 북이스라엘의 사회적 모순을 비판한 아모스에 대해 "아모스와 같은 히브리 예언자는 읽기 어렵다. 나는 신이 저와 같이 욕설하는 말투로 비판했다고는 정말로 믿기 어렵다. 그러한 품위 없는 말씀을 사용했을 리가 없다"라고 자신의 일기에 기록한 적이 있었다.[21] 윤치호는 구약시대의 예언자들이 말하는 정의를 '증오의 정신'이라고 매도하고 부정하였다.

일제의 구약성서말살정책 때문에 한국기독교의 구약성서 이해는 성서의 저항적인 메시지를 경시하는 태도를 내면화했다. 이 때문에 한국기독교는 현실의 불의를 비판적으로 바라볼 수 있는 통찰력을 잃어버렸다. 성서에 담긴 저항의 메시지를 망각한 채 살아가고 있는 현재의 한국기독교가 처한 상황과 비슷하다고 볼 수 있다.

평화를 고백하기

일찍이 함석헌은 한국기독교가 "이때껏 남의 나라의 침략 속에 살면서 평화운동 하나 일으킨 것이 없다"라고 비판한 적이 있었다.[22] 그의 지적대로 한국기독교의 주류는 중일전쟁(1937)과 태평양 전쟁(1941)을 시작으로 한국전쟁(1950)과 베트남 전쟁(1964)을 거쳐 최근의 이라크 전쟁(2003) 때까지 전쟁을 지지하기에 바빴을 뿐 평화에 대한 진지한 고민은 거의 전무했다. 이는 총력전에서 승리하기 위한 일제의 군사 동원에 한국기독교가 깊이 개입하면서 국가주의와 군사주의를 내면화한 결과라 할 수 있다.

---

21. 「윤치호 일기」, 1934년 3월 1일자 (양현혜, 『윤치호와 김교신』, 한울, 2009, 83쪽 재인용)

22. 함석헌, 「한국기독교 무엇을 하려는가」, 『씨알의 소리』, 1971년 8월호, 33쪽.

하지만, 이와 대비되는 사례가 아예 없지는 않았다. 1938년 중일전쟁이 한창일 때 김만식 전도사와 김영환이라는 사람은 "전쟁은 죄악"이라고 주장하며 일제의 중일전쟁을 성전(聖戰)이라고 선전하는 일을 거부한 적이 있었다. 전쟁과 폭력의 시기에 평화를 외쳤던 소수가 있었던 것이다. 이와 함께 1941년에 발생한 만국부인기도회사건은 태평양전쟁 시기의 한국기독교가 평화를 고백했음을 보여주는 몇 안 되는 사례이다. 1925년경부터 시작되었던 만국부인기도회는 세계의 평화를 위해 기도하는 모임이었다. 그런데 일제는 반전(反戰)의 분위기를 조성하며 치안을 방해했다는 이유로 그녀들을 반전모략사건으로 규정하고 탄압을 가했다. "하나님은 화평한 세상을 원하시나 개인이 그리스도의 마음과 정신을 저버림으로써 개인의 생활로부터 온 세계에 이르기까지 온갖 분쟁과 전쟁이 일어나는 것이니만큼 현실세계를 돌아보며 잘못을 회개해야 한다"라고 한 만국부인기도회의 고백은 평시라면 모를까 전시 상황에서는 용납하기 어려운 내용이었기 때문이다.

나는 한국기독교가 사용하고 있는 용어 중 일부분이 군사주의 문화를 받아들여 만들어진 것이라고 보고 있다. 대표적인 용어를 몇 가지만 들면 "총력전도", "총동원 주일", "선교의 전선으로", "선교고지 탈환", "십자가 군병들아" 등을 들 수 있다. 전시체제기에 국민정신 '총동원'운동과 국민 '총력'운동을 통해 전쟁에 협력했던 한국기독교의 모습이 중첩된다. 이러한 용어들이 일제잔재인지는 현재로선 확언할 수 없다. 그러나 이때부터 한국기독교가 군사주의 문화와 가까워진 건 사실이다.

3. 반민특위와 한국기독교

　한국기독교의 역사에서 과거사 청산의 기회는 세 번이나 있었다. 첫 번째 기회는 정부수립 이후에 조직된 반민특위를 통해서 찾아왔다. 이때 한국기독교는 전쟁의 죄책을 고백하고 회개할 수 있는 기회를 얻었지만 전혀 그렇게 하지 않았다. 두 번째 기회는 1960년 4월혁명의 시기에 찾아왔다. 12년 동안이나 이어진 이승만 정권의 독재 속에서 한국기독교는 권력과의 결탁을 통해 온갖 혜택을 누렸다. 따라서 이승만 정권의 타도를 불러온 4월혁명은 한국기독교의 반민주적 행태를 비판적으로 성찰할 수 있는 기회를 제공하였다. 그러나 이때도 교회 개혁은 고사하고 정교유착을 주도해 온 목사들에 대한 처분이 전혀 이루어지지 않았다. 더구나 1961년 5·16쿠데타로 권력을 장악한 군정 세력은 과거사 청산 운동을 억압하는 조치를 취했다. 마지막 세 번째 기회는 1987년 민주화를 계기로 찾아왔다. 신군부와 긴밀한 관계를 맺어 온 교회지도자들의 퇴진을 요구하는 운동이 기독청년들을 중심으로 일어났기 때문이다. 특히, 1980년 8월 6일의 조찬기도회에 참여하여 신군부의 집권을 정당화한 목사들이 주요 대상이 되었다. 5공 청산의 분위기에 위기의식을 느낀 교회지도자들은 1989년 한국기독교총연합회(한기총)을 발족하여 이에 대처하였다. 여기에서는 반민특위의 조직과 활동, 그리고 와해의 과정을 중심으로 한국기독교의 첫 번째 과거사 청산이 실패하게 된 과정을 살펴보고자 한다.

해방정국의 친일 청산 논의

해방 이후 일제잔재의 청산은 새로운 주권정부를 수립하는 데 반드시 필요한 과제로 인식되었다. 이때의 청산은 주로 친일파라는 인적 청산으로 수렴되었다. 민중들은 '인민재판', '민중재판'이라는 이름으로 친일파를 척결하면서 해방을 실감할 수 있었다. 한 조사에 의하면 8월 16일부터 23일까지 8일 동안 민중에 의한 자연발생적인 친일파 처단은 913회에 달했다고 한다.[1] 이 가운데 가장 많은 비중을 차지했던 것은 경찰관서 습격과 신사 방화였다. 일제의 식민 지배를 떠받치던 물리적 수단과 정신적 수단에 대한 민중들의 분노가 어느 정도였는지를 가늠할 수 있다.

처리 방식에 대한 구상은 제각각이었지만 중도세력과 좌익세력은 친일파 처단에 동의하였다. 다만 중도세력은 급진적인 방식의 처단을 주장하지 않았다. 김구가 이끄는 임시정부 세력은 원칙적으로 친일파 처단에 동의했지만 정부수립 후에 시행할 것을 주장했으며, 여운형의 조선인민당은 친일파를 투쟁의 대상으로 보았으나 친일파의 범주를 명확히 규정하지 않았기 때문이다. 이와 달리 조선공산당은 친일파 청산에 명확한

---

1. 박원순, 『역사를 바로 세워야 민족이 산다』, 한겨레신문사, 1996, 72-73쪽.

인식과 의지를 가졌다. 조선공산당은 친일파의 행적을 조사하여 그들의 활동을 공개하는 방식의 활동을 펼치기 시작했다.[2]

하지만, 동아일보와 지주층을 중심으로 구성된 한민당은 친일파 처단에 반대의 입장을 명확하게 밝혔다. 왜냐하면, 한민당의 주요 구성원은 과거사 청산이 시행될 경우 누구보다 우선적으로 처단될 가능성이 높았기 때문이다. 그러다보니 친일파 문제는 한민당을 중심으로 하는 우익세력과 친일파 처단을 주장하는 좌익세력이 첨예하게 대립한 논쟁점 중의 하나가 되었다. 거기다 38선 이남으로 진주한 미군이 일제의 지배체제를 그대로 존속시키는 현상유지 정책을 수립하면서 문제는 더욱 복잡해졌다.

다만 아쉬운 건 일제잔재 청산에 대한 논의가 주로 친일파 처단이라는 인적 청산으로 초점이 모아졌다는 점이다. 해방 이후부터 지금까지 일제잔재 청산에 대한 논의는 인적 청산을 중심으로 진행되어 왔다. 하지만, 일제잔재는 이보다 더욱 구조적이고 체제적인 차원에서 고민해야 할 필요가 있다. 식민지배의 경험을 통해 우리는 국가주의적 사고방식과 행동방식을 체득했기 때문이다.

해방 이후 한국기독교의 일제잔재 청산 문제는 주로 '친일 목사에 대한 처단'과 '신사참배 문제'로 논의가 진행되었다. 일제의 침략전쟁에 참여하고 동원되었던 전쟁범죄에 대해서는 거론조차 되지 못했다. 1945년 9월 20일 신사참배 거부로 감옥에 갇혀 있다가 해방으로 석방된 출옥성도들은 일제에 협력한 교회 지도자들을 향해 최소한 2개월 동안 휴직하

---

2. 허종, 『반민특위의 조직과 활동』, 선인, 2003, 52-78쪽.

고 '통회자복'해야 한다는 자숙안을 발표했다.³ 이는 일제잔재의 문제를 개인의 회개로 축소하는 것이었다. 역설적이게도 출옥성도들의 자숙안은 장로교회의 신사참배 결의를 주도했던 홍택기 목사의 주장("신사참배에 대한 회개와 처벌은 하나님과의 직접관계에서 해결될 성질의 것")과 미묘하게 비슷하다.⁴ 주장의 맥락과 의도는 다르지만 죄에 대한 고백과 참회는 '개인과 하나님 사이에서 해결될 성질의 문제'에 불과한 것으로 접근하고 있다는 점에서 공통적이다.

친일파 처단 문제는 1945년 12월 27일 동아일보의 오보로 비롯된 신탁통치 파동으로 한동안 논의되지 못했다. 이 문제는 미군정의 자문기관으로 조직된 남조선 과도입법의원이 친일파 처단을 위한 특별조례를 마련하면서 수면 위로 다시 올라오게 되었다. 특별조례의 초안(1947.3)은 부일협력자, 민족반역자, 전범, 그리고 간상배(奸商輩)를 친일파의 범주로 규정하였으나 최종안(1947.7)에서는 '전범(戰犯)'이 생략되었다.⁵ 전쟁범죄에 대한 문제제기가 사라진 것을 알 수 있다. 그러나 이를 계기로 친일파 청산에 대한 논의가 다시 제기되었다.

이러한 분위기에 맞춰 감리교회의 재건파는 친일파 처단을 강력하게 주장하였다. 해방 이후 감리교회는 교회 재건에 대한 입장 차이와 주도권 문제로 재건파와 복흥파로 분열되어 있었다. 이 두 세력의 갈등은 1930년대 초반부터 진행되어 온 지역갈등이 친일 문제와 얽힌 것이었다. 1947년 2월 3일 재건파는 "적극신앙단이라는 결사를 영도해 가며 교

---

3. 김양선, 『한국기독교해방십년사』, 예수교장로회종교교육부, 1956, 45쪽.

4. 같은 책, 46쪽.

5. 허종, 『반민특위의 조직과 활동』, 98-110쪽.

계를 어지럽히던 신흥우와 그 일파들"이 "경찰당국의 힘을 빌어 감리교회의 영도권을 잡고 배신배족의 죄행(罪行)을 대담무쌍"하게 감행했음을 비판하였다.[6] 그리고 정춘수 목사, 이동욱 목사, 심명섭 목사, 갈홍기 목사 등의 실명을 거론하며 이들이 ① 교회의 경전을 모독, ② 예배당의 신성을 모독, ③ 교직자들의 신앙과 절대를 파괴, ④ 교회의 기본재산을 불법적으로 처분, ⑤ 교권의 남용, ⑥ 일제의 밀정 역할을 했음을 폭로하였다. 그러나 이는 일정한 사실을 반영하고 있지만 감리교회의 주도권을 둘러싼 갈등 속에서 발표되었음을 유의해야 한다.

이와 비슷한 시기에 장로교회에서도 주도권을 둘러싼 갈등이 친일문제를 통해 불거져 나왔다. 특히, 장로교회 경남노회에서는 한상동 목사, 주남선 목사 등 신사참배 거부로 감옥에 갔다 온 출옥성도 그룹과 김길창 목사를 중심으로 한 친일목사 그룹의 갈등이 표출되었다. 이는 장로교회의 첫 번째 분열인 고신교단 성립(1951)의 효시가 되는 대립이었다.

한편, 해방 이후 기독교와 사회주의를 결합한 기독교민주동맹은 친일파 처단을 강력하게 주장하였다. 기독교민주동맹은 한국기독교가 식민지 시절에 특권 계급의 편에 서서 신사참배와 내선일체, 그리고 황민화운동에 적극적으로 참여했음을 비판한 다음 친일인사들이 아무런 회개를 하지 않은 채 애국자가 되었음을 지적했다.[7] 감리교회 재건파와 장로교회 출옥성도들은 내적 차원에서 친일파 처단을 주장한 것이라면, 기독교민주동맹은 국가건설운동의 차원에서 친일파 처단을 강력하게 주장

---

6. 기독교조선감리회, 「감리교회 배신배족 교역자 행장기」(1947.2.3), 김흥수 엮음, 『해방 후 북한교회사』, 다산글방, 1992, 444-450쪽.

7. 이덕주·조이제 엮음, 『한국 그리스도인들의 신앙고백』, 한들, 1997, 237-239쪽.

했다. 이는 "인민적 민주주의 국가건설에 참여함으로써 기독교인의 양심적인 사회적 책무를 완수하는 길"이라고 밝힌 데서 알 수 있다.[8] 하지만 전자의 주장은 다수의 지지를 얻지 못한 채 별도의 소수파(재건파)를 이루거나 기성교회의 한 축으로 이행된 반면(고신파), 후자의 입장은 반공국가의 수립 때문에 정치적으로 배제될 수밖에 없었다.

친일파 처단의 제도화

친일파 처단의 목소리는 1948년 단독정부가 수립되면서 다시 제기되었다. 가장 큰 이유는 제헌헌법 제101조에 "이 헌법을 제정한 국회는 단기 4278년(서기 1945년-인용자 주) 8월 15일 이전의 악질적인 반민족 행위를 처벌하는 특별법을 제정할 수 있다"는 조항이 삽입되었기 때문이다. 친일파 처단의 법적 정당성이 마련된 것이다. 그리하여 1948년 9월 22일 국회는 친일파 처단을 위한 제도적 장치로 〈반민족행위처벌법〉(이하 반민법)을 제정하였다. 이 법의 실행기관으로는 〈반민족행위특별조사위원회〉(이하 반민특위)가 조직되었다. 반민법의 제정과 반민특위의 조직은 친일파 처단의 제도화가 이루어졌음을 의미한다.

반민특위는 특별경찰대를 두게 됨에 따라 반민족행위 혐의자들을 직접 체포하고 조사할 수 있는 수사권을 가지게 되었다. 그리고 특별검찰부와 특별재판부의 설치를 통해 기소권과 재판권까지 행사할 수 있었다. 반민특위는 우선 처벌을 받아야 할 친일파를 선정하기 위해 예비조사에

---

8. 「기독교민주동맹 선언」(1947.2), 이덕주·조이제 엮음, 『한국 그리스도인들의 신앙고백』, 240쪽.

들어갔다. 반민특위의 예비조사는 조선총독부의 관보와 식민지시절에 간행된 각종 자료들, 그리고 일반인들의 제보 등을 통해 이루어졌다. 이때 반민특위는 7천여 명에 달하는 명단을 작성하였다고 한다.

반민특위는 예비조사를 통해 1차로 체포할 친일파를 선정한 후 1949년 1월 8일 미국으로의 도피를 시도하고 있던 박흥식을 검거하면서 본격적인 활동을 시작했다. 반민특위는 서울에 거주하고 있던 친일파를 체포한 후 1월말부터 각 지역에 거주하고 있던 거물급 친일파의 체포에 나섰다.[9] 국회에 제출한 보고서에 의하면, 반민특위는 활동기간 동안 688명의 친일파를 취급했다고 한다.[10] 여기에는 일제로부터 큰 공을 세웠다는 이유로 작위를 받은 자부터 시작해서 총독부의 자문기관인 중추원에 참여한 인사, 총독부의 고위 관료로 활동한 인사, 일제의 밀정 역할을 한 사람, 일제의 경찰과 헌병보조원으로 복무한 자, 군수공업의 경영자 등이 포함되었다. 이들은 일제의 지배 체제를 강화하고 식민정책을 집행하는 데 핵심적인 역할을 했다고 볼 수 있다.

반민특위의 검거 대상에는 종교인 역시 포함되었다. 적지 않은 교회 지도자들이 친일파로 체포되어 입건되었다. 이들은 지식인, 문인, 예술인과 함께 일제의 식민정책을 홍보·선전하는 데 큰 역할을 담당하였다. 아래의 〈표2〉는 반민특위에 검거된 교회 지도자들이다. 이 표는 관련 연구자들이 제시한 경력 사항에 약간의 필요한 내용을 첨가했는데 완벽한 자료라고는 할 수 없다. 하지만 반민특위에 검거된 교회 지도자들을 대략적으로 파악할 수 있다는 점에서 의미가 있는 명단이다.

---

9. 허종,『반민특위의 조직과 활동』, 199쪽.

10. 같은 책, 215쪽.

〈표2〉 반민특위에 검거된 교회 지도자들

이름	직분	소속교파	처리 내용	주요 경력	소속교회	친일인명 사전 등재여부
강낙원		확인불가		대한애국부인회 밀고		
강진하	목사	안식교	기소	독립운동자 밀고		
고희경		안식교	공소 취소서 제출	독립운동자 밀고		
김길창	목사	장로교	기소 유예	제27대 부회장(1937) 일본기독교 조선장로교단 신사참배 반대자 밀고	항서교회	등재
김동만	집사	확인불가	재판	목사의 반일 설교내용을 밀고		
김영환	목사	확인불가	소환령	신사참배 반대자 밀고	진주교회	
김온준	목사	안식교	기소	독립운동자 밀고		
김인선	목사	확인불가				
김창준	목사	장로교	기소 중지	조선임전보국단 평의원 경성기독교연합회 평의원		
박희도	전도사	감리교	재판	1919년 민족대표 33인 〈동양지광〉사장		등재
신봉조	장로	감리교	송치	이화여고 교장 황도학회 회장	정동제일 교회	등재
양주삼	목사	감리교	기소 유예	제1·2대 감독(1930-38) 조선임전보국단 평의원 학병·징병 선동 글 기고 대한적십자가 총재	종교교회	등재
오긍선		감리교	송치	세브란스의학전문학교 경성기독교연합회 평의원 대한성서공회 이사장 대한YMCA 이사		등재
오현주	집사	장로교		대한애국부인회 밀고	안동교회	
이동욱	목사	감리교	체포	일본기독교 조선혁신교단 일본기독교 조선감리교단 황도문화관 부관장	동대문 교회	등재
이여식	목사	안식교	기소	독립운동자 밀고		
이정립	목사	확인불가	체포	일제 밀정		
임병석	목사	확인불가	체포			

전인선	목사	확인불가	체포	일본기독교 조선교단	오사카 한인교회	
전필순	목사	장로교	기소 유예	적극신앙단 일본기독교 조선혁신교단 제42대 총회장(1957)	연동교회	등재
정모		안식교	기소	독립운동자 밀고		
정인과	목사	장로교	기소	제24대 총회장(1935) 조선임전보국단 평의원 애국기헌납기성회 회장		등재
정춘수	목사	감리교	공소 취소서 제출	1919년 민족대표 33인 제4대 감독(1939-41) 조선임전보국단 평의원 국민총력조선연맹 문화부	동대문 교회	등재
차광석	목사	장로교 침례교	송치	경성기독교연합회 평의원 일본기독교 조선장로교단 한국침례교 총회장(1964)	영등포교 회 아현침례 교회	
한석원	목사	감리교	무죄	임전보국대 비행기 헌납운동 등		등재

출처: 민족정경문화연구소 편, 『친일파 군상』, 삼성문화사, 1948.
고원섭, 『반민자 죄상기』, 백엽문화사, 1949.
역사위원회, 『한국감리교 인물사전』, 기독교대한감리회, 2002.
허종, 『반민특위의 조직과 활동: 친일파 청산 그 좌절의 역사』, 선인, 2003.
김갑수, 『한국침례교 인물사』, 요단, 2007.
강인철, 『종속과 자율: 대한민국의 형성과 종교정치』, 한신대출판부, 2013.

이들의 교파별 구성은 장로교 6명, 감리교 7명, 안식교 5명, 확인불가 7명으로 확인된다. 이들 가운데 장로교 3명(김길창, 전필순, 정인과)과 감리교 7명(박희도, 신봉조, 양주삼, 오긍선, 이동욱, 정춘수, 한석원)은 지난 2009년 민족문제연구소가 발간한 《친일인명사전》에 수록된 바 있다. 그런데 이들 외에 갈홍기, 김수철, 김종대, 유호준 등 《친일인명사전》에 수록되었지만 반민특위에 검거되지 않은 교회 지도자들이 너무나 많다. 나는 이들이 반민특위에 검거되지 않은 이유나 배경이 무엇인지 규명되어야 한다고 생각한다. 이 문제는 차후의 과제로 남기도록 하겠다.

반민특위에 검거된 교회 지도자들은 크게 네 가지 유형으로 나눌 수 있다. 하지만 대부분은 두 개 이상의 유형이 복합적으로 얽혀 있다고 할 수 있다. 첫 번째는 일제의 식민지배와 침략전쟁에 적극적으로 협력한 유형이다. 우리가 앞에서 보았듯이 비행기 헌납운동이나 교회종 헌납운동 등을 통해 침략전쟁에 적극 지원한 경우이다.

두 번째는 언론매체나 출판물을 통해 징병제를 찬성하고 적극적으로 선전한 유형이다. 이들은 교단 내의 지위와 사회적 영향력을 이용하여 병력동원을 선전하는 종교집회를 주도하거나 징병제를 찬양하는 글을 기고하였다. '학도여 성전(聖戰)에 나서라'고 외친 오긍선과 양주삼 목사가 대표적인 경우이다.

세 번째는 조선총독부가 주도적으로 조직한 친일단체의 간부로 활동한 유형이다. 전시체제기 최대의 민간 전쟁협력기구인 조선임전보국단이나 총독부가 종교단체를 총망라하여 조직한 조선전시종교보국회의 간부를 역임한 경우를 가리킨다. 여기에는 조선임전보국단의 평의원으로 참여한 박희도, 정춘수, 정인과, 양주삼, 오긍선 등이 포함된다.

네 번째는 신사참배를 반대하거나 반일적인 설교를 한 목사 및 교인들을 일제 경찰에 밀고한 유형이다. 이른바 밀정이라 일컫는 이들은 식민지 시절에 경찰과 더불어 조선인 사이에서 가장 악명이 높았다. 의열단을 비롯한 독립운동단체가 암살한 친일파 중에는 밀정이 가장 많았을 정도였다.[11] 당시 언론 보도에 의하면, 반민특위에 검거된 김동만 집사는

---

11. 허정, 『반민특위의 조직과 활동』, 264쪽.

박연세 목사의 설교 내용을 밀고하여 옥사케 했다고 한다.[12] 이것은 아마 목포 양동교회의 박연세 목사가 1942년 7월 7일 "힘이 있다 해서 힘없는 백성들을 양식으로 잡아먹어서는 안 된다"라는 요지의 설교를 하여 목포경찰서로 연행되어 끝내 사망한 사건을 가리키는 듯하다. 한편, 안식교회의 이여식, 강진하, 김온준, 고희경, 정모는 신사참배를 거부하던 최태현 목사의 위치를 경찰에 밀고한 적이 있다. 장로교회 경남지역의 대표적인 인물인 김길창 목사도 마찬가지다. 한 선교사의 편지에 의하면, 김길창 목사는 일제의 밀정으로 활약했다고 한다.[13] 반민특위도 이를 염두에 두고 증인들을 심문할 때 그의 밀정 행위에 대해서 집중적으로 물어보았다.[14] 1949년도에 출간된 《반민자 죄상기》에 의하면, 강낙원과 오현주(안동교회의 집사) 부부는 대한애국부인회를 경찰에 밀고했다.[15]

'교회 보호'라는 논리

반민특위의 조사 자료 가운데 현재 남아 있는 것은 64명에 관한 기록뿐이다. 이 자료는 반민특위 활동의 극히 일부분에 해당하지만, 반민특위의 활동상과 친일파를 둘러싼 증언과 재판 내용 등을 상세하게 전해

---

12. 「일제의 밀정자」, 『경향신문』, 1949년 6월 21일자.
13. 「찰스 어드만이 제임스 후퍼 목사에게 보내는 편지」(1940.10.29), 『친일반민족행위관계사료집』XIV, 2009, 256쪽.
14. 「반민특위 피의자(김길창) 신문기록」, 『한국기독교의 역사적 반성』, 다산글방, 1994, 463, 475, 488, 490, 493, 494, 495, 498쪽.
15. 고원섭, 『반민자 죄상기』, 백엽문화사, 1949. (김학민·정운현 엮, 『친일파 죄상기』, 학민사, 1993, 309-310쪽)

주고 있어 유용한 사료로 활용되고 있다. 기독교 관계자의 경우는 전필순 목사, 양주삼 목사, 김길창 목사에 관한 조사 자료만이 남아 있다.

그런데 이들에 관한 조사 자료를 검토하다 보면, 공통적으로 교회의 보호를 위해 어쩔 수 없었다는 생존의 논리를 강조하고 있음을 알 수 있다. 생존의 논리는 부일협력을 강제에 따른 어쩔 수 없는 행위로 정당화하는 데 매우 중요한 근거로 작용했다.[16] 먼저, 전필순 목사의 경우를 보도록 하자. 반민특위로부터 '일제의 충견'이라는 소리를 듣기도 했던 전필순 목사는 자신의 부일협력 행위가 "교회를 보존, 유지하겠다고 생각하는 사람들만이 나서서 일본강압정책을 형식적으로 순응하면서 합법적으로 유지하였던 것"이라고 주장하였다. 일제의 탄압 속에서 교회를 지키기 위해 어쩔 수 없었다는 논리이다. 또한, 그는 자신의 부일협력 행위를 개인의 의지가 아닌 교단의 결의 하에 이루어진 문제라고 변명하였다. 문제의 원인을 외부로 돌려 자신에게 전혀 책임을 묻지 않게 하려는 의도로 해석할 수 있다. 이러한 이유로 전필순 목사는 자신이 "합법적인 방법으로 교회를 보존하였던 것"이지 "일본 정책에 정신적 협력을 한 것"은 아니라고 항변하였다.[17]

김길창 목사 역시 1949년 3월 24일 1차 심문에서 "교회를 유지하기 위하여 가면적(假面的)으로서 원고도 작성하고 또는 활동"을 했지만 "무슨 영예라든지 개인의 사리를 취한 것은 전혀 없었다"라고 항변하였

---

16. 권명아, 『식민지 이후를 사유하다』, 책세상, 2009, 171쪽.
17. 「반민특위 피의자(전필순) 신문기록」, 『한국기독교의 역사적 반성』, 다산글방, 1994, 556쪽.

다.[18] 3월 25일 2차 심문에서 신사참배를 반대하면 끝까지 반대할 수가 있지 않았겠냐고 묻는 반민특위 조사관의 질문에 그는 자신이 처음에는 반대했으나 '교회를 유지하기 위해서' 부득이하게 신사참배를 행했노라고 답변하기도 했다.[19] 그리고 총회에서 신사참배를 결의했을 당시 "지방은 따라서 할 뿐"이었다고 변명하였다.[20] 그러나 총회가 신사참배를 결의할 당시에 그는 총회의 부회장을 지내고 있었다. 즉 총회의 신사참배 결의에 김길창 목사의 책임은 결코 작지 않은 것이다.

여기에서 우리는 이들이 말하는 교회의 의미에 대해 한번 짚고 넘어갈 필요가 있다. 위의 주장 속에서 이들이 지키고자 했던 교회는 과연 어떤 교회였을까. 시종일관 이들은 자신이 교회를 합법적인 방식으로 유지했다고 주장했다. 즉 이들이 지키고자 했던 교회는 조직의 유지와 확대에 집중하는 '제도적 교회'였다. 기독교의 운동성은 퇴색된 채 행정과 재정에 대한 관심으로 가득 찬 교회였다고 할 수 있다. 반민특위의 조사 과정에서 전필순 목사와 김길창 목사가 언급한 교회는 본래의 목적과 가치가 심각하게 변질되더라도 '지상의 권위(일제)'와의 타협을 통해 법적 제도로 유지되는 '제도적 교회'였다.

생존의 논리는 당사자뿐만 아니라 후대에도 큰 영향을 미쳤다. 대표적인 경우가 반민특위가 활동할 당시 '가룟 유다의 직계'라는 비판을 받았던 정인과 목사를 두둔한 민경배 교수이다. 그는 《정인과 그 시대》라는 책을 통해 친일 목사들이 "현실적 교회 유지의 자세에 섰던 사람

---

18. 「반민특위 피의자(김길창) 신문기록」, 『한국기독교의 역사적 반성』, 458쪽.
19. 같은 책, 462쪽.
20. 같은 책, 467쪽.

정인과 목사가 반민특위에 검거된 사실을 보도한 신문기사(출처: 1949년 2월 23일자 《연합신문》)

들"이라고 평가하면서, 이들이 현실교회를 보존하기 위해서 일제의 요구에 순응하지 않을 수 없었다고 주장하였다. 즉 "천황 중추의 일제 헌법 아래에서 교회 자체의 생존 자체가 국법상 불가한 때"였기 때문이다.[21] 만약 일제와의 타협이 없었다면 교회는 지상에서 소멸할 수밖에 없

---

21. 민경배, 『정인과와 그 시대』, 한국교회사학연구원, 2002, 251쪽.

었다고 주장한다. 그리고 그는 이들을 통해 한국교회가 '세계적인 교회'를 이룰 수 있었으므로 이들을 심판과 지탄의 대상으로 삼기보다 "부둥켜 안고 함께 눈물을 흘려야" 한다고 강조했다.

이러한 논리대로라면, 일제의 구약성서폐기정책에 호응한 전필순 목사의 행위는 교회의 보존을 위한 것이라는 모순을 낳는다. 학생들에게 전쟁에 나가 싸울 것을 권유한 양주삼 목사의 글도 교회의 유지를 위한 것이 되고 만다. 신사참배 반대자들의 동태를 일제 경찰에 밀고한 김길창 목사의 행위도 교회의 소멸을 막기 위해 어쩔 수 없었던 일이 되고 만다. 그런데, 침략전쟁을 지지하고 성서의 내용을 훼손한 채 유지된 교회를 과연 진정한 교회라고 볼 수 있을까. 본질이 훼손당한 채 제도적인 교회가 유지된다면 그것은 도대체 어떤 의미가 있는 것일까.

이승만의 4·15담화

이승만 정권은 여러 가지 수단을 동원하여 반민특위의 활동을 방해하였다. 예산 및 사무실을 미배정하는 방법부터 시작해서 반민특위의 자료 요청을 거부하는 식이었다. 한마디로 반민특위가 일을 하지 못하도록 만들었다. 또한, 이승만 정권은 외부적으로 반민법을 규탄하는 반공대회를 묵인하는 한편, 내부적으로 반민법 개정안을 통해 반민특위의 권한을 축소시키려 했다. 이때 이승만 대통령은 '3권 분립의 원칙'을 비판의 논리로 사용했다. 즉 반민특위가 조사권뿐만 아니라 기소권과 재판권까지 행하는 것은 3권 분립의 원칙에 위배된다는 주장이다(2·2담화). 여기에 더하여 이승만 대통령은 특경대를 해체하고 조사위원들의 권한을 축소해야 한다고도 얘기했다(2·15담화). 이승만 대통령의 2·15담화에 맞춰서 정부는 반민특위의 권한을 축소시키는 내용의 개정안을 국회에 제출했으나 아무런 소득도 얻지 못하였다.

한편, 4월 13일 반민특위의 부위원장 김상돈이 교통사고를 내어 한 학생의 목숨을 앗아간 일로 검찰청으로부터 기소되자 이승만 대통령은 이 기회를 놓치지 않았다. 이튿날 이승만 대통령은 반민특위의 조사위원들이 권한을 남용하고 위법적 행동을 하고 있음을 비판하였다. 그리고 반민특위의 권한 남용을 설명하기 위해 양주삼 목사의 검거가 국제적 문제를 일으키고 있다고 발표했다.

> 워싱턴에서 온 보고를 듣건대 감리교 웰치씨가 장면 대사에게 편지를 보낸 내용 중 양주삼 목사를 반민법에 걸어 수감했다는 것이오. 이외에도 여러 친구들이 이 사건에 대단히 격분해서 국제문제를 삼기에 이르렀으니, 나는 양주삼씨가 수감되었다는 것도 알지 못하고 이와 같은 문제를 일으키게 된 것은 더욱 놀라운 일이다. 지각없는 사람들이 내외대세를 모르고 이와 같은 행동으로 국제문제를 일으키게 된 것은 많은 유감을 면할 수 없는 바이다.
>
> 그러므로 지금부터는 소위 특별조사위원은 조사만하고 사법에 넘겨서 행정이나 사법일은 조금도 참여하지 못할 것이오, 특경대는 해산시켜서 그러한 명의로 불법행위를 하는 자는 엄벌 중치할 것이니 국회의원 중에서도 공정한 생각을 가진 분들은 자기들이 정한 헌법을 존경이 여겨서 헌법의 대지를 위반하는 것은 여간 사소한 조문이 있다하더라도 다 폐지하고 법을 존중히 하여야 될 것이다.[22]

---

22. 「감위의 직제개정 파면권 정지 이대통령담」, 『동아일보』, 1949년 04월 16일자.

웰치(Herbert Walch) 선교사는 1930년 남북감리교회가 하나의 교파로 합동될 때 양주삼 목사와 함께 이를 주도했던 인물이었다. 웰치 선교사가 장면(당시 미국대사)에게 보냈다는 편지의 진위여부는 파악할 수 없다. 다만, 이승만 대통령이 양주삼 목사의 검거를 핑계로 반민특위의 권한 제한을 주장하고 있다는 점이 눈길을 끈다.

문제의 양주삼 목사는 감리교회의 초대(1930~1934)와 2대(1934~1938) 감독을 지낸 교회 지도자이다. 1930년대의 감리교회를 대표하는 양주삼 목사는 전시체제기에 흥아보국단 상무위원, 조선임전보국단 평의원, 국민총력조선연맹 평의원 등 총독부의 주도로 조직된 친일단체의 간부를 역임하였으며, 누구보다 징병제를 찬성하고 선전하는 등 전쟁협력에 적극 참여하였다. 1942년도에 출간된 그의 책 《正義の必勝と吳人の覺惡(정의의 승리와 우리의 각오)》은 대동아공영권을 이루려는 일제의 침략전쟁을 '정의'로 규정하고, 정의는 반드시 이길 수밖에 없으며, 이를 위해 조선인은 멸사봉공(滅私奉公)의 각오를 다져야 한다는 내용으로 서술되었으리라 추정된다.

이러한 이유로 양주삼 목사는 해방 직후부터 한국기독교의 대표적인 친일목사로 호명되었다. 한 예로, 건국준비위원회는 미군을 방문하여 자신들이 작성한 친일파의 명단을 전달한 적이 있었는데, 여기에는 윤치호, 한상룡, 박흥식 이외에 양주삼 목사가 포함되었다. 조선공산당이 작성한 〈애국자와 매국노〉라는 팸플릿에도 김성수, 이용설, 장덕수, 구자옥 등과 함께 양주삼 목사가 대표적인 친일파로 거론되었다. 따라서 이승만 대통령은 반민특위의 권한 축소를 위한 명분으로 양주삼 목사를 거론하긴 했지만, 그 발언 자체가 한국기독교의 대표적인 친일목사로 거론된 그를 두둔한 행위였다.

이승만 대통령의 4·15담화에 대해 반민특위의 부위원장 김상돈은 양주삼 목사의 체포에 대해 국제문제 운운하는 행태야말로 자다가도 웃을 일이라고 반박하였다. 반민특위가 대한민국의 법에 근거하여 친일파를 처단하는데 어째서 국제적 문제가 될 수 있냐는 것이다.[23] 사실, 양주삼 목사는 4·15담화가 발표되기 4일 전인 4월 11월에 부일협력 행위가 미비하다는 이유로 기소유예를 받은 상태였다.[24] 따라서 이승만 대통령의 4·15담화는 양주삼 목사의 석방을 위한 것보다 반민특위의 권한을 축소시키려는 의도가 더욱 분명하다는 것을 알 수 있다. 그러나 의도야 어떻든 반민특위의 양주삼 목사 검거에 대하여 이승만 대통령이 비판한 사실은 정교유착을 더욱 공고화시킨 계기가 되었던 것으로 보인다.

반민특위의 와해

이러한 상황에서 이승만 정권은 반민특위 습격사건(1949.6.6)을 비롯하여 국회프락치사건(1949.6.20)과 김구암살사건(1949.6.26)을 통해 극우반공체제의 골격을 마련하기 시작하였다. 반민특위 습격사건은 1949년 5월 17일경을 전후하여 세 명의 국회의원이 국가보안법 위반 혐의로 구속된 일과 연관 지어 생각해 볼 필요가 있다. 이들 중 한 명인 이문원 의원은 정부가 UN대표로 "친일행위가 가장 많은" 김활란을 보낸 일을 비판한 바가 있다. 국회는 이 세 명에 대한 석방동의안을 가결시켰는데, 극우반공주의자들은 정부의 방조를 받으며 이를 반대하였다.

---

23. 「자동차사건문제에 김상돈씨담」, 『경향신문』, 1949년 4월 19일자.
24. 「친일목사 양주삼 기소를 유예」, 『동아일보』, 1949년 4월 14일자.

심지어 이들은 "반민특위는 공산당의 앞잡이다" 등의 구호를 외치며 반민특위를 비판하기 시작했다. 주목할 점은 친일파인 손홍원과 김정한이 지도하던 국민계몽회가 이를 주도했다는 사실이다. 이런 상황에서 반민특위가 친일경찰의 상징이었던 최운하를 체포하자 경찰은 반민특위를 습격하였다.

이 사건에 뒤이어 헌병사령부는 김약수, 노일환 등 7명의 국회의원들을 국가보안법 위반 혐의로 체포하였다. 공산당의 지령을 받고 대한민국 정부를 전복하고 공산주의 정부를 세우려고 했다는 혐의다. 이른바 '국회프락치 사건'이 발생하였다. 이 사건으로 반민특위의 특별검찰관을 맡고 있던 노일환, 서용길이 구속됨으로써 반민특위의 활동은 큰 타격을 받았다.

국회프락치 사건이 본격적으로 확대될 무렵인 6월 26일 김구가 경교장에서 안두희에게 암살당한 일이 벌어졌다. 한국현대사에서 끊임없는 논쟁을 제기한 사건이 발생하였다. 특히 암살의 배후에 이승만과 미국이 있었는가 하는 문제는 초미의 관심사라 할 수 있다. 그런데 김구는 해방 이후 1947년 12월까지 이승만의 가장 가까운 파트너로 지낸 적이 있다. 이 둘의 관계는 반탁운동을 통해 더욱 긴밀한 관계를 유지한 측면이 있다. 하지만 단독정부의 수립 문제가 떠오르자 이 둘의 관계는 갈라지기 시작했다. 중요한 건 김구는 대통령 자리를 놓고 이승만과 겨룰 수 있는 최대의 라이벌이었다는 점이다. 김구암살사건의 관계자들은 거의 다 친일파이기도 했다.

1949년 6월에 집중적으로 발생한 이 세 사건은 이승만 정권에 걸림돌이었던 사람들이 배제되는 과정이었다. 이승만 대통령은 반민특위를 습격함으로써 자신의 세력 기반인 친일세력의 안정화를 구축하였고, 국회프락치 사건을 통해 사사건건 자신에게 제동을 건 제헌국회를 길들일 수 있었다. 그리고 자신의 정적인 김구가 서북청년회의 회원에게 죽임을 당했다. 이 때문에 반민특위는 와해되었으며, 친일파 청산의 노력은 좌절되고 말았다.

인적 청산에서 체제 청산으로

이상 우리는 1949년도 상반기에 활동한 반민특위를 중심으로 한국기독교의 과거사 청산운동이 어떻게 전개되었고 좌절되었는지를 살펴보았다. 사실상 반민특위의 노력이 좌절되면서 인적 청산은 온전히 이루어지지 못했다. 오히려 친일 혐의를 받은 인사들이 지배층을 구성하게 되면서 식민지 유산의 영향력은 더더욱 강한 영향력을 떨치게 되었다.

그러나 친일파 처단에 실패했다고 해서 특정 누군가에 대한 증오만을 키워서는 안 된다. 물론 역사연구를 통해 친일파의 문제를 보다 깊게 밝혀야 한다. 다만 여기에서 말하고 싶은 건 지금까지 우리는 식민지 유산의 청산 문제를 '친일파 처단'이라는 인적 청산의 문제로만 생각해왔기 때문에 온전한 과거사 청산을 이루지 못했다는 사실이다. 실상 식민지 유산의 청산은 두 가지 수순으로 이뤄져야 했다. 첫 번째는 국가 간에 발생한 '전쟁'의 문제이다. 식민 지배를 당한 입장에서는 일제의 보상과 사과를 제대로 받지도 못했기 때문에 억울한 감이 있겠지만, 식민지 조선의 한국인들은 일제의 침략전쟁에 직간접적으로 참여했기 때문에 전쟁 책임으로부터 절대적으로 자유로울 수 없다. 대다수는 일제의 강요에 의해 '어쩔 수 없이' 침략전쟁에 동원되었겠지만 말이다.

두 번째는 식민 지배를 통해 형성된 '체제'의 문제이다. 식민지 유산의 문제는 인적 청산보다 더욱 구조적이고 체제적인 차원에서 고민해 볼 필요가 있다. 식민지배의 경험을 통해 남한 사회는 국가주의적 사고방식과 행동방식을 체득했고, 이것이 남북한 체제의 정체성을 구성하는 데 가장 중요한 요인으로 작용했기 때문이다. 식민지 유산은 한국현대사를 결정짓는 구조적 요인이다. 해방 이후의 역사는 식민지 시기의 역사와 연속성을 가지고 있으며, 식민지 유산을 토대로 작동하고 있기 때문이다.

다만 친일에 대한 논의가 자칫 환원주의로 귀착될 가능성은 주의해야 한다. 한홍구의 지적대로 "우리 사회의 모든 문제의 근원을 친일파 문제로 돌리는 경향"은 피해야 할 것이다.[25] 모든 문제를 친일파 탓으로만 돌리는 것은 역설적으로 비역사적인 관점이라 할 수 있다. 오늘날 식민지 유산이 한국 사회와 기독교에 어떤 영향을 미치고 있는지를 살펴보면서도, 그것이 모든 문제에 대한 유일한 해법이라고 생각하는 과오도 피해야 한다.

---

25. 한홍구, 『대한민국사』, 1권, 한겨레출판사, 2003, 104쪽.

4. 미완의 과거사 청산이 불러온 비극들

역사를 보통 '사실로서의 역사'와 '해석으로서의 역사'로 나눈다. 과거를 어떻게 기억하느냐에 따라 사실관계는 은폐되고 해석은 크게 달라진다. 대표적인 사례가 제주4·3사건이다. 냉전 시기만 해도 제주4·3사건은 공산폭동으로 기억되었으나 1980년대 이후 민중항쟁과 민간인 학살 사건으로 호명되기 시작하였다. 이러한 변화는 기억이 현재와의 관계 속에서 과거를 재구성하기 때문이다. 즉 기억은 과거에 대한 사회적 재구성이라고 할 수 있다.[1]

기억이 형성되는 과정은 한 사회의 이데올로기, 담론, 집단 간의 권력 배분에 큰 영향을 받는다. 따라서 기억을 하나의 정치·사회적 현상으로 이해할 필요가 있다. 이는 한국기독교의 역사를 살피는 데 중요한 요인이기도 하다. 본 장에서는 과거사 청산의 실패라는 정치·사회적 맥

---

1. 권귀숙, 『기억의 정치: 대량학살의 사회적 기억과 역사적 진실』, 문학과지성사, 2006, 31쪽.

락이 한국교회사에 대한 기억을 어떻게 통제하고 왜곡했는지를 살펴보려고 한다. 이를 통해 기억의 정치가 한국기독교에 작동된 측면을 보고자 한다.

《한국기독교해방십년사》 금서사건(1958)

반민특위의 와해 이후 친일문제는 금기의 역사가 되었다. 1966년 임종국이라는 재야학자에 의해 《친일문학론》이라는 책이 출간되기 전까지 친일문제는 사회적 침묵을 강요당해야 했다. 그러다보니 1950년대 후반에는 한 교회사학자가 쓴 책이 장로교회에 의해 판매 금지를 당한 사건이 벌어지기도 했다. 주인공은 바로 매산 김양선 목사이다. 그는 숭실대의 기독교박물관을 세운 저명한 학자이자 목회자였다.

매산 김양선 목사는 한국기독교의 초기 역사에 큰 족적을 남긴 이들의 후손이었다. 그의 외할아버지는 간도에서 로스(John Ross) 선교사 곁에서 성서번역을 도운 백홍준 조사였고, 친할아버지는 1889년 압록강에서 언더우드 선교사에게 세례를 받은 김이련이었다. 이런 이유때문인지 그의 관심사는 자연스럽게 한국기독교의 역사 분야가 되었다. 집안에 보관되어 있던 책과 물건들은 그 자체로 사료가 되기에 부족함이 없었다고 한다. 그는 일찍이 한국기독교와 관련된 자료들을 모으기 시작했고, 해방 이후 기독교박물관의 건립에 열정을 쏟아 부었다.

김양선 목사는 복음의 주체적 '수용'에 방점을 두고 한국기독교의 역사를 연구했다. 그의 수용사관은 신라 시대의 경교(景敎, 네스토리우스파)를 주목하게 만들었고, 간도에서 이루어진 선교사와 조선인들의 만남이 성서번역으로 어떻게 이어지게 되었는지를 살피게 했다. 그는 외국인

선교사들에 의해 복음의 확장이 어떻게 이루어졌는지를 살피지 않고 조선인들의 주체적 수용에 집중하였다.

김양선 목사는 생전에 '전래, 선교, 부흥, 수난, 재건'이라는 5가지 프레임으로 한국기독교의 역사를 재조명하는 기획을 세운 적이 있다. 쉽게 말해 한국기독교의 역사 5부작을 기획한 것이다. 이러한 맥락에서 김양선 목사는 1956년에 《한국기독교해방십년사》라는 책을 출간했다. 제목 그대로 해방 10주년을 기념하기 위해 지난 10년의 역사를 정리한 것이다. 이 책은 그가 구상한 5가지 프레임 중 '재건'에 속하는 것으로 역사가들이 좀처럼 취급하기를 꺼리는 당대사를 다루었다.

김양선 목사는 해방 이후 가족의 희생까지 무릅쓰며 이북에 있던 사료들을 서울로 가져올 수 있었으나 전쟁의 포화로 그것들을 잃어버렸다고 한다. 그래서 한동안 한국기독교의 역사를 집필하는 작업을 포기하고 있다가 선교 70주년(1955)을 맞은 한국기독교연합회의 부탁으로 다시 착수했다고 한다. 아마 그가 당대사를 다룬 이유 중의 하나는 이전 시기보다 더 손쉽게 사료를 모을 수 있었던 여건과 무관하지 않았을 것이다. 아무튼 그는 책에서 다룰 인물과 단체가 현존하고, 주요 사건이 아직 완결되지 않은 상태임에도 불구하고 아주 용기 있게 당대사(1945~1955)를 다루었다. 문제의 발단은 여기에서 시작되었다.

《한국기독교해방십년사》가 출간되고 1년이 지난 시점(1957)에서 마산노회장 김석찬 목사는 이 책에 문제가 있음을 총회에 보고하였다. 책의 내용이 사실 관계에 위반되고 총회를 비난하는 내용이 많다는 이유에서다. 그래서 총회는 조사위원을 꾸려 책의 문제가 무엇인지를 살펴보게 했다. 이들은 1년 동안의 조사 기간을 거친 후《한국기독교해방십년사》가 11가지의 문제점이 있다고 보고했다.[2] 하지만 사실상 단 하나로 귀결될 수 있다. 그것은 바로 '친일 문제'였다.

먼저, 이 책에서 다루고 있는 1954년 안동총회의 신사참배 취소성명 사건을 보자. 김양선 목사는 책을 통해 "1954년 제38회 총회는 출옥성자 이원영 목사의 총회장된 것을 계기로 신사참배 결의를 재삼 취소하였다. 그러나 이것은 도리어 총회가 신사참배의 범과(犯過)를 통절(痛切)히 뉘우치지 못하였다는 증거 이외에 아무것도 아니었고 <u>일부의 교권주의자의 자기 명예를 위한 제스처에 불과한</u> 것이었다"라고 신랄하게 비판했다(53쪽). 김양선 목사는 장로교 총회가 1948년에 이미 신사참배 취소를 결의한 적이 있는데, 왜 굳이 1954년에 거듭 취소했는지를 알 수 없다고 밝혔다. 1954년 신사참배 취소 결의의 진정성을 역사가로서 의심한 것이다. 총회의 조사결과에 대해 김양선 목사는 "과거의 공식적인 취소가 있었음에 불구하고 그것을 생각하지 않고 취소를 거듭하게 만든 어떤 사람이 있었다는 것을 발견"할 수 있었다고 한다.[3] 여기서 김양선 목사는 그 사람이 누구인지를 명확히 밝히고 있지 않지만, 책에서 서술한 교권주의자가 곧 친일인사들임을 어렵지 않게 알 수 있다.

그렇다면 문제의 소재가 된 1954년 안동총회에서는 무슨 일이 있었던 걸까? 어떤 이유로 총회와 김양선 목사 사이에 대립이 있었던 것일까. 1954년 안동총회가 개최된 시기는 장로교가 신사참배 문제로 고신교단과 이미 분열된 상태였다. 장로교는 이어지는 분열을 막기 위해 여

---

2. 「기독교해방십년사 조사논의 총회임원회에 처리일임」, 『기독공보』, 1958년 10월 20일자.

3. 김양선, 「사가의 양심과 소재」상, 『기독공보』, 1959년 1월 19일자.

러 가지로 대책을 강구해야 했다. 특히 1954년은 한국전쟁이 휴전된 지 1년이 지난 시점이었는데, 당시 기독교 지도자들은 신사참배 문제가 전쟁과 분열을 낳았다는 인과응보적 생각을 강하게 가지고 있었다.[4] 그러다보니 과거사 청산에 대해서 무엇인가 하지 않으면 안 되는 상황에 처하게 되었다. 이러한 맥락에서 안동총회는 신사참배 취소성명을 발표했다고 볼 수 있다.

안동총회의 신사참배 취소성명은 처음에 적극적인 친일 인사들에 대한 권징을 시행한다는 내용까지 포함 되어 있었지만, 곧 내부의 반발에 의해 무산되었다. 대신, 권징 내용이 생략된 채 일정 기간 동안 통회 자복할 것과 순교자의 유족들에게 위문금을 내자는—아주 온건한 방식만이 채택되었다. 아무도 책임지지 않은 채 형식적이고 표면적인 절차와 방법이 시행된 것이다. "자기 명예를 위한 제스처에 불과"했다고 한 김양선 목사의 지적은 이런 부분을 염두에 둔 것이라 여겨진다.

거기다 더 큰 문제는 과거사 청산의 초점을 '신사참배'로 맞추다보니 한국기독교가 일제의 침략 전쟁에 적극적으로 협력한 일에 대한 논의가 전혀 이루어지지 않았다는 점이다. 앞에서 우리가 함께 살펴보았듯이 한국기독교는 국방헌금을 걷는다거나 교회 기물 등을 헌납해 전시동원체제의 충실한 협력자로 활동했다. 한국기독교는 신사참배라는 '배교'뿐만 아니라 종교보국이라는 '전쟁협력'을 저질렀다. 그런데 이 문제에 대해서는 전혀 다루어지지 않았다. 철저한 과거사 청산이 이루어지지 않은 것이다. 그리고 이 신사참배 취소성명은 한국기독교의 철저한 반성을 이끌어 내지도 못했다. 김양선 목사가 비판한 1954년 안동총회는 이런 특

---

4. 『기독공보』, 1954년 5월 3일자.

징들을 가지고 있었다.

　더구나 김양선 목사는 '교권주의자들'이라고 일컫는 친일인사들의 "교권적 행동 때문에" 출옥성도들을 중심으로 고신교단이 분립되었다고 서술하였다(157~158쪽). 교회 분열의 내적 책임을 묻고 있는 것이다. 조사위원들은 이러한 서술을 "저자의 주관적 판단에서 오는 고의적인 비난으로 사실이 아니다. 장로회 정치를 이해하지 못한 것"으로 치부했다. 여기에 대해 김양선 목사는 "어디까지나 사가(史家)의 입장에서 냉정히 취급"했을 뿐이라고 대응했다. 어느 것이 사실일까. 중요한 점은 김양선 목사의 역사서술이 장로교 내부의 친일인사들에게 정통성의 위기를 가져다주었다는 점이다.

　이 부분은 당시 장로교 총회와 고신교단 사이에 예배당 쟁탈전과 재산분쟁이 있었던 상황을 고려할 필요가 있다. 1951년에 고신교단이 따로 분립되면서 장로교 총회는 교회 재산권에 대한 소유권을 주장하고 고신교단에게 교회의 명도를 요구하였다. 즉 장로교 총회는 초량교회를 비롯하여 부산 영도교회, 마산 문창교회, 진주교회, 거창교회 등 비교적 큰 규모의 교회들을 골라 명도를 요구한 것이다. 따라서 두 교단 간에 정통성 문제는 단순히 추상적이고 관념적인 차원이 아니라 교회 재산권이라는 실질적인 문제가 걸려 있는 아주 중요한 논쟁이었다고 할 수 있다. 만약 고신교단에 정통성이 부여될 경우 교회 재산권을 둘러싼 법적 공방에서 장로교 총회가 불리해질 가능성은 많아질 수밖에 없었다. 고신 분열의 원인을 장로교 내부에서 찾고 있는 김양선 목사의 역사 서술은 당연히 검열의 대상이 될 수밖에 없었다. 정리하면, 김양선 목사의 저술에 대한 장로교 총회의 반발은 부동산 문제와도 어느 정도 연관되었다고 볼 수 있다.

또한 김양선 목사는 신사참배를 반대했다는 이유로 제명당한 적이 있는 한부선(Bruce F. Hunt) 선교사의 해벌 사건을 다루면서 장로교 총회의 처신을 비판하기도 했다. 그는 일제 시기 만주 지역에서 신사참배를 반대했다는 이유로 투옥되어 고생을 하다가 미국으로 추방당한 선교사였다. 1939년 9월 봉천노회는 한부선 선교사가 신사참배를 거부했다는 이유로 그를 제명해버리기까지 했다. 해방 이후 한국으로 돌아온 한부선 선교사는 고려신학교의 교수가 되었다. 그는 1947년 장로교 총회에 참석할 때 자신의 이름이 호명되자 "나는 총회의 회원이 아닙니다"라고 대답하면서 교계에 미묘한 파문을 일으켰다. 이 사건은 부일협력문제를 청산하지 못한 한국기독교의 실태를 간접적으로 건드렸기 때문이다. 장로교 총회는 이 문제를 해결하기 위해 그의 제명처분을 취소하겠다는 해벌 조치를 취했지만, 어떠한 사과나 반성을 표명하지 않았다. 여기에 대해 김양선 목사는 장로교 총회가 "거듭 과오를 범하였으니 신사불참배를 이유로 하는 한 선교사의 제명처분건은 해벌로써 해결될 것이 아니라 총회의 전비(前非)를 취소 사과함으로써만 해결될 성질의 것"이라고 평가했다. 한부선 선교사의 해벌과 관련하여 장로교 총회의 처신이 잘못되었다는 비판이다. 본질적인 문제에 대한 해결이 없이 겉으로 드러난 현상을 수습하는 데 급급한 한계를 지적했다.

결국 김양선 목사의 《한국기독교해방십년사》는 당대에 해결되지 못한 부일협력문제를 정면으로 건드리고 폭로했다는 의의가 있다. 당연히 친일인사들이 교권을 잡고 있던 당시의 장로교 총회에서는 이 책을 반가워했을 리가 없었다. 그 결과 1958년 제43회 총회는 《한국기독교해방십년사》가 총회를 비난하고 11가지의 모독내용이 있기 때문에 ① 종교교육부 관계 책임자는 총회 앞에 크게 사과하게 하고, 교육부로 하여금 비난 모독적인 기사에 대한 정정 또는 해명서를 지상에 발표하고, ② 정정 출판 이전에는 판매를 허락하지 않기로 하고, ③ 저자 김양선 목사는 총회석상에서 사과하기로 하다는 결정을 내렸다.[5] 여기에서 종교교육부 관계자가 책임을 지는 이유는 이 책의 발행 책임자였기 때문이다. 이때 종교교육부를 담당했던 인물은 통합교단의 '제2창업자'라고 불리는 안광국 목사였다.[6] 이때의 일에 대해서 안광국 목사는 "그 결과 저들(김양선 목사가 교권주의자로 칭하는 인사들-인용자 주)은 총회의 주도권을 잡는 데 주력하여 성공하였고 44회 총회분열의 씨를 뿌렸던 것이다"라고 회상했다.

《한국기독교해방십년사》 판매금지 사건은 한국기독교 내부에서 친일문제를 더 이상 공론화하지 못하게 만든 결정적인 계기가 되었다. 공식적으로 한국기독교의 친일문제는 일제의 강요에 의한 타율적인 행동으로만 기억되기 시작했으며, 1954년 안동총회에서 이루어진 신사참배 취소성명의 문제점에 대한 비판과 의심도 묵살되었다.

독립운동가로 변신한 친일목사(1977)

한편, 과거사 청산이 제대로 이루어지지 못하면서 '역사의 왜곡' 내지 '기억의 왜곡'이 발생하였다. 한국현대사에서 반공주의가 친일파를 애국지사로 바꾸게 한 것처럼, 기억의 왜곡은 친일파를 '독립운동가'로 둔갑

---

5. 『총회 주요 결의 및 교회회의』, 대한예수교장로회총회, 2007, 52쪽.
6. 『내 주여 뜻대로: 은퇴목사 체험수기 제6집』, 대한예수교장로회 전국은퇴목사회, 2009.

시키기도 했다. 기억이라는 것은 과거 그 자체에 초점을 맞추기보다 오히려 현재와의 관련 속에서 과거를 재구성하기 때문이다.

먼저 언론계의 경우를 보자. 조선총독부의 기관지인 매일신보사에 입사해 일제의 침략전쟁과 식민정책을 정당화하는 데 주력했던 정인익은 최근 친일반민족행위진상규명위원회에 의해 친일반민족행위자로 결정된 적이 있다. 하지만 1990년대 초반만 해도 후배 언론인들은 그가 매일신보에서 중책을 맡았지만 늘 국가와 민족에 대한 열의를 잊지 않았다고 평가하였다. 조선총독부의 어용신문에서 무려 17년 동안 근무한 일이 애국적 행동이었다는 황당한 주장이었다.

이러한 왜곡은 한국기독교라고 해서 예외가 아니다. 대표적인 예는 일본기독교 조선혁신교단의 통리와 일본기독교 조선장로교단의 부통리 등을 역임한 이유로 반민특위에 검거된 적이 있었던 전필순 목사를 들 수 있다. 한 교회사가는 전필순 목사를 가리켜 '당대의 교회정치 모사'였다고 평한 적이 있었다.[7] 그에 의하면, 전필순 목사는 1940년부터 5년 동안 친일사상을 가지고 교회를 세속적으로 이끌어 가는 데 앞장을 섰을 뿐만 아니라 해방 후 한국교회를 자신의 뜻대로 좌지우지하려고 했다. 아마 그의 생애를 잘 압축한 표현일 것이다.

다음 사진은 반민특위가 활동할 당시 조선일보가 전필순 목사의 검거 사실을 보도한 내용이다. "친일목사(親日牧師) 전필순을 체포(逮捕)"라는 자극적인 제목이 눈길을 끈다. 전필순 목사는 자신이 1919년 3·1운동을 비롯해 애국애족운동에 쉬지 않고 참여했지만 정부 수립 후 자신을 반민족행위자로 대접하여 "눈물을 금할 수 없었다"라고 기록한 적

---

7. 박용규, 『한국교회인물사』, 2, 복음문서선교회 출판부, 1975, 286쪽.

1949년 3월 반민특위에게 검거된 전필순 목사를 다룬 기사. (출처: 1949년 3월 12일자 《조선일보》)

이 있다.[8] 그러나 조선일보의 보도(1949년 3월 12일자)에 의하면, 그는 "왜정 때 조선장로교를 일본기독교와 결부시켜 구약을 배격하는 데 적극 노력하였으며 더구나 신자들로 하여금 황민화운동에 헌신케 하는 한편 솔선하여 소위 대동아 전쟁 중 비행기를 헌납하는 등 헌금과 헌납으로 이름이 드높았다"고 한다.

그런 그가 반민특위가 와해된 지 8년이 지난 시기에는 장로교회의 제42회 총회(1957)에서 총회장으로 선출되었다. 앞에서 살펴본 바와 같이 《한국기독교해방십년사》에 대한 의구심이 제기된 시점이었다. 장로교회 총회가 한국기독교해방십년사조사위원회를 구성할 때 전필순 목사는 총회장의 자격으로 조사위원회의 위원장을 맡았다.

역설적인 사실은 그가 총회장을 역임하고 있을 때 미국으로 건너가 미국장로교회의 총회에서 축사를 맡아 한국기독교의 '위상'을 선교국가인 미국에 알리는 데 앞장선 적이 있다는 점이다.[9] 그의 도미 활동은 과

---

8. 전필순, 『승리의 길』, 선명문화사, 1963, 307쪽.

9. 「큰 사명 띠고 전 총회장 도미」, 『기독공보』, 1958년 4월 21일자.

거의 친일문제를 은폐하는 데 효과적으로 작용했을 것이다. 그런데 이것이 역설적인 이유는 식민지 시절 전필순 목사는 누구보다 강력하게 반(反)서구적 주장을 펼쳤기 때문이다. 즉 1941년 12월 20일 조선의 반도호텔에서 열린 미영(米英)타도 좌담회에서 그는 미국을 혹독하게 비판한 적이 있었다. 그는 조선에 온 선교사들의 인종주의적 우월감을 비판할 뿐만 아니라 그들의 반지성주의 정책에 대해서도 혹독한 날을 세웠다. 심지어 전필순 목사는 선교사들이 미국과 영국의 스파이일 가능성도 제기하였다.[10] 당시의 시대적 상황에서 이러한 의혹 자체는 적지 않은 정치적 파장을 미칠 수 있는 것이었다. 일제의 침략전쟁에 호응하며 반미주의를 외쳤던 그가 17년이 지난 1958년도에는 미국을 방문하며 미국장로교회와의 우의를 다지는 데 바쁜 나날을 보낸 것이다.

파란만장한 삶을 살았던 전필순 목사는 1977년 2월 노환으로 세상을 떠났다. 동시대의 교회 지도자였던 양주삼 목사가 납북되어 행방을 알 수 없게 되고, 해방 후 천주교로 개종한 정춘수 등과 비교할 때 비교적 평안한 말년을 보냈다고 할 수 있다. 그런데, 전필순 목사에 대한 언론의 보도가 30년 전과 비교할 때 극적으로 바뀌었음을 알 수 있다. 아래의 사진은 그의 죽음을 보도한 조선일보의 기사내용인데, "독립운동가 전필순 목사 별세"라는 제목이 눈에 들어온다. 전필순 목사에 대한 기억과 호명이 '친일목사'에서 '독립운동가'로 변화되었음을 알 수 있다.

그와 사십 년 동안 어울렸던 유호준 목사는 전필순 목사가 "한 평생을 민족과 교회를 위해 그 자신을 희생하고 봉사"한 삶을 살았다고 평가

---

10. 임종국 편, 『친일논설선집』, 실천문학사, 1987, 172-176쪽.

> 독립운동가 全弼淳목사別世
>
> 독립운동가였으며 기독교의 원로목사인 全弼淳목사가 14일 노환으로 별세했다. 향년 81세. 대한예수교장로회 총회장(葬)으로, 발인은 16일 오전 9시 30분 연동(蓮洞)교회(답십리사 孫炯(순)피회장지는 경기도양주군진접면장흥내 연동피회묘지.
>
> 손목사는 3·1운동에기독피대표로 참가, 옥고를 치렀으며, 해방후 연세대 부이사장, 대한예수피장로회 총회장, 연동피회 원로목사를 지냈다. 연락처 ⓐ 2191.

28년이 지난 시점에서 그는 '친일목사'에서 '독립운동가'로 호명되기 시작했다. 그것도 동일한 언론사를 통해서 말이다. (출처: 1977년 2월 15일자 《조선일보》)

하였다.[11] 유호준 목사에 의하면, 그는 평생 수난의 삶을 살았다고 한다. 3·1운동 때 일제에 항거하다 투옥되고 일제 말기에 교회를 지키려다 옥고를 치르고 한국전쟁 시기에 공산당에게 잡혀 감옥에 갇혔다는 이야기다. 유호준 목사는 수난의 서사를 이용하여 그가 전시체제기와 이승만 정권 시기에 저지른 과오를 은폐하였다. 오히려 "그리스도의 남은 고난을 그 몸된 교회를 위해 내 몸에 채우겠다"라는 신약성서 골로새서 1장 24절을 인용하며 전필순 목사가 사도 바울과 같은 삶을 살았음을 역설하였다.

실제로 전필순 목사는 본격적인 부일협력 행위를 하기 전에 대동단이라는 독립운동단체에 참가한 적이 있었다. 대동단은 1919년 3·1운동 이후에 발족된 상해 임시정부를 지원하기 위해 서울에서 조직된 비밀결사였다. 하지만 대동단은 고종의 아들인 이강을 상해로 탈출시키려다 실패하고 조직이 궤멸되었다. 이때 전필순은 대동단 사건에 연루되어 징

---

11. 「민족과 교회에 바친 생애 전필순 목사」, 『교회연합신보』, 1977년 2월 20일자.

역 1년을 선고받고 옥살이를 하다가 1921년 5월에 만기 출옥하였다.

따라서 전필순 목사를 독립운동가로 표현하는 것은 완전히 오류라고 할 수는 없다. 하지만, 그의 전 생애(1897~1977)를 통틀어서 볼 때 그가 무엇에 중점을 두고 살았는지를 살펴볼 필요가 있다. 팔십 평생 가운데 그는 불의에 저항하기보다 불의와 긴밀한 관계를 유지하는 길을 선택했다. 전필순 목사는 교회의 유지와 보존을 위해 어쩔 수 없었다고 항변할지 모르지만 옳은 목적을 이루기 위해 옳지 않은 수단과 방법을 동원하는 건 어불성설이다. 그리고 불의한 수단을 통해 목적을 이루더라도 그 목적은 처음의 취지와 상관없이 변질될 가능성이 농후하다. 우리가 그의 진정성을 믿어주더라도 그가 지키고자 했던 바는 어느 시점부터 공허한 것이 되고 말았다.

정춘수 목사 동상 철거 사건(1996)

소가 누워 있는 모양이라 하여 와우산(臥牛山)이라고도 불리는 우암산이 있다. 충청북도 청주를 내려다보는 우암산의 낮은 기슭에 3·1공원이 조성되어 있다. 이곳에는 1919년 독립선언서에 서명한 민족대표 33인 가운데 충청북도 출신 인사 6명의 동상을 건립하였다. 하지만, 현재는 손병희를 비롯하여 신석구, 권동진, 권병덕, 신홍식 등 5명의 동상만이 세워져있을 뿐 나머지 1명의 동상은 보이지 않는다. 그 주인공은 바로 청오 정춘수이다. 한때 감리교회의 목사로서 제4대 감독을 지냈던 교회 지도자였다. 그런데, 오늘날 그의 동상이 보이지 않는 이유는 무엇일까.

결론부터 말하자면, 정춘수 목사의 동상은 1990년대 중반에 시작된 역사바로세우기 운동의 일환으로 철거되었다. 1873년 2월 11일 청주군

가덕면 두산리에서 태어난 정춘수 목사는 '충청도민'이자 민족대표 33인 중 감리교회의 일원으로 참여했기 때문에 그의 동상이 철거될 이유가 별로 없어 보인다. 하지만 그는 전시체제기에 감리교회의 전쟁협력을 적극적으로 주도한 인물이었다. 1938년 흥업구락부 사건을 계기로 전향성명서를 발표한 정춘수 목사는 제4대 감독으로 취임한 이래 국민정신총동원 조선감리교연맹, 국민총력연맹, 조선임전보국단, 조선전시종교보국회 등의 전쟁협력단체의 간부로 참여하였다. 따라서 그가 민족대표 33인 중의 한 명이라는 이유 하나만으로 3·1공원에 그의 동상이 있어야 할 이유는 없다고 할 수 있다.

정춘수 목사의 동상은 1980년 3·1공원이 조성될 때부터 논란을 일으켰다. 그의 동상 건립에 대한 부적절성이 제기되었기 때문이다. 하지만, 충청북도가 반대론을 무시하고 동상을 세운 이유는 이 공원이 3·1운동의 역사적 사실'만'을 기념하기 위한 공간이므로 3·1운동의 민족대표 33인을 기념하는 데 특정인을 배제할 수 없다는 것이었다.[12] 인물평가의 시한과 공간을 3·1운동으로만 국한하자는 것이 철거 반대의 대표적인 논리였다. 이러한 논리는 정춘수 목사의 동상을 15년 동안 보존할 수 있게 해주었다.

하지만 1987년 민주화 이후 등장한 시민사회는 이러한 논리와 역사의식에 도전했다. 이것은 정춘수 목사의 동상을 3·1공원에서 철거해야 한다는 움직임으로 나타났다. 1994년 10월 19일에 출범한 충북지역사회민주단체연대회의(이상 연대회의)는 자신들의 첫 사업으로 정춘수 목사의 동상 철거를 요구하는 건의문을 작성하여 충청북도에 전달하였다. 이

---

12. 「건재한 친일의 유산들」, 『충청리뷰』, 1995년 8월호, 16쪽.

운동은 1993년에 충북역사정의실천협의회가 전개한 '친일화가 김기창 기념관 건립 반대운동'의 연장선상에 있는 것이었다. 김기창은 친일화가의 선두주자였던 김은호의 수제자로 일제의 군국주의를 선전하는 작품들을 다수 남겼다. 대표적인 작품으로 〈님의 부르심을 받고서〉, 〈총후병사〉 등이 있다. 해방 후에는 한복을 입은 예수를 그려 큰 관심을 끌기도 하였다.[13]

연대회의는 정춘수라는 친일파를 독립운동가로서만 규정하여 동상까지 세운 것은 올바른 역사를 세우는 데 걸림돌이 된다는 입장이었다. 따라서 정춘수 목사의 동상을 철거해야 한다고 주장하기 시작했다. "광복 50주년을 맞아 민족정기를 바로 세운다는 취지에서 친일행각을 벌인 정춘수의 동상은 반드시 철거돼야 한다"는 것이었다.[14]

이외에도 정춘수 목사의 동상이 철거되어야 하는 이유가 있었다. 첫째, 정춘수 목사는 3·1운동 당시 민족대표로 참여했지만 그가 법정에서 일본인 검사, 판사와 주고받은 심문기록을 보면 놀랄만한 사실을 확인할 수 있다. 왜냐하면 그는 자신이 자치와 독립청원을 찬성하지만 독립선언에 반대하므로 민족대표들의 독립선언식에 불참했다고 밝혔기 때문이다. 따라서 그는 자신의 명의가 독립선언서에 기재된 사실에 대해서 강력하게 부정하였다. 자신의 의사가 아니었다는 주장이다. 심지어 그는 자신이 합병에 반대하지 않으며 합병 후 기대했던 내선융화가 실행되지 않음을 유감으로 생각한다는 발언을 남기기도 했다.

---

13. 이태호, 「김기창: 스승에게 물려받은 친일화가의 길」, 『친일파 99인』 3권, 돌베개, 1993, 133-139쪽.
14. 「두 얼굴의 사나이 "정춘수는 하산하라"」, 『충청리얼』, 1995년 3월호, 46쪽.

둘째, 3·1공원에 동상이 건립된 손병희, 권동진, 권병덕, 신석구, 신홍식은 1962~1963년 사이에 5등급으로 세분된 건국훈장에서 2등급에 해당하는 대통령장을 수여받은 적이 있었다. 국사편찬위원회가 선정하여 수여한 것이었다. 그러나 정춘수 목사의 경우 상훈 비대상자로 분류되어 지금까지도 서훈되지 못하고 있다. 그 이유는 상기한 사실로 설명이 충분할 것이다.

많은 논란 끝에 결국 정춘수 목사의 동상은 철거되는 방향으로 결정되었다. 그러나 정작 철거와 관련해서 청주시와 충북도청은 서로 책임을 회피하며 철거를 차일피일 미루었다. 참다못한 연대회의는 1996년 2월 8일 정춘수 목사의 동상을 철거하기 위해 직접적인 행동에 나섰다. 2·8독립선언 77주년에 맞춰 철거 작업을 시작한 것이다. 연대회의가 직접 행동에 나서자 청주시는 경찰 병력을 동원하였는데 큰 싸움은 일어나지 않았다. 경찰은 명분 없는 일에 끼어들지 않겠다며 옆에서 지켜만 보았기 때문이다. 이는 민원인들의 집단행동을 물리적으로 막기 위한 행정 기관의 병력 동원 요청을 경찰이 거부한 이례적인 사례라 할 수 있다. 이때 당시 경찰은 "충북도와 청주시가 동상의 철거방침을 세워놓고 시행절차만 남은 상태에서 경찰이 시민단체의 집단행동을 막을 명분이 없다"는 병력동원 불가방침을 밝혔다.[15]

이 날 연대회의는 정춘수 동상의 목에 일장기를 두르고 밧줄을 걸었다. 동상은 시민들이 잡아당기는 힘을 이기지 못하고 목이 부러진 채 산산조각이 나버렸다. 이 사건은 민주화 이후 등장한 시민사회가 종교계의 과거사 청산 문제를 건드렸다는 점에서 특징적이다. 이 사건을 계기로

---

15. 「경찰 시위진압 거부」, 『경향신문』, 1996년 2월 9일자.

1996년 2월 8일 청주3·1공원에서 정춘수 목사의 동상이 철거되고 있는 모습이다. (출처: 1996년 2월 9일자 《경향신문》)

친일파 공덕비 철거, 친일재산 환수 등이 이루어지기 시작하였다. 이후 정춘수 목사의 동상이 있던 자리에는 횃불조각이 세워졌다.

해방 이후 정춘수 목사는 친일문제로 더 이상 감리교회에 머물기 어렵게 되자 1949년 10월 명동성당을 찾아가 천주교로 개종한 적이 있다. 반민특위에 검거된 이후의 일이다. 당연히 교계에서는 난리가 났다. 감리교회는 사실의 진위여부를 알기 위해 사람을 보내 물어본 적이 있다. 이때 그는 "3·1운동 때 33인의 하나로 나라를 위하여 싸우겠다는 나의 정신은 오늘까지 변치 않았다. 그러나 세태의 변함을 따라 전쟁이 점점 심해짐으로 일부 정부와 협력하는 척했고, 아홉 교회를 살리기 위하여 한 교회를 희생시키지 않을 수 없었다"라고 변명하였다.[16] 앞에서 우리가 보

---

16. 『대한감리회보』, 1949년 12월 25일자.

았던 생존의 논리를 주장하고 있다. 감리교회를 떠난 이유에 대해 그는 "나의 밑에서 나의 지도를 받고 지내던 사람들이 나를 친일파라고 교회적으로, 사회적으로, 정치적으로 갖은 방법과 수단을 다해서 나를 중상하며 전부터 말해 오던 숙청을 하려하니 나는 숙청을 당하기 전에 먼저 내가 자가숙청을 한 것이다"라고 밝혔다.[17] 그의 천주교 개종에는 감리교회 내부의 비판과 반민특위의 검거 경험 등이 작용했음을 알 수 있다.

제2차 세계대전 이후 과거사 청산 문제는 아주 중요한 역사적 과제로 대두되었다. 과거사 청산은 새로운 나라를 만들기 위한 정체성을 확보하는 데 필수적이었기 때문이다. 그러다보니 다른 나라의 경우 상대적으로 철저한 과거사 청산을 수행하였다. 중국의 한간(漢奸) 처단과 프랑스의 '콜라보'(Collaborateur) 숙청이 대표적이다. 1985년 5월 8일 제2차 대전 종결 40주년을 맞이하여 서독 대통령 바이체커는 과거에 대한 반성을 촉구한 적이 있었다. 이날 바이체커 대통령은 "과거에 대해 눈을 감는 사람은 현재를 볼 수 없는 사람입니다. 비인간적인 일을 기억하고 싶지 않은 사람은 다시금 그러한 위험성에 감염될 소지가 많은 사람입니다"라고 말하며 독일의 역사적 책임을 혹독히 물었다. 역사의 잘못된 문제를 돌아보고 청산하지 않을 경우 그 문제는 언젠가 다시 되풀이될 수밖에 없기 때문이다. 크로체라는 역사학자가 "모든 역사는 현대사다"라고 말한 것도 이와 같은 맥락에서다. 과거는 현재와 유기적으로 연결되어 있기 때문에 직간접적인 영향을 미칠 수밖에 없다. 때문에 과거사에 대한 청산과 반성은 반드시 필요하다.

하지만 아쉽게도 한국현대사는 미완의 과거사 청산을 특징으로 한다.

---

17. 『대한감리회보』, 1949년 12월 25일자.

이는 한국기독교도 마찬가지다. 나는 현대사의 모든 모순을 친일에서 찾는 환원주의적 태도를 경계하지만, 일정부분의 지분을 가지고 있음을 인정한다. 한국에서는 친일 혐의를 받는 인사들이 지배층을 구성했기 때문에 과거사 청산이 제대로 이루어지지 못했다. 이것은 한국이 식민지 유산의 영향력을 제대로 떨칠 수 없게 만든 요인이 되었다.

제2부
한국기독교의 왜곡된 정치 참여

한국기독교 정부통령선거대책위원회는 모두가 교회에 출석하는 일요일에 선거운동을 조직적으로 실시했다. 이것은 한국기독교의 심각한 자기모순이었다. 한국기독교는 일요일을 '주일(主日)'이라고 해서 돈을 사용하거나 일을 하지 못하게 하는 등 신성하게 지키기를 미덕으로 삼았다. 한국기독교는 1948년에 선거를 일요일인 5월 9일에 시행한다고 하자 대대적인 반대운동을 벌여 5월 10일로 연기하는 데 성공한 적이 있었다. 그런 한국기독교가 1952년 8·5정부통령 선거 때는 정치적인 목적을 달성하기 위해 일요일을 정략적으로 이용한 것이다. 이율배반적인 모습이라고 할 수 있다.

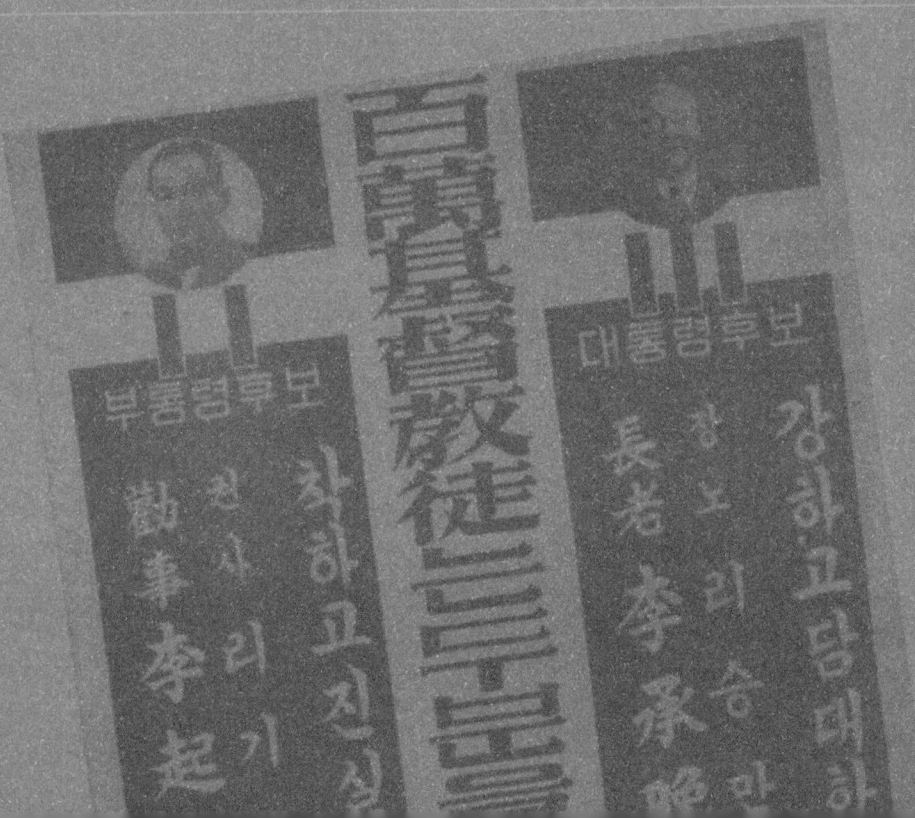

5. 민간인 학살에 가담한 기독교인들

2008년 10월 고문기술자로 유명한 이근안이 목사로 변신하여 화제가 된 적이 있었다. 1972년에 공안 경찰로 근무하기 시작한 그는 1979년 이후 대공분실에서 시국사건을 전담하였다. '관절빼기의 고수' 내지 '인간백정'이라 불리는 이근안은 '관절빼기', '볼펜심 꽂기', '통닭구이'와 같은 고문 기술을 개발하며 수많은 야당 인사와 학생들을 가혹하게 고문하였다. 그의 화려한 이력은 청룡봉사상(1979), 내무부장관 표창(1981) 등 16회나 달하는 표창을 받은 것으로 나타났다. 故 김근태의 고문 사실을 다룬 영화 〈남영동 1985〉는 사실상 이근안이 주연으로 나온 작품이라고 할 수 있다.

목사로 변신한 삶이 화제가 된 이유는 그가 지금까지 자신에게 피해를 당한 이들을 향해 최소한의 사과 한마디가 없었기 때문이다. 이근안이 진정으로 회개를 했다면 목사가 되려고 하기 전에 먼저 자신에게 고문을 당한 사람들을 일일이 찾아가서 용서를 빌어야 마땅했다. 고문의 후유증으로 고통당하는 사람들이 있고 그 때문에 가정이 풍비박산이 된 경우가 있기 때문이다. 하지만 그는 목사가 된 이후에 자신의 고문행위를 '애국'이라고 정당화했을 뿐이다. 1999년에 자수하여 7년 동안의 형기를 마치고 나온 자신이 이제는 죄가 없다고 여겨서일까.

한국기독교사의 비극 중 하나는 '이근안의 원조'가 너무나 많았다는 점이다. 특히, 한국전쟁을 전후로 한 시기에 수많은 이근안'들'이 양산되었다. 제주4·3사건, 여순사건, 국민보도연맹 사건 등으로 이어지는 민간인 학살의 흐름 속에 적지 않은 기독교인들이 학살의 주체로, 폭력의 가해자로 활동했다. 더 큰 문제는 시간이 지난 이후에 어떠한 사과나 반성도 표명한 적이 없었다는 점이다. 살인을 저질러 감옥에 갔지만 하나님이 자신을 용서했다고 말하며 피해자 앞에서 당당했던 영화 〈밀양〉의 살인범과 같은 이들이 적지 않았던 것이다.

테러단체 서북청년회와 기독교

제주4·3사건은 해방 이후에 발생한 온갖 모순들에 저항한 '항쟁의 역사'이면서 동시에 극우반공체제가 이 저항을 진압하는 과정에서 자행한 '폭력의 역사'였다. 다시 말해 제주4·3사건은 민중 항쟁과 국가 폭력의 문제가 중첩된 '저항과 아픔의 역사'라 할 수 있다. 육지 출신 경찰의 횡포, 미군정의 실패한 식량 정책, 분단국가의 수립 등에 대한 제주도민들의 자연발생적인 분노는 항쟁의 기반이 되었다. 항쟁의 주체세력인 남로당은 이러한 저항적 분위기를 활용하여 무장투쟁을 전개하였고, 이승만 정권이 이를 진압하는 과정에서 현지 주민들을 대상으로 무자비하게 학살을 자행하였다. 이 때문에 제주도 전체 인구 10분의 1에 해당하는 3만여 명이 학살을 당하게 되었다.

제주4·3사건 당시 도민들은 미군정, 경찰, 육지 출신의 관료, 그리고 서북청년회에 대해 강한 적개심을 지녔다. 특히 서북청년회에 대한 분노는 극심한 수준이었다. 해방 후 북한의 사회개혁으로 모든 기득권을 박탈당하고 월남한 이들이 조직한 서북청년회는 제주도민에게 무자비한 폭력을 휘둘렀기 때문이다. 이는 제주4·3사건 생존자들의 증언을 통해서도 확인할 수 있다. "당시 서청은 쥐구멍까지도 창으로 쑤셔댈 정도로 집집마다 수색해 도망치지 못한 주민들을 연행했다", "거꾸로 매달아 끓는 물을 코에 붓거나 불에 달군 쇠로 지져대는 고문으로 강제자백을 받아내 학살했다", "어머니가 형님 시신을 업고 돌아왔는데 손톱과 발톱에 못이 안 박힌 곳이 없었다"는 등 서북청년회의 횡포에 대한 증언은 무수히 많다.[1] 생존자들은 서북청년회의 횡포가 "종로 가서 뺨 맞고 한강 가서 분풀이"하는 격이라고 보았다. 이북에서 당한 한풀이를 제주도에 와서 했다고 보았기 때문이다.

이뿐만이 아니다. 서북청년회는 단순한 폭력과 횡포를 넘어서서 학살을 자행하였다. 대표적인 경우가 성산면 지역의 학살 사건이다. 성산면의 주민들은 1948년 2월경 단독정부 반대시위를 전개하여 대대적인 검거 선풍에 끌려갔다. 이때 많은 청년들은 검거에서 풀려나기 위해 우익청년단체에 가입한다는 요지의 성명서와 명단을 발표했다. 문제는 1948년 10월 19일 여순사건의 발발 이후 이 명단이 일종의 살생부가 되었다는 사실이다. 이때 서북청년회는 10월 27일부터 11월 2일에 걸쳐 이들을 연행해 총으로 쏴 죽였다. 제주4·3사건 당시 서북청년회는 '학살의 전위대'로써 많은 도민들의 생명을 잔혹하게 앗아갔다. 오죽했으면 "서

---

1. 제민일보 4·3취재반, 『4·3은 말한다』4권, 전예원, 1997, 107쪽.

청이 워낙 악랄했기 때문에 사람을 죽이지 않는 충남부대가 고마웠고, 이들을 위해 흔쾌히 기르던 소를 잡았다"고 할 정도였을까.

서북청년회는 활동시기와 주도단체에 따라 초기 서청과 재건 서청으로 나눌 수 있다. 초기 서청이 주로 이남 지역의 테러 활동에 주력했다면 재건 서청은 북파공작과 제주도지역의 활동에 방점을 두었다. 재건 서청은 초기 서청이 대동청년단과의 통합 문제로 합동파와 잔류파로 분열되었을 때 잔류파에 의해 조직된 우익 청년 단체였다. 여기서 대동강동지회가 잔류파로 남아 재건 서청의 발족에 핵심적인 역할을 했었다. 중요한 사실은 대동강동지회가 기독청년면려회 서북연합회의 반공운동을 위해 만들어진 별동대였다는 사실이다. 다시 말해 기독청년단체가 서북청년회의 재건을 주도한 것이다. 이러한 이유로 재건 서청은 기독교와 밀접한 관계를 맺은 것으로 보인다.

대동강동지회는 해방 후 평북 정주에서 기독교자유당을 결성하려다 북한 당국의 검거를 피해 월남한 기독교세력이 중심을 이루었다. 대동강동지회의 고문은 황갑영과 황은균, 회장은 홍성준, 부회장은 강종철, 총무는 정오경 등이 맡았다. 이들 가운데 철저한 반공주의자인 황은균 목사와 홍성준은 영락교회와 밀접한 관계를 가졌다. 한경직 목사의 증언에 의하면, 영락교회 초창기의 청년운동은 황은균 목사가 주도했다고 한다.[2] 그리고 재건 서청의 부위원장을 맡은 홍성준은 영락교회의 교인이었다. 또한 영락교회 내에 서북청년회가 사무실처럼 사용하는 곳이 있었고, 영락교회의 청년들이 서북청년회를 주도했다고 한다.[3] 이를 통해 재

---

2. 김병희, 편저,『한경직 목사』, 규장문화사, 1982, 58쪽.

3. 최태육,「남북분단과 6·25전쟁 시기 민간인 집단 희생과 한국 기독교의 관계 연

건 서북청년회와 영락교회는 긴밀하게 연결되었음을 알 수 있다. 한편, 서북청년회와 영락교회의 밀접한 관계는 다음과 같은 한경직 목사의 발언을 통해서도 확인할 수 있다.

> 그때 공산당이 많아서 지방도 혼란하지 않았갔시오. 그때 '서북청년회'라고 우리 영락교회 청년들이 중심되어 조직을 했시오. 그 청년들이 제주도 반란사건을 평정하기도 하고 그랬시오. 그러니까 우리 영락교회 청년들이 미움도 많이 사게 됐지요.[4]

아쉬운 건 자료상의 한계 때문에 영락교회의 청년들이 제주4·3사건의 진압에 어느 정도 참여했는지에 대해서는 명확하게 밝힐 수 없다는 점이다. 다만, 1960~1970년대에 영락교회의 집사가 된 이들 중 제주4·3사건을 진압하기 위해 파견된 경우를 단편적이나마 확인할 수 있을 뿐이다. 최근 연구에 의하면, 1965년에 영락교회의 집사가 된 박용범은 제주4·3사건 직후 서귀포 경찰서의 형사로 부임한 적이 있었고, 1970년에 영락교회의 집사가 된 홍형균은 제주도에 경찰로 파견되어 제주도 방언을 통역했다고 한다.[5] 이 부분은 차후에 자료의 발굴 등으로 보다 자세히 밝혀야 할 필요가 있다.

구」, 목원대 박사학위논문, 2014, 230쪽.

4. 김병희 편저, 『한경직 목사』, 55-56쪽.

5. 최태육, 「남북분단과 6·25전쟁 시기 민간인 집단 희생과 한국 기독교의 관계 연구」, 230쪽.

이 책에서 한경직 목사는 서북청년회와 영락교회의 밀접한 관계에 대해 스스로 증언하고 있다.

목사가 된 테러대장

한편, 초기 서북청년회의 테러를 주도했다가 훗날 목사가 된 인물이 있었다. 그는 바로 '임일'이라는 사람으로 초기 서북청년회가 조직한 남선파견대의 대장을 맡으며 백색테러를 주도했다. 함경북도 길주가 고향인 임일은 일본 중앙대학 법과를 나온 인텔리였다. 해방 이후 월남한 그는 한성일보와 중앙경제통신 등에서 기자로 활동하다가 함북청년회의 선전부장을 맡으면서 반공운동에 주력하기 시작했다. 함북청년회는 명칭에서 알 수 있듯이 이북지역에서 월남한 함경북도의 청년들이 조직한 우익 청년단체였다. 이후 함북청년회가 서북청년회로 통합됨에 따라 임일은 서북청년회의 백색테러 근거지가 된 남선파견대의 대장을 맡게 되었다.

당시 20대 초반이었던 그가 남선파견대의 대장을 맡을 수 있었던 이유는 테러경험이 풍부했기 때문이었다. 대표적인 사례로 다이너마이트 협박사건을 들 수 있다. 임일은 함북청년회에 소속되어 있었을 때 대한독립신문의 사장 오장환을 찾아가 다이너마이트로 협박하며 돈을 요구한 적이 있었다. 이런 그의 저돌성은 테러 활동에 적합한 것이라 여겨졌다.

초기 서북청년회의 테러부대인 남선파견대는 대전에 본부를 두고 충청도와 전라도지역의 서청 조직을 관장했다. 서북청년회의 서부지역을 담당했다고 볼 수 있다. 기자 출신인 임일은 이북의 실정을 폭로하는 선전 활동을 펼쳤다. 서북청년회가 깡패 집단이 아니라 '진실의 전파자'라는 이미지를 심어주기 위해서다. 그러나 무엇보다 남선파견대는 테러 활동에 주력하였다. 남선파견대는 서울과 대전을 오고가며, 좌익단체가 주최한 행사나 좌익노조 등에 테러를 가했다. 이리하여 임일은 언론으로부터 '서청 테러단 두목', '반공의 다이너마이트' 등의 별명을 갖기 시작했다.

남선파견대를 진두지휘하며 백색테러에 앞장섰던 그는 이후 신학교를 졸업하고 목사가 되었다. 1970~1980년대에 그는 신영교회, 덕양교회 등의 담임목사를 지내고 기독교 동심회(同心會)의 회장을 역임하였다. 기독교 동심회는 1974년 3월경에 발족된 선교단체이다. 기독교 동심회의 초대 회장은 새문안교회의 강신명 목사였지만, 그가 사망한 후 임일이 후임으로 선출되었다.[6] 그런데, 기독교 동심회는 사안에 따라 반공주의적 면모를 유감없이 보여주었다. 예를 들어, 기독교 동심회는 공산주의 이력이 있는 인사와 전쟁 당시의 부역자들이 공직에 진출할 수 없게 하는 법안을 마련해야 한다고 주장한 적이 있었다.[7] 또한, 1992년 12월 대선 시기에는 간첩사건의 진상을 밝혀야 한다는 우익단체들의 연대 성명서에 서명함으로써 '북풍'을 일으키는 데 일조하였다. 임일은 목사가 된 이후 한국기독교의 반공운동에 앞장섰던 것을 알 수 있다. 그가 어떠한 과정으로 서북청년회의 테러대장에서 목사로 변신했는지는 향후에 자료를 보완해서 좀 더 살펴봐야하겠지만, 자신이 저지른 폭력과 테러에 대한 죄책고백이 없었던 것은 분명하다.

그들의 아버지를 죽인 '예수쟁이'

1960년 4월혁명은 일종의 과거사 청산 운동이었다. 한국전쟁 시기에 억울한 죽음을 당한 피학살자들의 유족들이 진상규명 운동을 펼쳤고, 독재정권에 협력했던 반민주행위자에 대한 검거와 재판이 이루어졌기 때문이다. 하지만 5·16주도세력은 쿠데타를 통해 헌정질서를 짓밟았을 뿐만 아니라 4월혁명이 지향했던 과거사 청산 운동을 원점으로 되돌려 버렸다. 5·16주도세력은 유족들이 만들었던 피학살자들의 묘비를 깨뜨리고 무덤을 파헤쳤을 뿐만 아니라 전국의 유족회 대표들을 검거했다.

---

6. 「임일씨 "민족 뿌리찾기는 당연한 일" 목사가 단군성전 건립 강조」, 『동아일보』, 1985년 7월 16일자.

7. 「기독교 동심회 성명서」 (민주화운동기념사업회 아카이브 등록번호: 00142218)

대구, 밀양, 거창, 부산, 마산, 제주도 등 각지의 유족회 대표들은 경찰에 연행되어 '용공 이적 단체'를 결성했다는 이유로 군법회의에 회부되었다. 5·16주도세력이 피학살자 유족회의 진상규명 운동을 철저히 외면하고 탄압한 이유는 이들이 한국전쟁 전후의 시기 민간인 학살과 깊은 관련이 있었기 때문이다.

그렇다면 5·16주도세력 가운데 민간인 학살에 연루되어 있는 이는 누구일까. 5·16쿠데타에는 크게 네 개의 부대가 참가했다. 현역 해병 준장 김윤근과 예비역 해병소장 김동하가 지휘하는 해병 제1여단(병력 1,000명), 이백일 중령이 지휘하는 육군 제30사단(병력 1,000명), 문재준 대령과 신윤창 중령이 지휘하는 6군단 포병단(병력 1,000명), 박치옥 대령 휘하의 제1공수단(병력 500명). 이 병력들은 박정희를 중심으로 서울에 무혈 입성하여 쿠데타에 성공할 수 있었다.

5·16주도세력 중 해병여단을 지휘하였던 김윤근과 김동하는 한국전쟁이 발발했을 때 제주도에 주둔하고 있던 해병부대를 지휘한 적이 있었다. 그들이 지휘한 해병부대는 한국전쟁이 발발하자 제주도 모슬포에서 약 220여 명이 되는 도민들을 집단적으로 총살하였다(다른 기록에 의하면 252명이라고도 한다). 이는 만주국 신경군관학교를 나온 박정희의 후배이자 영락교회의 교인인 김윤근의 명령으로 시행된 것이었다. 제주도 모슬포에서의 집단학살 이후 유가족들은 6년 동안 시신을 수습할 수 없었다. 1956년 5월 유가족들은 군 당국의 허가를 겨우 받아 132구의 시신을 수습할 수 있었다고 한다. 유가족들은 '조상이 다른 일백 서른 둘 할아버지의 자식들이 한날, 한시, 한곳에서 죽어 뼈가 엉키어 하나가 되었으니 한 자손'이라는 의미의 백조일손 묘역과 묘비를 세웠다.

학살 명령을 내린 김윤근은 1984년 미국 시드니 영락교회에서 장로가 된 바가 있으며,[8] 그의 장녀 결혼식에 한경직 목사가 주례를 서기도 했다. 김윤근의 가문은 부친인 김창덕이 1928년에 평양신학교를 졸업한 뒤 숭실중학교 교목으로 근무하다가 선교를 위해 남만주 심양으로 파송된 교역자였을 정도로 독실한 기독교 집안이었다. 그래서였을까. 5·16쿠데타 직전 김윤근은 군종장교 김광덕 목사를 불러 무혈성공을 위한 기도를 요청한 뒤 해병여단을 지휘하였다.[9] 이는 5·16쿠데타에 참여한 한 다른 군인이 목격한 사실이기도 했다.[10] 훗날 김윤근은 하나님이 가난한 나라인 한국을 부강한 나라로 변화시켜 세계선교의 기지로 사용하기 위해 5·16쿠데타에 자신을 참여시킨 것이라는 고백을 남기기도 했다.[11]

한편, 김윤근이 김광덕 목사에게 시킨 축복기도는 엉뚱한 방향으로 5·16쿠데타를 이롭게 했다. 박정희의 좌익 전력 때문에 미국이 5·16주도세력을 의심스럽게 바라보고 있을 때 이를 불식시켜 준 근거 중 하나로 제기되었기 때문이다. 박정희는 1948년 10월 19일 여수에 주둔하고 있던 14연대가 제주4·3사건의 진압을 거부하고 여수와 순천 일대를 점령한 일로 연행된 적이 있었다. 엄밀히 말하면 그는 여순사건에 가담한 혐의가 아니라 남로당의 조직원으로 체포되었다.[12] 그러나 곧 그는 석방되어 육군본부 정보국의 문관으로 복귀하였다. 문제는 미국이 이점을 들

---

8. 최태육, 「남북분단과 6·25전쟁 시기 민간인 집단희생과 한국기독교의 관련 연구」, 231쪽.

9. 김윤근, 『해병대와 5·16』, 범조사, 1987, 58-59쪽.

10. 「행동직전 무혈성공을 기도」, 『동아일보』, 1961년 6월 3일자.

11. 김윤근, 「군사혁명에 참여하게 된 경우②」, 『한국장로신문』, 2011년 4월 16일자.

12. 조희연, 『박정희와 개발독재시대』, 역사비평사, 2007, 36쪽.

어 5·16주도세력에 대해 의구심을 가졌다는 것이다. 박정희의 좌익 전력을 볼 때, 5·16주도세력의 반공주의적 태도가 불투명하다고 판단했기 때문이다. 미국과의 관계를 정상화하는 일이 다급했던 5·16주도세력으로서는 답답한 일이었다. 이때 5·16주도세력 중 일부가 기독교인이었다는 사실은 미국에게 긍정적인 영향을 미쳤던 것으로 보인다. 5·16주도세력은 백령도에서 선교활동을 하고 있던 에드워드 모펫(Edward Moffett) 신부를 통해 미국과의 관계 정상화를 위한 작업에 착수하였다. 김윤근의 회고에 의하면, 5·16쿠데타를 승인해야 한다는 모펫 신부의 말에 백악관 참모들이 어떻게 믿을 수 있냐고 묻자 모펫 신부는 "쿠데타에 참가한 장군 중에 장도영 장군과 몇 사람이 크리스챤이더라. 그들의 사상을 의심할 필요가 없다"는 말을 했다고 한다.[13] 김윤근은 모펫 신부를 통해 5·16주도세력이 미국의 승인과 지지를 받을 수 있었다고 한다.

이와 함께 김윤근의 해병여단이 군목의 축복기도를 받은 일은 미국이 5·16주도세력을 긍정적으로 보게 하는 데 기여를 했다. 1961년 5월 19일자 대한일보는 이 일을 제1면에 1단 기사로 보도하였다. 이 기사는 5·16주도세력이 미국의 지지를 얻기 위해 파견한 민간사절에게 유용한 자료가 되었다. 민간사절로 파견된 한경직 목사는 군사정부의 외무부 장관으로 취임한 김홍일과 오산중학교의 선후배 관계였는데, 그의 부탁으로 최두선(동아일보 사장), 김활란(이화여대 총장)과 함께 민간사절로 미국에 갔었다. 이때 한경직 목사는 "어떤 신문에 혁명에 참가한 해병대는 출동 전에 군목에게 요청해서 함께 기도드리고 출발했다는 기사를 읽은 일이 있다. 그러니 믿어도 되지 않겠느냐"고 말해 어려운 임무

---

13. 김윤근, 「자의, 타의의 협력자(4)」, 『한국장로신문』, 2010년 12월 18일자.

를 달성할 수 있었다고 한다.[14]

물론 이러한 정황은 김윤근의 회고록을 근거로 한 것이기 때문에 액면 그대로 받아들일 수 없다. 5·16쿠데타의 성공에 자신의 공로를 과장하려는 가능성이 있기 때문이다. 하지만, 미국의 승인을 받기 위해 파견된 3명의 민간사절 중 무려 2명이나 한국기독교의 저명한 지도자였다는 사실은 무엇을 말하는 것일까. 최소한 5·16주도세력과 미국의 관계 개선에서 기독교라는 종교적 요소가 긍정적인 역할을 했음을 알 수 있다.

모슬포 집단학살의 희생자 중 한 명인 이현필의 아들 이도영 박사는 어릴 적에 '강병대 교회'를 갔다 오면 할아버지한테 아주 크게 야단을 받았다고 한다. 왜냐하면 이 교회는 한국전쟁의 발발 직후 예비검속 명령을 내려 민간인 학살 문제와 밀접한 관련을 가진 장도영(당시 육군본부 정보국장)이 지은 교회였기 때문이다. 5·16쿠데타 직후 군사혁명위원회의 의장으로 취임하기도 한 장도영은 김윤근과 마찬가지로 영락교회의 교인이었다. 이런 이유로 할머니는 자신에게 "예수쟁이들이 네 아버지를 죽였다"고 입버릇처럼 얘기했다고 한다.[15] 하지만 좋은 선물도 주고 재미있는 이야기도 들려주는 그 교회가 자신의 아버지를 죽였다는 사실을 어린 시절에 이해할 수가 없었다고 한다. 이도영 박사는 2001년에 김윤근 장로(당시 한국해병기독선교회의 회장)를 만난 뒤 그가 자신의 아버지를 학살한 해병부대의 지휘자였음을 알게 되면서 할머니의 말을 그제야 알 수 있었다고 한다.

---

14. 김윤근, 『해병대와 5·16』, 범조사, 1987, 91쪽.

15. 이도영, 「내 아버지를 죽인 '예수쟁이'」, 『월간 말』, 2002년 7월호, 74쪽.

백두산 호랑이 김종원[16]

한편, 부역자 색출은 예비검속과 더불어 한국전쟁 전후의 시기에 민간인 학살의 주된 요인이 되었다. 부역자 색출은 외부의 적을 이롭게 했다는 이유로 내부의 배신자를 찾아 배제하는 행위였다. 이는 인민군이나 빨치산이 잠시 점령했던 지역을 국군이나 토벌군이 탈환하면서 이루어졌다. 가장 이른 시기의 부역자 색출은 여순사건 때 발생했다. 1948년 10월 19일 제주4·3사건의 진압을 거부한 14연대는 전남 동부권 일대를 점령했지만 국군의 진압 때문에 곧바로 지리산 일대로 피신하였다. 문제는 14연대가 잠시 여수와 순천 지역을 점령한 시기에 아주 사소한 도움이라도 준 민간인이나 평소 우익인사와 사이가 좋지 않았던 사람들이 즉결처분을 당해야 했다는 사실이다. 당시 이승만 대통령은 "남녀 아동까지라도 일일이 조사해서 불순분자는 다 제거하라"는 명령을 내린 상태였다. 이때 몇몇의 기독교인은 부역자 색출에 적극적으로 협조하였다. 한 증언에 의하면, "목사, 전도사 등 이런 사람들이 민족진영 사람들을 가려내고, 가려진 그 사람들보고 반군에 가담한 (사람들을) 색출해내라 했어요. 그들이 손짓을 하면 그 해당되는 사람들을 동천 건너 봉화산 골짜기에 데려다가 무참히 죽였다"고 한다.[17] 학살의 책임에 목사, 전도사 등이 간접적으로 연루되어 있다는 것을 시사한다.

그런데 여순사건 당시 '기독교인'을 분류의 기준으로 삼은 인물이 있

---

16. 2015년 6월 16일자 〈청어람매거진〉에 실린 「백두산 호랑이, 예수를 믿다」를 수정·보완한 내용이다. 원글은 http://ichungeoram.com/8965에서 확인할 수 있다.
17. 최태육, 「남북분단과 6·25전쟁 시기 민간인 집단희생과 한국기독교의 관련 연구」, 185-186쪽.

었다. 그는 바로 '백두산 호랑이'로 유명한 김종원이다. 14연대 의무병이었던 곽상국은 "김종원이 예수 믿는 사람 이리 나오라고 그러더구만. 예수 믿는 사람이 우측으로 나가고 나머지 사람이 이쪽으로 남아 있는데. 그랬더니 김종원이 예수 믿는 사람 당신들 고생했소. 집에 가시오 그러더만. 그래서 나는 반란군이면서 예수 믿는 사람들 쪽으로 가서 살아서 왔어"라고 증언하였다.[18] 20대 후반의 나이에 권력을 쥐고 일본도로 많은 사람들의 목을 쳤던 걸로 악명이 자자한 그는 왜 '기독교인'을 생사를 가르는 분류의 기준으로 삼았을까.

먼저, 김종원이 '백두산 호랑이'로 유명해진 배경에 대해서 알아보자. 그는 1922년 경북 경산에서 태어났다. 당시 식민지 조선인들은 입신양명을 위해서 선택할 수 있는 방법이 그리 많지 않았다. 성공을 하려면 뼛속까지 일본인이 되어 충성을 다짐해야 했다. 박정희가 긴 칼을 차고 싶어 초등학교 교사를 때려치우고 만주로 갔듯이, 김종원은 일본군에 입대하여 오장(伍長, 현재의 하사관)으로 복무하였다. 그리고 해방 후 김종원은 우여곡절 끝에 국군의 장교가 되었고, 잔인한 학살자의 면모를 아낌없이 발휘하기 시작하였다. 이를 통해 우리는 일본군 출신자가 어떻게 이승만 정권에 맹목적 충성을 바치고 무고한 민간인들을 학살하는 데 앞장섰는지를 확인해 볼 수 있다.

김종원의 악명이 알려지기 시작한 계기는 1948년 10월에 발생했던 여순사건을 진압하고 난 뒤부터였다. 대한민국이라는 신생 국가가 수립된 지 2개월 만에 발생한 반란 사건이었다. 여순사건에 대한 정부의 대응은 과감했고 신속했다. 진압군은 여수와 순천을 점령하고 반란에 가담

---

18. 진실 · 화해를 위한 과거사정리위원회, 『2010년 상반기 조사보고서』06, 512쪽.

했던 사람들을 색출하기 시작하였다. 많은 사람들이 색출되어 목숨을 잃었다. 여수의 경우 500명 정도의 성인 남성들은 종산국민학교(현재 중앙초등학교)에서 부역자인지 아닌지를 판결 받아야 했다. 생사가 결정되는 잔인한 순간이었다. 이때 많은 사람은 김종원이 일본도로 즉결 처분을 받은 사람들의 목을 참수했던 사실을 증언하고 있다.

여순사건 이후 김종원은 29세의 나이에 소령으로 진급하였다. 한국전쟁이 발발한 뒤 김종원은 빨치산을 토벌하는 과정에서 많은 민간인들을 학살했다. 한국현대사의 집단학살과 의문사 등을 조사한 진실화해위원회의 보고서에 의하면, 경북 영덕의 보도연맹원 중 일부는 수장을 당했으며 또 다른 일부는 화개리 뫼골에서 김종원이 이끈 부대에 의해 총살을 당했다고 한다. 1951년 3월 12일에는 김종원이 이끄는 부대가 거창 산청군의 어느 뒷산에서 부녀자와 어린이 등을 포함한 500명을 학살하였다. 이때 살아난 윤윤경이라는 사람은 김종원이란 말만 들어도 치가 떨린다고 하면서 하루 24시간 중 12시간은 잊지 않고 있다고 증언하기도 했다.[19]

그밖에 김종원은 거창지역의 민간인학살 사건을 조사하러 온 합동조사단을 습격하여 군법회의에 회부된 적이 있었다. 국군의 민간인학살을 은폐하려고 했던 것이다. 이 일로 김종원은 3년의 징역을 받았지만 이승만의 배려로 3개월 만에 석방되었다. 한 증언에 의하면, 거창 사건 당시 이승만은 김종원을 이순신에 비유하며 애국충정뿐인 그가 간신배들의 모함에 빠져 고초를 치르고 있다고 보았다고 한다. 이후 그는 전북경찰국장, 경남경찰국장, 경북경찰국장, 전남경찰국장 등을 맡으며 승승장구의 길을 계속 걸어 나갔다.

---

19. 김기진, 『끝나지 않은 전쟁 국민보도연맹』. 역사비평사, 2002, 266쪽.

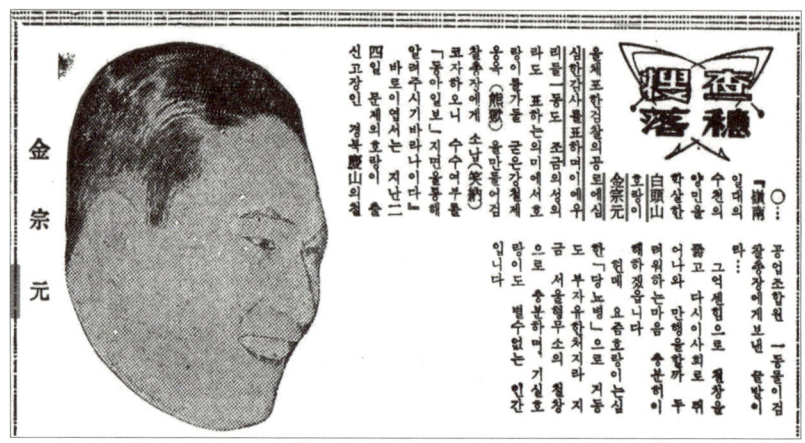

1960년 4월혁명 당시 경북 경산의 공업조합원들이 경찰총장에게 보낸 엽서의 내용을 공개한 신문 기사. "영남 일대의 수천의 양민을 학살한 백두산 호랑이 김종원을 체포한 검찰의 공로에 심심한 감사를 표하며 이에 우리들 일동도 조금의 성의라도 표하는 의미에서 호랑이를 가둘 굳은 강철제 옹옥을 만들어 검창총장에게 소납코자하오니 수수여부를 동아일보 지면을 통해 알려주시기 바랍니다."라고 작성되었다. 김종원에 대한 원한이 얼마나 큰 것인지를 알 수 있는 대목이다. (출처 : 1960년 5월 26일자 《동아일보》)

백두산 호랑이, 예수를 믿다

그런데 1956년 6월 25일자 한국기독시보를 보면, 일본도로 사람의 목을 치고 몇 백 명의 사람들을 총살하는 데 거리낌 없던 김종원이 한 교회의 집사였다는 사실을 알 수 있다. 한국전쟁 당시 그의 활동을 생각하면 충격적인 일이다. 한국기독시보도 이 사실을 의식했던지 "이 호랑이가 교회의 현직 집사라고하면 세상은 또 한 번 놀라고 아연하여 할런지도 모른다"고 서술하였다. 필자의 생각에 당시 한국기독시보는 한국전쟁을 기념하는 의미로 군인으로 활동했던 기독교인을 소개하는 기사를 기획했던 것 같다. 이런 이유로 김종원의 이야기가 실리지 않았을까. 어쨌든 한국기독시보는 성장배경에 대해서 잘 알려지지 않은 김종원의 집안을 다음과 같이 설명하고 있다.

> 그의 조모님은 독실한 기독신자로서 어느 구진 비가 내리는 날 주일예배에 참석하고 돌아오다가 길 위에서 심장마비를 일으켜 86세로 세상을 뜨신 분이라고 하며, 그의 친부모는 불교 신자였으나 처가는 평양에서 이름난 신앙의 가정일 뿐 아니라 그 자신도 어린 시절에는 착실한 주일학생의 하나이었다.

위 내용으로 미루어 짐작해볼 때, 김종원은 독실한 신앙을 가진 할머니의 영향으로 어릴 때부터 교회에 다니기 시작했던 것으로 보인다. 평양의 유명한 기독교 집안에서 자란 여성을 부인으로 맞이했다는 대목에서, 어쩌면 그는 교회 수련회 등에서 부인을 만났을지도 모른다는 생각이 든다. 여하튼 당시 김종원은 대구제일교회에서 세례를 받고 광주동부교회에서 시무집사로 지내다가 치안국장을 맡게 되면서 서울로 건너온 상황이었다. 정리하자면, 김종원은 경북경찰총장을 지낼 때 세례를 받은 것 같고, 전남경찰국장 시절 집사 직분을 받게 된 것으로 보인다. 그리고 그는 1956년 5·15정부통령 선거 시기 부정선거에 적극적으로 개입했다. 김종원이 담당했던 전남지역은 강원도와 더불어 경찰의 부정선거 개입이 아주 심한 것으로 알려져 있다. 그 공으로 김종원은 치안국장에 발탁되어 경찰총수가 되는 성공을 거머쥐었다. 그가 '집사'의 직분을 맡고 있을 때이다. 그의 신앙 간증을 들어보자.

경찰이 참으로 민중의 지팡이가 되려면 믿음의 경찰로 육성하는 일이 필요하다. 나는 신학을 모른다. 그러나 어떠한 어려움 속에서도 하나님만 의지하면 그 어려움 속에서 건져주실 뿐만 아니라 꿋꿋하게 세워주셔서 의롭게 써주시는 것을 나는 여러 차례 체험했다.

하나님께서 나를 써주신 은혜에 보답하기 위해서도 앞으로는 진실한 신앙인이 되어 국난을 극복하는 데 충성을 다하겠다.

내용만 보면 그의 고백은 정말로 신앙적 모범이 될 만하다. 어떠한 어려움에도 하나님만 의지하겠다는 고백이나 하나님의 은혜에 보답하기 위해 진실한 신앙인이 되겠다는 얘기를 하고 있지 않은가. 하지만 그의 고백에는 뭔가 빠져있다. 김종원은 지난 전쟁의 시기에 자신의 손에 묻힌 피에 대해, 죽음에 대해, 원한에 대해 아무런 얘기를 하고 있지 않다. 다음은 그가 신앙을 가진 배경을 설명한 것인데 무엇이 문제인지를 한번 살펴보자.

과거 수년 동안 군대와 경찰에서 지내는 동안 수 만 명의 공비를 토벌하였는데 개중에는 억울한 죽임을 당한 분들도 있을 것이라는 인간적인 참회와 그 간에 겪은 수많은 어마어마한 사건들을 통해 인간의 죄악성을 통감하고 하나님을 떠나서는 올바른 삶을 이룩할 수 없다는 심경에 도달하게 되어 입신하게 된 것이다.

주목할 점은 그가 빨치산을 토벌하는 과정에서 억울하게 죽임을 당한 경우가 있을 것이라고 시인한 부분이다. 그런데 그의 발언은 대단히 우회적이다. "억울한 죽임을 당한 분들도 있을 것"이라니. 이 문제에 대해

한국전쟁 때 악명을 떨친 김종원이 사실 교회를 다니고 교회의 집사를 맡고 있다는 것을 보도하고 있다. (출처 : 1956년 6월 25일자 《한국기독시보》)

전혀 책임을 지지 않겠다는 뉘앙스다. 고의성을 배제한 채 우연과 가능성의 언어로 말하고 있다. 문제를 언급하고는 있지만 역설적으로 문제를 은폐하고 있다. 여수에서 일본도를 휘두르고 영덕과 산청에서 총살을 일삼으며 거창에서 민간인 학살 사건을 은폐하려고 했던 그가 할 수 있는 발언이 아니다. 진정 그가 그리스도인으로 회심을 했다면, 그의 삶은 재구성이 되었어야 했다. 진정한 회심은 신념과 소속, 그리고 행동의 변화를 수반해야 한다.[20] 그러나 치안국장을 맡고난 뒤 그의 행적을 보면, 회심에 수반되어야 하는 변화들을 도통 찾을 수 없다. 오히려 그는 부통령

---

20. 알렌 크라이더, 『회심의 변질』, 대장간, 2012.

으로 당선된 장면의 암살 사건 배후로 법정 구속되어 치안국장직을 벗어야 했다.

무한 유통되는 천박한 회개 신학

과거에 수많은 사람들에게 폭력을 휘두르고 학살을 자행했지만, 아무렇지 않게 그들은 교회의 목사(임일)와 장로(김윤근), 그리고 집사(김종근)의 삶을 영위해갔다. 이는 점차 회개가 나와 하나님 사이의 일대일의 문제가 되어버리고, 회개의 진정성을 감별할 수 있는 장치를 마련하지 못한 한국기독교의 현실을 반영한다. 이는 영화 〈밀양〉에서 "하나님께서 저를 용서해 주셨습니다. 그래서 지금은 마음이 얼마나 편안한지 모릅니다"고 말한 살인범과 다를 바가 없는 모습이다.

학살에 가담한 기독교인들을 통해 우리가 확인할 수 있는 건 한국기독교의 천박한 회개신학이다. 천박한 회개신학은 중죄와 경죄의 구분을 사라지게 하는 '죄의 평준화'를 수반한다. 전쟁 시기에 엄청난 범죄를 저질렀음에도 불구하고, 이들이 아무렇지 않게 지낼 수 있었던 이유는 죄에 대한 이해가 사유화, 간소화, 관념화되었기 때문이다. 혹자는 이들의 범죄가 전쟁이라는 상황에서 저지른 불가피한 실수나 명령 이행 수준의 문제라고 생각할지 모르겠다. 그러나 전쟁의 상황은 피할 수 없더라도 비극적인 집단학살은 피하거나 충분히 줄일 수 있었다. 설사 한 발 양보하더라도 전쟁 이후에도 여전히 침묵을 지키고 있다는 사실은 문제가 아닐 수 없다. 이들에게는 아마 종교적인 '구원의 확신'이 있었을 것이다. 하지만 이들이 과거에 저질렀던 문제들을 진정으로 반성했다면 공적인 죄 고백과 사과가 따라왔어야 했다. 김종원은 한국전쟁 때 어마어마한 일들을 경험하면서 '인간의 죄악성'을 통감했다고 한다. 나는 부디 그가 자신에게서도 그 인간의 죄악성을 심각하게 통감했길 바라고 있다.

6. 부정선거에 협력한 한국기독교

　선거제도는 민주주의 사회에서 권력이 창출되는 공간이자 주권재민의 사상이 구현되는 축제의 장이다. 선거 과정을 통해 국가권력은 정당성을 마련하고 시민들은 자신의 주권을 행사한다. 그래서 흔히 선거를 '민주주의의 꽃'이라 부르기도 한다.

　한국현대사는 선거와 밀접한 관계가 있다. 혹자는 한국현대사가 선거를 통해 역동성을 띠게 되었으며 약 40년 동안 지속된 독재체제 시기에도 민주주의의 원리가 진척될 수 있었다고 말한다. 그러나 다른 한편으로 한국현대사는 부정선거의 지난한 과정이기도 했다. 이승만 집권 12년(1948~1960), 박정희 집권 18년(1961~1979), 전두환 집권 7년(1980~1987)은 부정선거와 긴밀히 연관된 시기였다. 아니, 최근까지도 국가 기관이 선거에 개입하는 부정선거 문제로 홍역을 앓지 않았는가.

　해방 이후 한국기독교의 역사도 선거와 매우 밀접한 관련을 맺었다. 한국기독교의 역사에는 독재정권의 이해관계와 맞아 부정선거에 협력했던 흐름과 선거 과정이 공명정대하게 치러지도록 하고 부정선거를 규탄한 흐름이 있었다. 전자는 주로 이승만 정권을 적극적으로 지지한 형태로 나타났으며, 후자는 1971년 4·27대선에서 본격적으로 등장한 공명선거운동을 가리킨다. 전자는 선거제도의 모순이 집약된 부정선거에 한국기독교가 편승한 것이라면, 후자는 민주주의의 가치를 지키려는 운동이었다. 이 장에서는 이승만 집권기에 한국기독교가 부정선거에 어떻게 협력했는지를 함께 살펴보자.

부정선거는 선거 과정에서 선거 결과를 유리하게 이끌기 위해 일련의 공정하지 못한 수단을 동원해 치른 선거를 말한다. 부정선거는 크게 ① 입후보 등록 과정에서 이루어지는 투표권 유형, ② 선거운동 과정에서 이루어지는 선거운동 유형, ③ 투개표 과정에서 이루어지는 투개표 유형으로 나눠지는데 그 구체적인 방법은 다음과 같다. 후보자가 출마에 필요한 등록 서류를 제출하면 갖가지 꼬투리를 잡아 출마를 못하게 하는 등록 방해, 상대 후보 표를 자기편 표로 바꾸는 환표(換票), 투표함을 열었을 때 한꺼번에 쏟아져 나오는 조작표인 무더기표, 폭력을 앞세워 선거판을 공포 분위기로 몰아가는 곤봉선거, 상대방의 정당한 선거 활동을 훼방 놓는 선거 행위 방해, 여당 표에 야당 표를 섞어 여당 표로 계산하게 만드는 혼표(混票), 기표된 투표용지 다른 칸에 인주를 묻혀 무효표를 만드는 피아노표, 부정투표를 위해 별도로 제조한 위조표, 공식 투표 시간 전에 유권자의 40%에 해당하는 조작표를 미리 자기편 후보에게 기표해놓고 투표함에 집어넣는 4할 사전투표, 개표소를 습격해 표를 탈취한 후 자루에 넣어 태워버리는 도표(盜票), 두 겹으로 접어 다리미로 빳빳하게 다린 것처럼 보이는 다리미표, 모두 잠든 새벽에 남몰래 투표용지를 투표함에 집어넣는 올빼미표, 유권자를 3인조, 9인조로 조를 짜 투표하도록 하는 3인조·9인조 공개투표, 야당 유효표 무더기 위아래에 여당 유효표를 한 장씩 넣어 득표수를 조작하는 샌드위치표, 투표용지 기표란에 묻은 인주를 손가락으로 문질러 무효로 조작하는 빈대잡기표, 기표가 된 표에 붓대롱을 한 번 더 찍어 무효로 만드는 쌍가락지표, 막걸리를 대접하며 한 표를 부탁하는 막걸리 선거, 표를 주고받으면서 릴레이 방식으로 진행하는 릴레이 투표, 유권자가 아닌 사람을 유권자로 만들어 대리 투표하는 유령투표 등 다양한 방법들이 부정선거에 동원되었다.[1]

이승만 대통령은 자신을 "한국의 모세인 동시에 예수"라고 자처할 정도로 기독교인으로서의 정체성을 분명하게 가졌다.[2] 젊었을 때부터 기독교 국가의 건설을 꿈꿨던 이승만은 대통령이 되자 제도적인 특혜를 통해 자신의 이상을 실현하고자 했다. 이승만 정권은 국기에 대한 경례방식을 배례에서 주목례로 바꾸게 하고, 타종교의 참여를 차단한 채 군종제도와 형목제도를 도입하고, 국가의례를 기독교식으로 진행하고, 크리스마스를 공휴일로 제정하고, 정치권력의 핵심부에 기독교 인사들을 포진시키는 조치를 취하면서 일종의 기독교 국가체제(Christendom)를 만들어갔다. 이러한 특혜에 한국기독교가 반대할 이유는 없었다. 오로지 무조건적인 찬성만이 있었을 뿐이다.

특혜에 대한 보답으로 한국기독교는 정부통령을 뽑을 때 이승만을 대통령 후보로 추대하고 그의 당선을 위한 선거운동을 대대적으로 전개했다. 또한 선거가 끝난 후에는 당선 축하 예배를 거행해 부정선거에 대한

---

1. 편집부, 『에센스 부정선거 도감』, 프로파간다, 2015.
2. 미국CIA가 1948년 10월 28일자로 작성한 「이승만의 성품」(*Personality of Rhee Syngman*)이라는 보고서에 실려 있다고 한다. (이흥환, 『대통령의 욕조: 국가는 무엇을 어떻게 기록해야 하는가』, 삼인, 2015, 309쪽 참조)

의혹을 무마하기도 했다.[3] 이러한 사실은 한국기독교가 해방을 통해 종교의 자유를 찾았을지 모르나 불의한 권력에 편승하면서 믿음의 자유를 잃어버리게 만들었다. "가이사의 것은 가이사에게" 있었겠지만 그 가이사가 교회의 장로였고 그 아래 속한 가이사의 무리들이 대부분 기독교인이었기 때문에 한국기독교는 정치적 이권을 맛볼 수 있었다.

경무대에 찬송가 울리게 하자

한국기독교는 전쟁이 한창 진행 중이던 1952년 8월 5일에 정부통령을 선출하기 위한 선거가 실시되자 이승만 대통령의 재선을 위해 대대적인 선거운동을 전개했다. 8·5정부통령 선거는 한국현대사에서 처음으로 치른 대통령·부통령 '직접선거'였다. 정부가 수립될 때(1948)의 대통령 선출은 국회에서 뽑는 간접선거의 방식이었다. 그러므로 국회의 정치세력이 어떻게 구성되느냐에 따라 대통령 선출이 달라질 수 있었다. 문제는 한국전쟁이 터지기 직전에 시행된 두 번째 총선(1950.5.30)의 결과가 이승만에게 불리하게 나왔다는 점이다. 그대로 가다가는 다음 대통령 선출에서 재선은 힘들었다. 이를 해결하기 위해 이승만 대통령은 군인들을 동원해 국회의원들에게 겁을 준 다음 헌법을 자신의 입맛대로 바꿔버렸다. 대통령 선출 방식을 간접선거에서 직접선거로 바꾼 것이다. 한국현대사에서 헌법이 제정되고 처음으로 개정된 경우이다.

8·5정부통령 선거는 이승만 대통령의 재선이 달린 아주 중요한 선거였다. 이때 1950년대의 유일한 교회연합기구였던 한국기독교연합회

---

3. 「교회혁신의 과제」, 『기독교사상』 1960년 7월호, 45쪽.

(The National Christian Council)는 이승만의 재선을 위해 대대적인 선거운동을 전개했다. 한국기독교연합회는 1970년대에 민주화 운동의 중심 세력이었던 한국기독교교회협의회(KNCC)의 모체였다. 그러나 이때까지만 해도 한국기독교연합회는 친정권적인 성격이 매우 강했다. 오죽했으면 4월혁명 이후 강원룡 목사는 한국기독교연합회가 이승만 정권의 어용 기관이었음을 강조하며 차라리 해체해 버리는 게 낫다는 주장을 할 정도였을까.[4]

한국기독교연합회는 1952년 7월 24일 명칭도 외우기 힘든 '한국기독교 정부통령선거대책위원회'를 조직하며 선거운동에 뛰어들 준비를 마쳤다. 8·5정부통령 선거가 시행되기 약 10일 전의 일이었다. 한국기독교 정부통령선거대책위원회는 이승만 대통령의 재선을 위해 전국의 기독교인들이 총력을 발휘해야 한다는 격문을 전국의 교회들에 발송했다. 또한 한국기독교 정부통령선거대책위원회는 선거가 시행되기 이틀 전인 8월 3일이 일요일이라는 점을 이용했다. 이날에 전국의 교회가 국가와 선거를 위해 하나님께 기도할 것을 당부했기 때문이다. 물론 이 요청은 다음과 같이 이승만의 재선을 위한 기도 제목이었다.

> 이승만 박사를 투표할 것은 물론 一人의 二人 三人 伍人 기타 더 많이 선전 획득하야 절대수로 당선되도록 하시기를 바랍니다. 구체적으로 오는 8월 3일 주일날 전국교회와 국가가 정부통령을 위하여 기도하고 각 교회 목사와 제직은 이 사실을 철저히 교인에게 주지시

---

4. 강원룡,「혁신을 요하는 한국의 에큐메니칼 운동」,『기독교사상』, 1960년 11월호, 75쪽.

켜 기권자가 없이할 것과 대통령 이승만 박사를 선거토록 하여 주시기를 바라나이다.[5]

한국기독교 정부통령선거대책위원회는 모두가 교회에 출석하는 일요일에 선거운동을 조직적으로 실시했다. 이것은 한국기독교의 심각한 자기모순이었다. 한국기독교는 일요일을 '주일(主日)'이라고 해서 돈을 사용하거나 일을 하지 못하게 하는 등 신성하게 지키기를 미덕으로 삼았다. 한국기독교는 1948년에 선거를 일요일인 5월 9일에 시행한다고 하자 대대적인 반대운동을 벌여 5월 10일로 연기하는 데 성공한 적이 있었다. 그런 한국기독교가 1952년 8·5정부통령 선거 때는 정치적인 목적을 달성하기 위해 일요일을 전략적으로 이용한 것이다. 이율배반적인 모습이라고 할 수 있다.

이승만 대통령의 삼선을 위한 노력

이승만 대통령은 8·5정부통령 선거에서 재선에 성공했다. 부통령은 유권자가 잘 모르는 인물인 함태영 목사가 선출되었다. 이후 이승만 대통령은 자신의 종신집권이 가능한 제도적 장치를 마련하기 위해 한 번 더 헌법의 내용을 바꿔버렸다. 이를 보통 사사오입개헌(1954)이라 한다. 국무총리 제도의 폐지와 부통령 승계권, 그리고 무엇보다 초대 대통령에 한해 중임 제한을 철폐한다는 내용이 담긴 개헌이었다. 당시 이승만 정권의 여당인 자유당은 이 개헌안을 국회에 제출하여 표결케 했다. 그러

---

5. 「친애하는 전국 성도에게」, 『한국기독신문』, 1952년 8월 3일자.

나 출석의원 203명 중 가 135표, 부 60표, 기권 7표로 부결이 되었다. 3분의 2가 나오지 않았기 때문이다. 그런데 당시 공보처장이었던 갈홍기 목사는 203명의 3분의 2는 135.333이므로 이것을 사사오입하면 135명으로 족하다고 발표하였다. 결국 개헌안의 부결은 번복되었고 가결되기에 이르렀다.

두 차례의 개헌 파동으로 이승만 대통령은 1인 종신집권제를 마련하게 되었다. 남한의 민주주의 체제가 무너지게 된 것이다. 사사오입개헌을 전후로 이승만 정권은 후기체제로 구축되기 시작했다. 이승만 후기체제는 이승만-이기붕 체제로 틀이 짜였을 뿐만 아니라 친일파가 대거 등장하여 권력을 잡는 계기가 되었다.[6]

1956년 5월 15일에 치른 정부통령 선거는 사사오입개헌으로 개헌된 헌법에 의해 이루어진 선거였다. 이때에도 한국기독교는 기독교인이 대통령이 되어야 한다는 생각으로 이승만 대통령을 지지했다. 선거가 본격 회되기 전인 1956년 1월 21일 정동제일교회는 이승만 대통령을 교회 장로로 선임했다. 그의 나이 81세의 일이다. 하지만 당시 규칙에 따르면 70세를 넘을 경우 장로 선출은 불가능했기 때문에 정동제일교회는 이승만 대통령을 '명예장로'로 추대하여 이를 해결했다.

이승만 대통령은 누구보다 사전 선거운동에 밝았다. 1956년 3월 5일 자유당 전당대회에서 이승만 대통령은 더 이상 출마하지 않겠다는 입장을 밝혔다. 그러자 이승만 대통령의 재출마를 요구하는 시위가 여기저기 일어났다. 심지어 우마차조합은 소가 끄는 마차 8백 대를 동원하여 소와 말까지 이승만 대통령의 출마를 원한다는 우의마의(牛意馬意) 시위

---

6. 서중석, 『이승만과 제1공화국』, 역사비평사, 2007, 130-131쪽.

1956년 5·15정부통령선거 당시 이승만 장로와 이기붕 권사의 지지를 호소한 포스터

를 벌였다. 웃지 못 할 해프닝이었다. 여기에 한국기독교도 동참했다. 한국기독교는 이승만의 재출마를 강하게 희망한다는 입장을 밝혔다. 그리고 만일 이승만이 재출마하지 않을 경우 그 후계자는 반드시 기독교인이어야 한다는 입장을 표명했다.[7] 한국기독교연합회의 총무 유호준 목사는 후계자가 나오지 않을 경우 이승만 대통령이 한번만 더 연임하여 후계자를 육성할 것을 주장했다.[8] 한국기독교의 입장에서는 이승만 대통령

---

7. 「이박사불출마성명과 교계의 반향」, 『한국기독시보』, 1956년 3월 19일자.
8. 「후계자안정까지 재집정희망」, 『한국기독시보』, 1956년 3월 19일자.

이 물러나도 자신의 특권과 특혜를 보장해줄 후계자의 출현이 무엇보다 중요했기 때문이다.

이승만 대통령의 선거 출마에 대한 요구는 감리교회에서도 강하게 일어났다. 정동제일교회는 3월 18일 삼선 출마 호소문을 보내기로 결정하고 장용하 장로와 신봉조 장로에게 이 일을 위임했다. 정동제일교회가 속한 감리교 중부연회도 3월 22일 '이승만 박사 재출마 요청 성명'을 내기로 가결하고, 박현숙, 김활란, 구성서, 이호빈, 박창현에게 이 일을 맡겼다.

이러한 움직임은 점차 한국기독교 전체로 파급되어 갔다. 이번에는 기독교동지회(基督敎同志會)라는 조직이 한국기독교의 선거운동을 주도하였다. 기독교동지회는 4년 전 함태영 목사의 부통령 당선을 위해 조직된 선거운동조직을 모체로 한다. 기독교동지회는 전필순 목사, 유호준 목사, 김종대 목사와 같이 과거 친일단체에서 활동한 교역자들과 강경옥, 윤성순, 유각경, 심문 등 자유당 내 기독교인 간부들로 구성되었다. 친일목사와 여당 정치인의 조합이다. 이러한 인적 구성은 정교유착의 인적네트워크를 형성하는 데 중요한 계기를 제공했다고 볼 수 있다.

1956년 4월 11일 기독교동지회는 각 교파의 대표들을 불러 모아 정부통령선거추진 기독교도중앙위원회라는 긴 이름의 선거운동조직을 결성했다. 당연히 이들은 이승만과 이기붕을 각각 대통령 후보와 부통령 후보로 추대했다. 이들은 "하나님을 두려워하고 기독교정신으로 생활하고 기독교정신으로 정치하는 우리의 신앙의 형제 장로 이승만 박사를 앞으로 4년간의 대통령으로 선택하는 길만이 오직 남은 하나의 길"이라고 주장하며 이승만 대통령에 대한 지지를 표명했다.[9] 한 기독교 잡지는 이승만 대통령의 반민주적인 행위를 의식했는지 다음과 같이 이승만 대통령을 '다윗'과 비교하여 인간적인 실수까지도 덮어주자고 주장하며 지지의 뜻을 밝혔다.

> 인간이기 때문에 실수가 있었다고 하자. 하나님의 사람 다윗에게도 실정과 실수는 있었다. 그러나 하나님을 경배하고 백성을 사랑하는 신앙의 사람은 그의 인간적인 결함에도 불구하고 그가 십자가 앞에 겸허하고 회개할 때 그를 통하여 신의 권능이 나타나곤 하였던 것이다. 그러한 의미에서 기독교인들은 경천애인의 민족적 지도자의 3선을 바라고 또한 그의 대를 이을 신앙과 신념의 사람이 나타나기를 고대하고 있는 것이다.[10]

"우리나라를 바티칸에 팔아먹을 것이다"

한편, 부통령 선거는 여당의 이기붕과 야당의 장면이 대립하는 구도로 모아졌다. 2년 전인 사사오입개헌으로 대통령 궐위(闕位) 시 부통령이 대통령의 권한을 승계할 수 있게 된 만큼 4년 전과 달리 부통령의 중요성은 부각되었다. 거기다 야당 대통령 후보인 신익희가 선거운동 도중 급사하여 이승만의 삼선이 확실시된 상황이었기 때문에 선거의 초점

---

9. 「격! 전국교회의 형제자매여」, 『한국기독시보』, 1956년 5월 7일자.
10. 「정부통령 선거와 기독교인」, 『낙원』, 1956년 6월호, 30쪽.

은 부통령 선거로 모아질 수밖에 없었다. 여당은 81세의 노령을 자랑하는 이승만이 언제 죽을지 알 수 없었으므로 안정적인 후계 구도를 마련하기 위해 부통령 선거에 전력을 다하였다.

그런데 이 부통령 선거의 대결 구도는 종교전의 양상을 띠었다고 해도 과언이 아니었다. 여당의 부통령 후보인 이기붕은 감리교회의 권사이자 기독교사회단체인 YMCA연맹의 회장을 역임한 기독교인이었고, 야당의 부통령 후보인 장면은 식민지 시절부터 천주교 신앙과 관련된 책들을 저술하거나 번역했던 천주교 신자였기 때문이다.

문제는 이때부터 한국기독교가 유권자들에게 거짓되거나 오해를 불러오는 정보를 퍼뜨리는 마타도어(matador), 즉 흑색선전의 방식으로 야당의 부통령 후보를 공격하기 시작했다는 점이다. 이를 위해 한국기독교는 장면의 종교가 천주교라는 점을 이용하여 지배의 음모론을 퍼뜨렸다. 음모론은 불확실하고 불안정한 세상에 '우연'이라는 요소가 절대 없다는 인식에서 출발한다. 음모론은 고통의 문제를 분명하게 설명해주는 문화적 장치이지만 지배와 통치를 강화하기 위한 정치적 담론이기도 했다. 이를 지배의 음모론이라 한다.[11]

한국기독교는 천주교를 정교분리의 원칙을 어기고 교황청의 영향 하에 정치권력을 탈취하려는 음모집단으로 묘사하는 데 집중했다. 이는 천주교가 교황을 정점으로 하는 피라미드식 계급 구조이기 때문에 정치, 경제, 사회 등의 영역에서 교황의 영향력을 무시할 수 없다는 인식에서 출발한다. 따라서 한국기독교는 천주교 신자인 장면이 부통령으로 당선될 경우 남한이 교황의 지배를 받게 된다는 지배의 음모론을 주장하기

---

11. 전상진, 『음모론의 시대』, 문학과지성사, 2014.

에 이르렀다. 타종교에 대한 배타주의가 정치적으로 어떻게 악용되는지를 잘 보여주는 사례이다. 한국기독교는 지배의 음모론을 퍼뜨려 기독교인 유권자들의 단결을 도모하고 외부적으로 야당의 부통령 후보를 공격하는 도구로 삼았다. 이를 두고 혹자는 민주당 반대운동을 천주교 반대운동이란 연막으로 두르고 있다고 비판하기도 했다.[12]

몇 가지 사례들을 살펴보자. 먼저, 기독교동지회는 정부통령선거추진기독교도중앙위원회를 조직할 때 천주교에 대한 배타적인 입장을 명확히 밝혔다. 정부통령 선거에 기독교인 입후보자가 당선되어야 하지만 기독교의 범주 속에 천주교를 포함시킬 수 없다는 것이다. 한마디로 천주교 신자인 장면을 지지할 수 없다는 이야기다. 이것은 정부통령선거추진기독교도중앙위원회가 자신의 입장을 밝힌 성명서에서 확인할 수 있다.

三. 천주교와의 협동에 대답하여

우리는 비롯 천주교가 세계적으로 에큐메니칼 노선에 반대를 고집함에도 불구하고 한국에서의 대공투쟁의 승리를 위하여 천주교와의 제휴를 항시 노력하여 왔습니다. 그러나 금차 부통령선거전에는 우연히도 신구교의 형제들이 다 출마하여 우리의 마음을 괴롭게 하고 있으나 이미 신교출신의 형제가 출마한 이상 교리적인 이유에서나 세계정세의 추구로 보아 당연히 신교출신 입후보를 지지하여야 하는 것은 신교인으로의 정당한 감정의 발로며, 또한 신앙인으로의 정당한 태도라고 봅니다.[13]

---

12. 장하구, 「카톨릭 반대라는 대의명분」, 『사상계』, 1959년 6월호, 184쪽.
13. 「친애하는 전국교회의 형제자매여」, 『한국기독시보』, 1956년 5월 3일자.

위의 글을 보면 오로지 같은 종교를 가졌다는 이유 하나만으로 이기붕에 대한 지지의 입장을 표명하고 종교가 다르다는 이유로 장면을 반대하고 있음을 알 수 있다. 입후보자의 비전이나 정책 구상, 인격이나 태도 등은 전혀 고려되고 있지 않다. 한국기독교는 자신들의 특권을 책임져줄 기독교인 정치가가 필요했을 뿐이었다.

미국 예일대학에서 공부를 마치고 돌아온 전성천 목사는 지배의 음모론을 주장하기 위해 리처드 니버(Richard Niebuhr)의 문화유형론을 차용하기도 했다.[14] 전성천 목사는 기독교와 문화의 관계를 다룬 니버의 유형론에 '문화' 대신 '국가'를 넣고 천주교를 '국가 위에 있는 유형'으로 설명하였다. 천주교는 교황의 명령을 절대적으로 복종하는 것을 최대의 의무로 간주하기 때문이라는 이유에서다. 이를 근거로 전성천 목사는 천주교 신자가 집권하게 되면 교황의 내정 간섭을 받게 되므로 장면의 당선을 막아야 한다고 주장했다.[15] 자유당 선거대책위원회의 사무장인 박영출 목사도 4월 19일 한 국민학교에서 "가톨릭 교인인 민주당 부통령 입후보 장면 박사가 당선되는 날에는 우리나라를 바티칸의 교황청에 팔아먹을 것이다"고 연설함으로써 지배의 음모론을 퍼뜨렸다.[16]

이러한 노력에도 불구하고 5·15정부통령 선거는 야당 입후보자인

---

14. 리처드 니버(Richard Niebuhr)는 1951년에 출간된 『그리스도와 문화』(*Christ and Culture*)를 통해 기독교와 문화의 상관관계를 규정하는 다섯 가지 유형을 제시하였다. 그 다섯 유형들은 '문화와 대립하는 그리스도(Christ against Culture)', '문화에 속한 그리스도(Christ of Culture)', '문화 위에 있는 그리스도(Christ above Culture)', '문화를 변혁하는 그리스도(Christ Transforming Culture)', '문화와 역설적 관계에 있는 그리스도(Christ and Culture in Paradox)'이다.

15. 「선거에 신구교연합전선」, 『한국기독시보』, 1956년 5월 7일자.

16. 「무비한 치졸 박영출」, 『경향신문』, 1956년 4월 22일자.

단 W. 힐리스(Don W. Hillis)가 저술한 *If America Elects a Catholic President* 를 번역한 책이다. 1960년 1월 성광사에서 발행되었다. 천주교인이 미국 대통령이 될 경우 벌어질 문제들을 다루고 있다.

장면이 부통령에 당선되는 결과가 나왔다. 천주교 부통령의 등장은 한국 기독교가 천주교에 대한 과도한 편견과 공포에 휩싸이게 했다. 특히, 한국기독교는 자신들에 대한 박해가 가해질 것이라는 망상을 가지게 되었다. 이 같은 생각은 1950년대 후반에 출간된《신교와 구교의 다른 점》이나《만일 미국이 캐토릭 대통령을 선거한다면》과 같은 저술을 통해 더욱 유통된 측면이 있다. 이 책들은 공통적으로 천주교가 정교분리의 원칙을 지키지 않을뿐더러 종교의 자유를 인정하지 않는 정치집단이라고 설명함으로써 천주교에 대한 적대심을 부추기고 있다. 이 때문에 1950년대 후반 천주교가 운영하는 경향신문이 부산영락교회의 새벽 종소리 문제를 비판적으로 다루자 기독공보는 "차기정권을 꿈꾸는 가톨릭"이 벌써부터 종교 박해를 음모하고 있다고 비판하는가 하면,[17] 또 다른 사설을 통해 독재자가 천주교 신자일 경우 기독교에 대한 탄압과 박해를 강행할 것이라고 주장하기에 이르렀다.[18]

이승만 정권의 천주교 탄압

1960년 3월 15일에 치른 정부통령 선거는 오늘날까지 부정선거의 대명사로 통용되고 있다. 국가 조직이 선거 결과를 조작하기 위해 조직적으로 부정한 방법을 자행한 선거였기 때문이다. 3·15부정선거는 무엇보다 장면의 부통령 재선을 막고 이기붕의 부통령 당선을 목표로 삼았다. 4년 전과 마찬가지로 야당의 대통령 후보(조병옥)가 사망하게 되면서 이승만 대통령의 당선이 확실시된 것도 있지만 이승만 사후에도 정권을 안정적으로 유지하기 위해서다. 야당 부통령의 탄생으로 언제 정권이 교체될지 모를 상시적 불안 상황에 처했던 지난 4년과 같은 상황을 되풀이하지 않으려면 무슨 수를 써서라도 이기붕을 부통령에 당선시켜야 했던 것이다. 이를 위해서 이승만 정권은 장면의 세력 기반을 하나하나 무너뜨리는 전략을 실행했다. 이승만 정권은 정치깡패를 동원해 야당에 대한 탄압을 강화시켰으며, 천주교에 대한 압박을 가하였다. 이승

---

17. 「반기독운동의 암호」, 『기독공보』, 1959년 1월 19일자.
18. 「공산, 독재, 세속주의는 교회의 적이다」, 『기독공보』, 1959년 2월 9일자.

1950년대 후반 나환자들이 모여 살고 있던 소록도에서도 천주교 신자에 대한 차별이 극심하게 자행되었다. "소록도(小鹿島)의 천주교 탄압(天主敎 彈壓)"이라는 제목이 이를 잘 대변한다. (출처: 1959년 10월 2일자 《동아일보》)

만 정권은 장면의 측근인 노기남 신부를 압박하기 위해 그의 비서인 최중하를 암살 사건의 용의자로 지목하고 체포를 지시했다. 경찰은 최중하 수사를 명분으로 밤낮없이 명동성당에 드나드는 사람들을 검문하고 새벽에 신부와 수녀가 사는 곳을 영장 없이 수색하기도 했다.

이승만 정권의 천주교 탄압은 1958년 5·2총선을 계기로 강화되었다. 천주교 구호단체의 구호물자가 야당의 정치자금으로 사용될 것을 우려하여 이승만 정권은 천주교 구호단체에게 세금을 횡령했다는 혐의를 뒤집어씌웠다. 이 사건은 천주교 구호단체의 강경한 대처로 혐의가 번복되는 해프닝으로 끝났지만 총선 이후에도 의혹어린 시선은 지속되었다.

이뿐만이 아니다. 이승만 정권은 천주교를 믿는 공무원들을 좌천시키거나 해고하는 차별 정책을 시행했다. 실제로 1957년 4월 23일 국회에서 야당의 정중섭 의원은 "현재 사찰당국은 천주교교도를 야당시하여 심지어는 공무원 중 교도가 제주도로 이동령을 받은 일까지 있었다 한다. 천주교인을 야당인으로 본다는 것은 신에 대하여 야당이라는 이름을 붙이는 것과 같은 일"이라고 발언했다.[19] 전남 목포에 살고 있던 어느 한 천주교 신자는 장면을 지지하지 않는데도 불구하고 경찰의 간섭으로 초등학교 사친회장의 자리에서 쫓겨나기도 했다.[20] 박양운 신부는 천주교의 성직자가 국립대학의 교수가 될 수 없다는 이유로 문교부에 의해 서울대학교 조교수 임명을 거부당하였다.[21]

한편, 이승만 정권은 선거를 앞둔 상황에서 장면 부통령과 야당세력을 견제하기 위해 경향신문 폐간이라는 조치를 취했다. 경향신문은 천주교가 운영하고 있던 일간지였는데 야당의 기관지로 인식될 정도로 정부에 대한 비판을 아끼지 않았다. 앞에서 잠깐 살펴본 전성천 목사가 이승만 정권의 공보실장으로 임명되어 경향신문의 폐간에 앞장섰다. 전성천 목사는 경향신문이 천주교에 의해 운영되고 있지만 정교분리의 원칙을 어기고 정부 비난과 허위보도를 계속하고 있어 폐간 결정을 내리게 되었음을 밝혔다. 강원룡 목사의 회고에 의하면, 전성천 목사는 교회 지도

---

19. 「野, 與의 무성의를 힐난」, 『경향신문』, 1957년 4월 24일자.
20. 「캐도릭교회에 협박문서투입에 관한 보고」, 『제25회 국회임시속기록 제49호』(1957.8.2), 9쪽.
21. 유홍렬, 『한국천주교회사』, 가톨릭출판사, 1962, 1031-1032쪽.

자들을 모두 불러 경향신문에 대한 이승만 대통령의 불만과 폐간 방침을 밝히고 협조를 구한 일이 있었다고 한다. 이때 대부분의 참석자들은 경향신문의 폐간 방침에 적극 동의했다고 한다.[22] 이승만 정권과 한국기독교 사이에 언론 탄압에 대한 동조가 있었음을 알 수 있다.

3 · 15부정선거와 반천주교운동

이승만 정권은 43세의 최인규를 내무장관으로 임명한 뒤 그에게 부정선거의 실무를 맡겼다. 그런데 사실 자유당의 마지막 총알이었던 최인규는 독실한 기독교집안에서 성장한 교회 집사였다. 어릴 때 시편 23편을 애독했다던 최인규는 미국 유학 시절 이승만이 초대 대통령으로 선출되자 전성천 목사와 함께 "대한민국 초대 대통령으로 당선되심을 진심으로 축하드립니다. 하나님께서 당신과 우리나와 같이 하시기를 기원합니다. 뉴욕학생회"라는 내용의 축전을 보낸 적이 있었다.[23] 누가 알았겠는가. 이 두 명의 유학생들은 10년 후 부정선거를 총지휘하거나 언론 탄압에 나서게 될 것이라는 사실을 말이다.

최인규는 내무부 장관으로 취임하자마자 공무원의 선거 개입을 공개적으로 표명하고 공무원친목회 등을 조직해 공무원의 선거운동을 전개했다. 또한 최인규 내무장관은 4할 사전투표와 3인조 · 9인조 공개투표를 핵심 전략으로 삼는 부정선거의 마스터 플랜을 구상했다. 그리고 이를 위해 경찰조직을 부정선거의 실행 세력으로 동원하였다.

---

22. 강원룡, 『빈들에서』, 2, 열린문화, 1993, 119쪽.

23. 최인규, 『최인규 옥중자서전』, 중앙일보사, 1984, 80쪽.

신암교회의 집사 최인규가 외자청장으로 취임한 사실을 보도한 기사. 이후 그는 제4대 국회의원, 교통부 장관, 내무부 장관 등 승승장구의 길을 걸어갔으나 3·15부정선거를 주도한 일로 형장의 이슬로 사라졌다. (출처: 1956년 2월 6일자 《기독공보》)

그런데 최인규 내무장관의 마스터 플랜에는 천주교에 대한 대책도 포함되어 있었다. 1960년 2월 25일자로 각 지역의 자유당 지부에 하달된 '선전득표공작요령'이라는 비밀문건을 보면, 이승만 정권이 천주교 내부에 프락치를 심는 공작을 세웠음을 알 수 있다. "천주교도 중에 두 파가 있으니 그 하나는 장파 지지파요 또 다른 한 파는 소극적 대도 또는 정치관여에 불만파가 있으니 이 소극파를 잘 포섭함과 동시에 천주교도의 개별 공작에 적극 노력할 것"이라고 명시한 것과 같이 천주교 내부의 분열을 노렸다. 이 계획은 서울신문과 한국일보에 장면 지지를 취소하고

자유당에 투표할 것을 서약하는 천주교 신자들의 성명서가 게재되면서 어느 정도 성공한 것으로 보인다.[24]

또한, 1960년 2월 27일자로 각 지역에 하달된 비밀문건이 있다. '선전참고자료 송달의건'이 제목인 이 문건은 흥미롭게도 종교인들을 대상으로 한 선전물을 첨부하고 있다. 피셔(E. Fisher) 박사가 침례교 소속의 안대벽 목사에게 보낸 서신의 일부 내용이라고 한다. 내용은 다음과 같이 미국에서도 정부통령 선거에 천주교 신자의 당선을 최대한 경계하는 분위기임을 말해주고 있다.

> 미국의 다음 국가적 행사는 정부통령선거올시다. 나는 원래 민주당원입니다마는 민주당이 천주교도를 대통령 또는 부통령 후보로 내세우는 경우에는 나는 공화당 후보에 투표해야겠습니다. 이것은 나의 종교적 편견에서가 아니고 이곳 천주교 임원들이 로마 천주교 집권체와 교황에 의하여 지배받는다고는 하지 않을지라도 항상 결정적 영향을 받고 있는 권위 있는 증거가 있기 때문입니다. 즉, 천주교도가 대통령이 되는 경우에 '종교와 국가와의 분리'라는 우리들의 간직하여 오고 있는 기본적 정책을 종언시키는 시초를 의미할 것이며 구경에는 아메리카에서 인식하고 또 누리고 온 '종교적 자유'의 완전한 상실에 이끌을 것입니다. 나는 최근 이러한 생각에서 이미 몇 개의 논설을 썼고 이곳 지방지인 Bristol Herald Korea에 기재되었습니다.[25]

---

24. 「천주교도에게 고함」, 『서울신문』, 1960년 3월 12일자.

25. 「선전참고자료 송달의건」, 『선전득표공작요령』, 1960.2.27, 6-7쪽.

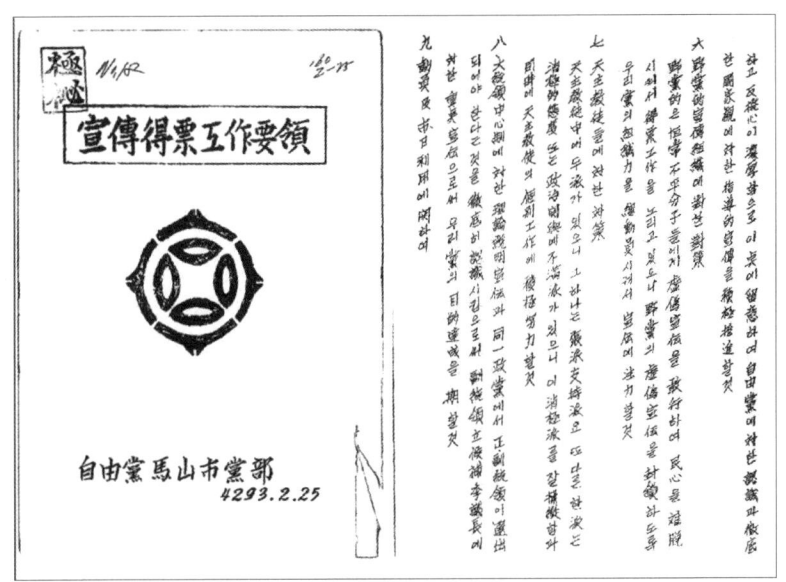

1960년 3·15부정선거 시기 천주교에 대한 대책을 비밀리에 하달한 자유당의 문건 자료.

내용을 요약하면 다음과 같다. 피셔 박사 자신은 야당을 지지하지만 천주교 신자를 정부통령 선거의 후보로 내세울 경우 차라리 여당에 표를 주겠다는 것이다. 천주교 신자는 교황의 영향을 강하게 받기 때문에 미국이 그동안 고수한 정교분리 원칙과 종교의 자유를 위협할 여지가 크기 때문이라는 설명이다. 이 비밀문건은 3·15부정선거 시기에 이승만 정권이 반천주교운동을 공식적으로 채택했음을 시사한다. 장면의 부통령 재선을 막으려면 '물불'을 가릴 상황이 아니었던 것이다.

한편, 자유당은 〈전국교회 백오십만신도께 드리는 말씀〉이라는 성명서를 통해 기독교인들에게 이승만과 이기붕에 대한 지지를 호소했다. 세 번에 걸쳐 신문지상에 발표된 이 성명서는 한국기독교의 3·15부정선거 협력을 공식화했다고 볼 수 있다. 왜냐하면 이 성명서는 한국기독교연합회의 총무 유호준 목사가 초안을 작성하고 1960년 2월 22일 한국기독시보사가 개최한 교계좌담회에서 자유당의 입맛에 맞는 내용으로 작성되었기 때문이다.[26] 또한, 자유당의 지도위원에는 김활란, 모윤숙, 배은희 목사, 백낙준, 유호준 목사, 윤치영, 임영신, 이규갑 목사, 이윤영 목사 등 친정권적인 기독교지도자들이 대거 참여하고 있었다. 누군가는 일부의 실수로 왜 전체가 욕을 먹어야 하느냐고 항변하겠지만 이들이 당시 한국기독교를 대표하고 있던 지도자였다는 점에서 그 일부가 결코 일부의 문제일 수 없다고 생각한다. 성명서의 주된 내용은 크게 두 가지다. 하나는 "기독교 정신을 정치에 반영시킬 수 있는 인물"인 이승만과 이기붕을 지지해야 한다는 것이고, 다른 하나는 "신교(新敎)교인은 그 본연의 신조로 카토릭인은 지지할 수 없다"에서 볼 수 있듯이 장면을 지지해서 안 된다는 주장이다. 전자는 기독교국가 건설을 꿈꾸는 기독교인들의 이념을 이승만과 이기붕에게 투영해 지지자의 동원을 이끌어내는 수사라면 후자는 천주교 부통령의 재선을 막기 위한 중상모략이다. 선거에서 고려해야 할 조건은 너무나 많이 있음에도 불구하고 계속해서 무조건 내 편(기독교인)만을 고집하고 있는 모습을 볼 수 있다.

이러한 모습은 1952년도와 1956년도에 이승만 지지운동을 적극적으로 전개한 전필순 목사에게도 찾을 수 있다. 선거가 시행되기 2일 전 전필순 목사는 자신이 맡고 있는 연동교회의 교인들에게 '정치와 신앙'이라는 제목의 설교를 한 적이 있다. 이 설교에서 전필순 목사는 천주교가 정권을 잡을 경우 남미의 기독교인들과 같이 박해를 받을 것이라고 주

---

26. 장하구, 「정치좌담 기사에 항의한다」, 『기독교사상』1960년 4월호, 34쪽. 「공민권제한대상자심사기록(강수악)」(국가기록원 관리번호: BA0152173).

장했다.[27]

　흥미로운 점은 천주교와 교황을 전제, 학정, 반민주 등의 개념으로 설명하면서 천주교인 입후보자를 공격하는 경우가 미국에서 비롯되었다는 사실이다. 미국의 기독교는 자신들이 누리고 있는 종교의 자유를 천주교가 위협할 것이라는 생각을 오랫동안 가졌다. 이러한 경향은 미국 기독교인의 투표 습관에 오랫동안 영향을 주었고, 천주교 신자는 미국 대통령이 될 수 없다는 것이 미국 정치의 오랜 불문율이 되었다.

　이 불문율은 천주교 신자인 알 스미스(Alfred Smith)와 존 F. 케네디(John F. Kennedy)가 각각 1928년과 1960년 대통령 선거에 입후보자로 출마하면서 도전에 직면하였다. 이들의 등장은 대통령 선거를 무혈의 종교 전쟁으로 바꾸기에 충분했다. 이들도 장면과 같이 종교적 편견으로 가득한 흑색선전에 시달려야 했다. 주로 기독교 근본주의에 속한 인종주의 단체 KKK(Ku Klux Klan)가 이들을 반대하는 운동에 앞장섰다. KKK는 이들의 신앙을 이유로 대통령 후보 불가론을 강력하게 제기했다. 심지어 케네디 대통령이 암살되기 전 KKK는 "Kill Kennedy Klan"을 외쳐 지금까지 용의자 명단에 빠지지 않고 거론되곤 한다.

　4월혁명은 한국기독교의 역사에서 중요한 분기점을 이룬다. 4월혁명을 통해 한국기독교는 불의한 권력과 유착관계를 가졌던 지난 나날을 반성하게 되었기 때문이다. 4월혁명 시기 젊은 목사들은 "부패한 정권에 편승 아부한 지도자는 자숙하라"고 외쳤으며, 새문안교회의 청년들은 부정선거에 적극 참여한 전필순과 유호준의 면직을 요구하였다.[28] 기

---

27. 전필순, 『승리의 길』, 선명문화사, 1963, 222-223쪽.
28. 「부패는 제거되어야 한다」, 『크리스챤』, 1960년 7월 9일자.

독교장로회의 경우 김종대 목사의 제명을 결의하였다.[29] 그가 자유당 선거대책위원회에서 기독교단체의 득표를 담당한 제5부 제2분과의 상임위원으로 활동했기 때문이다. 이렇게 과거의 정교유착을 반성하는 일련의 흐름들이 도출되었다.

십계명의 아홉 번째 계명은 '이웃에게 거짓증거하지 마라'이다. 이웃을 향해서 허황된 말을 내뱉지 말라는 의미일 것이다. 그러나 우리가 함께 살펴본 것처럼, 한국기독교는 부정선거의 일환으로 이웃에게 거짓증거하기를 서슴지 않았다. 그런데 과연 이때만의 문제일까. 오늘날에도 한국기독교는 거짓증거와 증오의 감정들을 퍼뜨리기에 바쁘다. 오늘날 한국기독교가 거짓과 증오를 버리고 타자를 향해 열린 마음으로 다가가기를 바라는 것은 무리한 요구일까. 그리고 권력과의 비판적 거리를 유지하는 데 실패한 지난 역사를 반성하고 불의와 부조리 앞에 예언자적 목소리를 내기를 바라는 것도 말이다.

---

29. 김효영, 『경기노회 100년사』, 한국기독교장로회 경기노회, 2007, 219쪽.

7. 로마서 13장의 정치학

현행 헌법 제20조에는 "모든 국민은 종교의 자유를 가진다(1항)"와 "국교는 인정되지 아니하며 종교와 정치는 분리된다(2항)"라는 내용이 명시되어 있다. 이 조항은 기본적으로 국가의 종교 불간섭, 즉 '종교의 자유'를 목적으로 한다. 여기서 정교분리의 원칙은 종교의 자유를 보장하기 위한 최소한의 조치라고 할 수 있다. 말하자면 국가가 특정 종교를 국교로 지정하거나 지나치게 후원하여 다른 종교의 자유가 제한되는 것을 방지하기 위해 정교분리의 원칙이 헌법에 명시되었다.

그런데 한국에서는 정교분리의 원칙을 '종교의 정치개입 제한'으로 이해하는 경향이 강하다. 문제는 이러한 이해가 종교의 사회참여를 방해하기 위한 용도로 악용되는 경우가 많다는 사실이다. 여기에는 두 가지 요인이 있다. 첫째는 '정치'라는 표현의 모호함 때문이다. 사실 '정치'라는 말은 광의의 정치와 협의의 정치로 이해할 수 있다. 광의의 정치란 공동의 선을 위한 공동의 노력, 정의와 권리의 촉진, 부패 및 인권 침해에 대한 저항을 가리킨다. 대표적인 예가 인종차별 문제에 대한 마르틴 루터 킹 목사의 저항이다. 협의의 정치는 국가권력의 획득과 행사를 의미한다. 정당정치를 떠올리면 쉬울 것이다. 정교분리의 잘못된 이해는 광의의 정치를 실현하기 위한 노력을 협의의 정치로 매도하여 비판한다는 데 있다. 즉 공동의 선을 이루기 위한 노력을 정치 개입이라는 표현으로 반대하는 것이다.

둘째는 정치에 대한 이중적인 이해이다. 독재 권력을 적극적으로 지지하거나 묵인하는 행위는 정치가 아니지만, 국가권력의 불의함에 대해 비판하거나 저항하는 행위는 정교분리의 대상으로서 정치에 해당된다는 인식이다. 이는 권력에 대한 복종을 정교분리의 기본적인 전제로 삼았기 때문이며, 국가를 신성한 제도로 파악하기 때문이다. 그리하여 정치에 개입하지 않는 것이 아니라 은밀하고도 내밀하게 정치에 참여하도록 한다.

이때 로마서 13장은 권력의 정당성을 묻지 않는 절대적인 근거가 되었다. '모든 권세는 하나님으로부터 온 것이니 사람은 누구나 권세에 복종해야 한다'로 시작하는 로마서 13장은 오랫동안 복종의 신학으로 기능해왔다. 로마서 13장의 정치적 인용은 권력의 기원을 이야기함으로써 역설적으로 권력의 의무를 따지지 않게 만들었다. 그러다보니 로마서 13장은 지난 기독교 역사에서 수많은 폐해를 낳았다. 교회가 전체주의나 독재정권의 정당성을 지지하는 데 애용했으며, 불의를 축복하고 권력자를 찬미하는 데 동원했기 때문이다. 이는 한국기독교의 역사에서도 마찬가지다. 로마서 13장은 일제의 식민지배와 군사독재정권을 긍정하는 성서적 전거가 되었다.

식민지 시절의 로마서 13장

한국기독교사에서 로마서 13장은 1901년 9월 장로교회의 선교사들이 모여 작성한 '교회와 정부 사이에 교제할 몇 조건'이라는 문서에서 본격적으로 등장하기 시작한다. 이 문서는 ① 목사는 정부 및 관원의 일에 대해 간섭하지 말 것, ② 교회는 나라 일을 보는 모임이 아니라는 것, ③ 왕에 대한 충성 및 국법에 대해 순종할 것, ④ 신자 개개인의 정치 참여에 대해서는 관여하지 말 것, ⑤ 교회는 국사에 대한 논의를 금할 것 등 정교분리를 주요 골자로 하는 선교노선을 공식적으로 선언했다. 여기서 로마서 13장은 디모데전서 2장 1~2절, 베드로전서 2장 13~17절 등과 함께 결의문의 주요 근거로 인용되었다.

혹자에 의하면, 선교사들이 제국주의의 침략을 묵인하기 위해 이 문서를 채택했다고 한다. 그러나 당시의 상황을 좀 더 엄밀히 살펴보면 전혀 다른 해석이 가능하다. 이 문서가 작성될 때는 '영아소동(1889)', '평양 기독교인 박해사건(1894)', '기독교도 도륙비지사건(1900)' 등 기독교인이라는 이유 하나만으로 온갖 위협과 박해에 시달려야 했던 상황이었다. 그리고 중국에서 일어난 의화단 사건(1900)의 여파도 고려할 필요가 있다. 반기독교운동의 일환으로 발생한 의화단 사건은 조선에서 선교사 배척운동으로 이어질 가능성이 많았다. 이러한 상황에서 미국의 정책이 우호적 중립(friendly neutrality)을 지켜야 한다는 입장으로 기울어지자 선교사들은 교회의 보호를 위해 정교분리의 원칙을 선언하였다.[1]

---

1. 박태영, 「구한말과 일제 식민지통치시대의 북미 선교사들의 정교분리 연구」, 숭실대 기독교학과 박사학위논문, 2013, 54-64쪽.

그러나 이 문서의 내용은 국가권력에 대한 복종을 전제하고 있다는 점에서 문제의 소지가 컸다. 이 문서에는 국가권력에 대한 교회의 복종만이 명시되어 있을 뿐 종교의 자유에 대한 언급은 전혀 실려 있지 않다. 따라서 이 문서는 '교회 보호'라는 목적에도 불구하고 후대에 '복종으로서의 정교분리'를 떠올리게 만들었다. 국가권력에 대한 지지와 협력은 정교분리의 원칙에 어긋나지 않지만 불의에 대한 반대와 저항은 정교분리의 원칙에 어긋난다는 논리가 만들어지는 배경이 되었다.

1905년 을사조약을 계기로 일본제국주의의 침략이 본격화되자 선교사들은 점차 일본의 조선 지배를 묵인하거나 지지하기 시작하였다. 여기에는 이토 히로부미(伊藤博文) 통감의 선교사 우대정책과 미국 언론의 부추김, 그리고 미국 선교본부의 압력 등이 작용하였다.[2] 예를 들어, 미국 북장로회 해외선교부 총무 브라운(A. J. Brown)은 다음과 같이 로마서 13장을 인용하며 일제에게 충성을 바쳐야 함을 강조하였다.

> 일본 통치에 대한 선교사들의 태도는 어떠했을까. 거기에는 네 가지의 태도가 있다. 첫째는 적대요, 둘째는 무관심이요, 셋째는 협력이며, 넷째는 충성이었다. 넷째의 충성은 내가 믿고 있는 바에 의하면 온당한 입장이라고 생각한다. 이 입장은 그리스도의 예와도 일치한다. 그리스도는 일본보다 더 악한 정부에 자기의 충성을 바쳤고 그의 사도들에게도 충성을 다하라고 촉구하였다. <u>이것은 바울의 교훈, 로마서 13장의 말씀과도 일치된다.</u>[3]

---

2. 윤경로, 『한국근대사의 기독교사적 이해』, 역민사, 1992, 57쪽.

3. 강돈구, 「한국기독교는 민족주의적이었나」, 『역사비평』 제27권, 1994, 326쪽.

즉 브라운은 선교사들이 일제의 식민지배에 대해 협력을 넘어서 충성의 단계까지 가야함을 주장하였다. 이러한 생각은 다른 선교사들에게도 쉽게 찾을 수 있다. 1907년 고종의 강제 퇴위에 반대하는 의병운동이 전개될 때 선교사들은 길선주 목사를 내세워 로마서 13장을 근거로 일본의 주권 침탈을 합리화시키기도 했다.[4] 이는 천주교 측의 선교사들도 마찬가지였다. 1910년 한일병합 이후 천주교 측의 선교사들은 "나라 권리에 순명하라신 제4계가 있은즉 이에 대하여 우리 교우들이 다른 사람보다 열심히 순명하여야 할지라"라는 계명을 인용하며 조선인 신자들에게 일제의 지배에 순종할 것을 권하였다.[5] 이렇게 로마서 13장은 제국주의 침략을 묵인하는 성서적 전거로 사용되기 시작하였다.

필요에 따라서는 식민권력도 로마서 13장을 인용하였다. 1919년 3·1운동이 발생했을 때 총독부 관리들은 선교사들을 초청하여 비밀 회담을 개최한 적이 있었다. 여기에서 조선총독부의 관리들은 선교사들에게 3·1운동을 진압해 줄 것을 요청하였다. 이에 대해 선교사들은 정치적 문제에 개입할 수 없다는 논리를 내세우며 이를 거절하였다.[6] 그러자 세키야(關屋貞三郞) 학무국장은 다음과 같이 로마서 13장을 인용하며 다음과 같이 반문을 제기하였다.

<u>성경 말씀은 믿는 자들에게 권위에 순종하라고 가르치고 있다.</u> 이

---

4. 윤경로, 『한국근대사의 기독교적 이해』, 153-154쪽.

5. 윤선자, 『일제의 종교정책과 천주교회』, 경인문화사, 2001, 56-57쪽.

6. 이성전 저, 서정민·가미야마 미나코 역, 『미국선교사와 한국근대교육』, 한국기독교역사연구소, 2007, 162쪽.

계율을 가르쳐야 할 때가 아닌가. 평화로운 때에는 이 말이 적당하지 않다. 하지만 이렇듯 소란스러운 시기에는 바울이 로마인들에게 말했듯이, 그들에게 순종하도록 가르쳐야 할 때가 아닌가.[7]

여기에서 세키야 학무국장은 권세에 복종하라는 바울의 권면을 식민지 조선의 기독교인들에게 가르쳐야 한다고 주장하였다. 식민지 조선의 기독교인들이 복종의 신학을 내면화할 것을 요구한 것이다. 이러한 경우는 1919년 9월 2일 사이토(齊藤實) 총독 저격사건이 발생했을 때에도 반복되었다. 이 사건은 노인동맹단의 강우규가 제3대 총독으로 부임하는 사이토를 저격하기 위하여 폭탄을 투척한 일을 가리킨다. 그런데 당시 65세의 강우규는 기독교 신앙을 가진 자였다. 동아일보는 수감 중인 강우규가 "독실한 크리스챤으로 요새도 항상 성경읽기로 일을 삼"는다고 보도할 정도였다.[8] 주목할 점은 이 사건에 대해 노리마쯔(乘松雅休) 목사는 다음과 같이 로마서 13장의 내용을 바탕으로 강우규의 저격을 비판하고 있다는 사실이다.

<u>정치의 권위는 하나님으로부터 나오는 것입니다.</u> 안타깝게도 그것을 남용한다든지 오용한다든지 하는 일이 옛부터 얼마나 많은지 이루 다 헤아릴 수 없습니다. 그러나 그렇다고 하여 하나님이 정한 것을 거슬러도 좋다는 이유는 결코 될 수 없을 것입니다. '무릇 사람의 피를 흘리게 하는 자는 다른 사람이 그의 피를 흘리게 할 것'이며

---

7. 같은 책, 164쪽.

8. 『동아일보』, 1920년 5월 27일자.

'자기에게서 나간 것은 자기에게 돌아올 것'입니다. 그렇다면 '칼을 칼집에 넣어라'하신 그리스도의 교훈을 우리는 깊이 생각하지 않으면 안 된다고 생각합니다.[9]

노리마쯔 목사는 일본기독교의 역사에서 최초로 해외선교를 나간 인물이다. 그는 1896년에 조선으로 건너와 조선어를 배우고 수년 동안 선교활동을 했다. 수원에 소재한 동신교회의 전신인 기독동신회를 설립하기도 했다. 한국에서는 일본의 선교사로 굉장히 좋은 이미지를 가지고 있다. 물론 복음 전도의 측면에서 인정해야 할 부분이 있는 건 사실이다. 그러나 그는 자신이 20년 가까이 있었던 수원의 제암리 사건에서 일어난 비인도적인 만행에 대해서 어떠한 언급도 하지 않았으며, 불의한 지배체제에 저항하는 일은 전혀 생각하지 못했다. 세키야 학무국장은 총독부 관리로써 원활한 식민 지배를 위해 로마서 13장을 인용한 것이라면, 노리미쯔 목사의 인용은 개인 구원만을 강조하는 온건한 신앙이 가진 한계를 보여준다.

한편, 1930년대 중반 이후 로마서 13장은 일제의 침략전쟁을 적극적으로 지지하는 용도로 활용되기 시작하였다. 이른바 '전시체제기(1937~1945)'라 불리는 이 시기에 로마서 13장은 일제의 침략전쟁을 지지하고 협력하는 논리의 근거를 제공하였다. 대표적인 사례로, 1939년 9월 제28회 장로교 총회에서 열린 국민정신총동원 조선예수교장로회연맹의 결성식을 들 수 있다. 장로교회의 전쟁협력을 공식화한 이 행

---

9. 『福音時報』, 1919년 10월 1일자 (한석희 저, 김승태 역, 『일제의 종교침략사』, 기독교문사, 1990, 130쪽, 재인용).

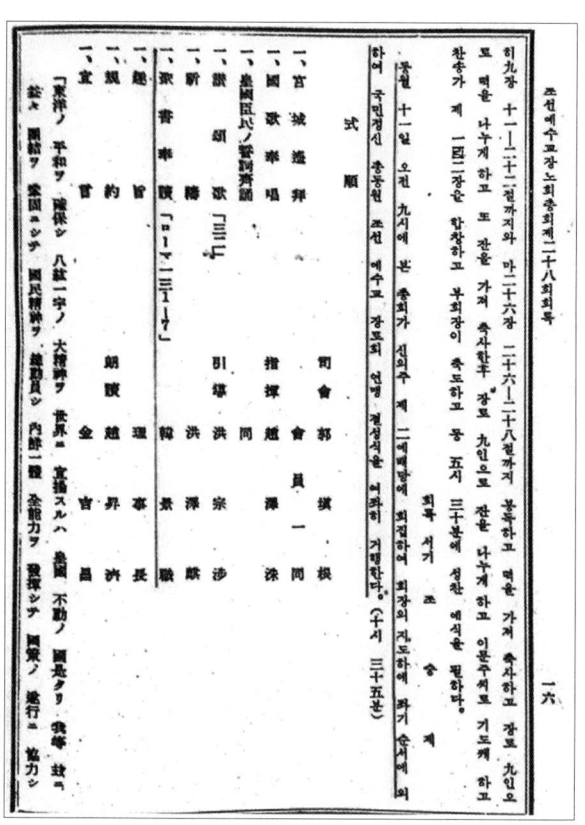

1939년 9월 제28회 총회에서 열린 국민정신총동원 조선예수교장로회연맹의 결성식 순서이다. 성서봉독 순서 때 한경직 목사가 로마서(ローマ)13장 1~7절을 인용했음을 알 수 있다.

사에서 한경직 목사는 유일한 성서 본문으로 로마서 13장 1~7절을 인용하였다. 총회 차원에서 신사참배가 결의된 지 1년이 지난 시점이었다. 여기에서 한경직 목사는 일제가 하나님이 세운 권세인 만큼 일본이 수행하는 전쟁을 기독교인들이 적극적으로 지지하고 협력해야 함을 주장하기 위해 로마서 13장을 봉독하였다. 1939년 12월 13일 국민정신총동원 조선예수교장로회 경북노회연맹이 결성될 때에도 로마서 13장이

봉독되었다.[10]

　이와 함께 로마서 13장은 절대적 복종의 윤리를 위한 신앙적 모티브가 되었다. 특히, 로마서 13장은 전쟁의 상황에서 국민의 의무란 무엇인가라는 질문의 모범 답안으로 제시되었다. 먼저, 감리교회는 1940년 2월 일본의 기원절을 기념하기 위한 애국기념예배를 전 교회적 차원에서 거행한 적이 있었다. 기원절은 신무천황이 일본을 건국하고 즉위한 날을 기념하기 위해 만들어진 일본의 국경절이다. 이때 감리교회는 로마서 13장을 본문으로 삼고 '성경상으로 본 국민의 의무'라는 제목으로 설교하도록 지시하였다.

　이는 성결교회도 마찬가지다. 성결교회의 기관지《활천》은 로마서 13장을 통해 식민지 조선의 기독교인들이 복종의 신학을 내면화하도록 했다. 1939년 10월 8일 성결교회는 경성성서학원 대강당에서 국민정신총동원 성결교회연맹의 결성식을 가졌다. 이때《활천》은 전시동원체제에 식민지 조선의 기독교가 어떻게 협력해야 하는가를 다루었다. 여기에서《활천》은 로마서 13장을 인용하며 국가에 대한 절대적인 순종의 필요성을 강조한 다음 일제의 전시동원에 적극 협력할 것을 호소하였다.[11]

　태평양전쟁이 발발하자 성결교회는 국민총력성결교회연맹으로 개편되었다. 이때 이사장을 맡게 된 이명직 목사는《활천》을 통해 국민의 의무가 무엇인지를 설명하였다. 그는 다양한 성서 구절을 인용하며 복종의 신학을 내세웠다. 그는 천황에 대해서 신성불가침, 절대, 통치, 공경이라는 네 가지 키워드로 설명하였다. 여기에서 그는 로마서 13장을 인용하

---

10. 이재원,『대구장로교회사 연구(1893~1945)』, 도서출판 사람, 1996, 188쪽.
11. 주간,「국가총동원과 기독교회」,『활천』, 198호(1939), 778쪽.

며 절대적인 복종을 강조하였다. 심지어 그는 "성서는 민주주의를 인정하지 않고 군국주의를 인정한다"라고까지 말했다.[12]

기독교 건국론과 로마서 13장

해방이 되자 로마서 13장은 기독교 건국론의 모티브(motive)가 되다. 식민지 상태를 벗어나 새로운 주권정부를 만들어내야 하는 과제 앞에 한국기독교는 기독교적 정신에 입각한 민주주의 국가를 구상하였다. 이를 '기독교 건국론'이라 부른다. 대표적으로 영락교회의 한경직 목사는 "이조 말에 기독교를 한국에 보낸 것은 장차 새로운 나라의 기초를 준비하려는 신의 경륜이 분명이 있었습니다. 고로 기독교는 반드시 새 한국의 정치적 기초가 될 것"이라고 하여 기독교 건국론에 대한 자신의 구상을 밝혔다.[13] 새로운 정부가 수립될 때 정신사의 토대로 기독교가 되어야 한다는 의미이다.

그의 기독교 건국론은 1949년에 초판 발행된 설교집《건국과 기독교》에 실린 '기독교와 정치'라는 설교에서 더욱 분명하게 나타난다. 한경직 목사는 로마서 13장을 본문으로 미국이 기독교적 민주주의로 수립된 국가이기 때문에 세계에서 제일 축복 받는 나라를 이룰 수 있었다고 설명한다. 로마서 13장 1절에 근거하여 주권의 근본이 다 하나님에게 있다고 믿었기 때문이다. 재미있는 점은 일본의 패망에 대한 그의 분석이다. 한경직 목사는 로마서 13장을 인용하며 일제가 주권의 근본이 하나님에게

---

12. 이사장, 「성서의 교훈과 선량한 국민」, 『활천』, 219호(1941), 81-84쪽.

13. 이혜영, 『한경직의 기독교적 건국론』, 대한기독교서회, 2011, 251쪽.

있다는 것을 몰랐기 때문에 전쟁에서 패배할 수밖에 없었다고 설명했다. 1939년에 로마서 13장을 일제의 침략전쟁에 협력하기 위해 인용했던 그가 7년이 지난 시점(1946)에서는 일제의 전쟁 패배를 설명하는 근거로 사용한 것이다. 동일인물이 로마서 13장에 대한 해석을 시대적 상황에 따라 어떻게 변주하고 있는지를 잘 볼 수 있다.

그러나 기독교 건국론은 우익 세력의 반공 운동에 정치적 기반을 제공했을 뿐만 아니라 친기독교 정치권력의 탄생으로 귀결되면서 정교유착의 뿌리를 내리게 만들었다. 기독교 건국론의 논리는 자연스럽게 이승만 장로에 대한 지지로 귀결되었기 때문이다. 이승만 정권은 각종 특혜를 한국기독교에게 주었다. 이러한 조치는 한국기독교가 이승만 정권을 기독교 정권으로 여기게 만들었다. 한국기독교는 자신들에게 주어진 특혜들을 지키기 위해 이승만 정권에 대한 지지를 아끼지 않았다. 이때 로마서 13장은 이승만 정권을 기독교 정권으로 설명하는 데 중요한 근거가 되었다.

대표적인 예를 들어 보자. 1956년 5·15정부통령 선거 시기 한국기독교는 이승만 장로와 이기붕 권사를 각각 대통령 후보와 부통령 후보로 추대하고 적극적인 선거운동을 전개했다. 그런데 이때는 4년 전(1952)의 정부통령 선거와 달리 기독교의 선거 참여에 대한 논쟁이 불거졌다. 정교분리의 원칙을 들어 기독교의 선거 참여를 반대하는 주장이 기독공보를 중심으로 제기되었기 때문이다. 여기에 대해 이승만-이기붕 지지운동을 주도한 김종대 목사는 로마서 13장을 언급하며 기독교의 선거참여가 정당함을 역설했다. 김종대 목사는 "모든 권세는 하나님께로 나지 않음이 없나니 권세 있는 것은 하나님의 정하신 바라"는 1절의 구절을 인용하며 하나님이 정부통령 선거를 주재하고 있다고 주장했다.[14] 즉 정치권력의 기원이 하나님으로부터 나온 만큼 국가의 통치 원리는 기독교에 기반을 두어야 하기 때문에 기독교인이 당선되어야 한다는 논리였다. 이승만 대통령을 지지해야 한다는 주장이었다. 기독교인의 정치권력 장악의 근거로 로마서 13장이 인용된 것이다.

박정희 정권에 대한 한국기독교의 지지

이와 같이 로마서 13장은 일제의 식민지배와 이승만 정권에 대한 지지를 정당화하는 근거로 활용되었다. 그러나 로마서 13장이 본격적으로 정치도구로 활용되기 시작한 시기는 박정희 정권 때이다. 특히, 유신체제의 성립 이후 로마서 13장은 기독교의 정치참여 문제와 관련된 일련의 논쟁에서 주요한 문제로 부각되었다.

먼저, 한국기독교는 박정희 정권의 삼선개헌(1969)을 지지하면서 불의한 권력의 정당성을 옹호하는 경향으로 기울어져 갔다. 1960년대 중후반 시기의 헌법은 한 사람이 대통령을 1차에 한하여 중임할 수 있도록 규정하고, 세 번 이상 대통령을 연임하지 못하도록 했다. 이미 두 번의 대선(1963, 1967)에서 대통령으로 당선된 바 있는 박정희에게는 다음 대선에 입후보조차 하지 못하는 상황이었다. 따라서 박정희 정권은 대통령직을 세 번째로 연임할 수 있는 법적 근거를 마련하고자 헌법의 내용을 바꾸어 버렸다. 이것이 바로 1960년대 정치사의 가장 큰 정치스캔들인 삼선개헌이었다. 발췌개헌(1952)과 사사오입개헌(1954) 다음으로 헌

---

14. 「선거에 관여할 수 있다」, 『한국기독시보』, 1956년 4월 23일자.

법이 정권 연장의 도구가 된 경우이다.

삼선개헌 정국은 크게 두 가지 국면으로 나눌 수 있다. 첫 번째 국면은 박정희가 특별담화를 통해 삼선개헌에 대한 의지를 밝힌 1969년 7월 25일부터 여당이 개헌안을 날치기로 통과시킨 9월 14일까지이다. 두 번째 국면은 개헌안이 국회에서 통과된 이후(9.14)부터 국민투표가 실시된 10월 17일까지이다. 기독교단체 중 삼선개헌에 대한 지지의 입장을 맨 먼저 밝힌 것은 '개헌 문제와 양심 자유 선언을 위한 기독교 성직자 일동'이었다. 박형룡, 박윤선, 김장환, 조용기, 김준곤 등 242명의 보수적 목사들이 연대하여 만든 이 조직은 1969년 9월 4일 삼선개헌 반대운동에 참여한 김재준 목사를 "순진하고 선량한 성도들의 양심에 혼란"을 일으키고 있는 선동가로 비판하였다. 그리고는 "그리스도의 이름으로 개헌 반대를 강매한다면 우리들의 복음은 격하되고 개헌 반대는 성의(聖衣)를 입고 그 선전원들은 순교자가 되는 희극도 벌어질 것이다"라고 하여 삼선개헌을 반대하지 말 것을 강조한 뒤 "날마다 그 나라의 수반인 대통령과 영도자를 위하여 기도"해야 한다고 주장하였다.

다음 날 대한예수교장로회 합동교단의 인사들이 중심이 되어 조직한 대한기독교연합회(Daehan Council of Church)는 "정교분리의 원칙에 입각하여 여야의 입장을 초월코자 정국안정을 위해 기도"한다는 뜻을 전함과 동시에 삼선개헌을 환영한다는 입장을 표명하였다. 정교분리의 원칙을 거론하면서도 삼선개헌을 적극적으로 지지하는 모순을 보여주고 있다. 이 모순은 대한기독교연합회가 정치를 이중적으로 이해하고 있다는 것을 의미한다. 삼선개헌을 지지하는 행위는 정치가 아니기에 정교분리의 원칙을 거론할 수 있다는 인식이 깔려 있는 것이다. 그리고 대한기독교연합회의 총무 김종근 목사는 일종의 역차별 논리를 펼치며 삼선개헌을 지지하였다. 그는 대통령의 임기를 2회로 제한하는 것이야말로 민주주의의 원칙을 어기는 처사라고 비판한 뒤 5·16이후 경제적 부흥과 강력한 국방태세를 갖춘 박정희 대통령에게 다시 한 번 기회를 주어야 한다고 주장했다.[15] 박정희 정권의 경제개발이 이대로 중단되어서는 안 된다는 개발주의적 논리를 엿볼 수 있다.

한편, 국민투표를 앞둔 시기 1907년 평양부흥운동을 이끌었던 길선주의 아들 길진경 목사는 로마서 13장을 언급하면서 기독교인들이 "위에 있는 권세에 복종"하는 사람이 되어야 한다고 강조했다. 그리고 삼선개헌의 찬반을 묻는 국민투표에 기독교인들이 적극 참여해야 한다고 주장하였다. 신자는 기독교인 이전에 국민이기 때문이라는 이유에서다.[16] 그런데 한국현대사에서 국민투표는 독재정권의 합법성을 기정사실화하기 위한 목적과 수단으로써 등장했다는 사실을 유념할 필요가 있다.[17]

결국, 박정희 대통령은 1971년 대선에 출마하여 야당 후보 김대중을 이기고 가까스로 삼선에 성공하였다. 그러나 집권 연장의 어려움을 느낀 나머지 박정희 대통령은 1972년 10월 17일 통일을 명목으로 유신체제의 성립을 선언했다. 박정희 대통령은 전국에 비상계엄을 선포하고 국회해산, 정당 및 정치활동의 중지 등을 조치했다. 당시 한국 사회는 전쟁 이후 처음으로 서울과 평양을 오가며 적십자회담과 남북조절위원회가 열려 통일에 대한 기대가 높아졌던 시기였다. 박정희 정권은 이를 이용하여 갑작스럽게 한국 사회의 의표를 찌르는 헌정파괴를 감행하였다. 한국현대

---

15. 「삼선개헌은 역사의 요구」, 『기독신보』, 1969년 10월 11일자.

16. 길진경, 「신앙과 개헌투표」, 『교회연합신보』, 1969년 10월 12일자.

17. 한상범·이철호, 『법은 어떻게 독재의 도구가 되었나』, 삼인, 2012, 104쪽.

사에서 민주주의가 아주 철저하게 말살된 암흑기가 시작되었다. 유신체제가 선포되자 수많은 기독교 단체들은 다음과 같이 유신의 시작이라고 할 수 있는 박정희의 10·17특별선언을 지지하는 성명서를 발표하였다.

지금 우리 민족은 조국의 평화적 통일이라는 민족적 대과업을 눈앞에 두고 있다. 작금 급변하는 국내외정세는 우리민족의 대동단결과 비상한 자주적 노력 없이는 우리의 운명을 헤쳐나갈 수 없는 시점에 이르렀다. 우리는 이제 모든 것을 초월하여 10·17특별선언을 지지하며 정부시책에 호응하여 우리의 맡은바 사명을 충실히 하고 하루 속히 자유민주주의가 이땅에 보다 능률적으로 토착화하는 역사적 계기가 마련되기를 바라마지 않는다.
- 한국기독공보사 (1972년 10월 18일)

최근 급변하는 국제정세에 비추어 10·17조치는 불가피하다고 본다. 우리는 앞으로의 구체적 조치가 국가보위와 민족번영, 통일을 기약하고 참된 민주주의 토착화의 계기가 되기를 희구한다.
- 기독교대한성결교회 (출처: 1972년 10월 26일자 경향신문)

박정희 대통령의 10·17특별선언은 현하 국제정세의 해빙시대에 능동적으로 대처할 수 있는 일대의 영단으로서 이를 적극 지지한다.
- 대한기독교연합회 (출처: 1972년 10월 28일자 교회연합신보)

본 교단은 7·4성명을 조심스럽게 지지하던 심정으로 이번 10·17 박정희 대통령의 특별선언에 의한 비상조치에 대하여서도 기도하면서 이를 전적으로 지지하고 그 효과적 완수를 하나님께 빌 것을 기한다.

- 대한예수교장로회 호헌교단 (출처: 1972년 10월 28일자 크리스챤신문)

지금 우리 민족은 조국의 평화적 통일이라는 민족적 대과업을 눈앞에 두고 있다. 작금 급변하는 국내외정세는 우리 민족의 대동단결과 비상한 자주적 노력 없이는 우리의 운명을 헤쳐 나갈 수 없는 시점에 이르렀다. 우리는 이제 모든 것을 초월하여 10·17특별선언을 지지하며 정부시책에 호응하여 우리의 맡은바 사명을 충실히 하고 하루 속히 자유민주주의가 이 땅에 보다 능률적으로 토착화하는 역사적 계기가 마련되기를 바라마지 않는다.[18]

- 크리스챤신문사 (출처: 1972년 10월 28일자 크리스챤신문)

18.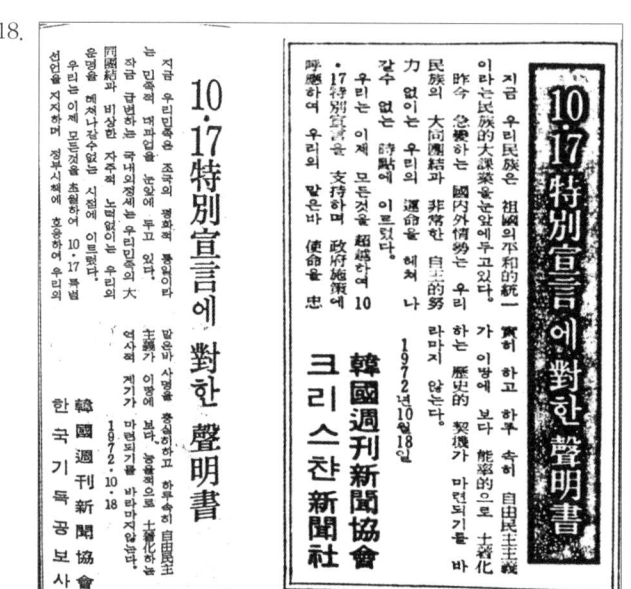

두 신문사의 유신 지지 내용이 동일하다는 것을 알 수 있다.

특별선언이 격변하는 국내외의 정세에 대응할 수 있는 매우 적절한 조치라 인정하고 이번 조치가 아무쪼록 하나님의 섭리 가운데서 효과적으로 완수되기를 기도하면서 국격 배양만이 승공평화통일의 원동력임을 직시하고 이번에 취한 특별조치로 인하여 국가발전과 국민생활안정 및 남북통일이 속히 이룩되기를 쉬지 않고 하나님께 호소하겠다.

- 오순절협동교회연합회 (출처: 1972년 11월 21일자 중앙일보)

이렇게 한국기독교는 노골적으로 유신찬양에 나섰다. 그 중에서도 크리스챤신문에 실린 사설은 유신 지지의 백미라고 할 수 있다. 크리스챤신문은 "오늘에 와서 우리는 기존의 헌정질서만을 고집하거나 그것만이 유일한 자유민주주의의 길은 아니라고 생각한다"는 입장을 밝히며 박정희 대통령의 헌정파괴를 정당화했다. 오히려 "국내외로 급변해가는 사태의 진전을 보면서 10·17특별선언에 우리의 의사를 한곳에 모아 자유민주주의의 내일을 위해 민족적 전진"이 있어야 한다고 주장했다.[19]

10월 27일에 공고된 유신헌법의 내용은 "국제정세와 남북대화의 국면에 효율적인 대응을 하기 위해서"라는 명분이 허울뿐임을 보여주었다. 유신헌법에 의하면, 대통령은 삼권분립의 원칙을 무시한 아주 막강한 권한을 보유하게 되었다. 먼저, 대통령 선거제도가 직선제에서 통일주체국민회의의 대의원에 의해 선출되는 간선제로 바뀌었다. 대통령에게는 긴급조치권과 국회해산권, 그리고 국회의원 1/3에 해당되는 의원 및 법관의 임명권이 주어졌다. 사실상 박정희 대통령에게 모든 권력을 집중시켜

19.「10·17선언과 우리의 자세」,『크리스챤 신문』, 1972년 10월 28일자.

실질적으로 박정희의 영구집권을 보장하는 내용이었다. 그럼에도 불구하고 기독교 단체들은 다음과 같이 유신을 지지하는 성명서를 발표했다.

남북통일을 하루빨리 성취시키며 민주주의의 토착화를 위한 10월 유신을 적극 지지한다.
- 기독교서부지구연합장로협의회 (출처: 1972년 11월 6일자 경향신문)

급변하는 국제정세에 능동적으로 대처하고 민족중흥의 역사를 이룩하려는 유신 정신은 우리에게 마땅한 자세이다.
- 한국기독교문화원 (출처: 1972년 11월 6일자 중앙일보)

10월 유신을 우리의 정신적 바탕으로 평화통일의 기반을 정립하고 국민총화체제를 이룩하는데 총력으로 단결할 것과 현시국의 중요성과 절박감을 인식하면서 남북 5천만겨레에게 복음 선교로써 자유민주주의를 더욱 알차게 능동적으로 발전, 육성시켜 하나님이 기뻐하시는 나라로 이룩되기를 기원한다.
- 서울교회와 경찰협의회 (출처: 1972년 11월 13일자 중앙일보)

우리 4백만 기독교신도는 무장간첩 남침, 푸에볼로호 피납, KAL기 피납, 월남전선 위기 등의 국제적·국내적 사건이 일어날 때마다 총궐기하여 우리 기독교신도의 정당한 의사를 국내외에 천명한 바 있으며 이번 10월 유신도 적극 지지한다.
- 한국기독교평신도연합회 (출처: 1972년 11월 17일자 중앙일보)

유신헌법이 발표될 때 한국기독교의 관심은 주로 '종교의 자유'에 있었다. 교회연합신보는 비상계엄령 하에서도 종교집회가 금지되지 않으며 집회허가도 필요하지 않다는 사실에만 주목할 뿐 정작 유신헌법 자체의 비민주성에 대해서 일언반구도 하지 않았다.[20] 오히려 유신헌법에 종교의 자유와 정교분리의 원칙이 명시되었음을 보도하며 유신헌법이 종교의 자유를 보장한 정상적인 헌법임을 강조하였다.[21] 정작 유신헌법의 다른 내용이 민주주의적 원칙과 부합될 수 있는지에 대해서는 관심을 두지 않았다. 제도적 교회의 존속에 집중할 뿐이었다.

1973년도 《신학지남》에 게재된 김의환 목사의 글은 로마서 13장이 권력에 대한 복종을 전제로 삼은 정교분리 담론과 어떻게 결합되는지를 잘 보여준다. 당시 총신대학교에서 교회사를 가르쳤던 김의환 목사는 기독교인들이 민주주의만을 고집할 수 없다고 주장했다. 왜냐하면, 로마서 13장 1~2절에 근거하여 봤을 때 국가권력이 어떠한 형태를 띠든지 그것은 하나님으로부터 주어진 것이기 때문이다.[22] 다시 말하면, 독재정권이라도 그것은 하나님이 허락하신 권세라는 설명이다.

이어서 김의환 목사는 한국기독교가 지난 역사에서 애국이라는 이름으로 영역이탈의 과오를 범했다고 평가했다. 특히, 그는 1919년 3·1운동을 대표적인 사례로 들고 있다. 김의환 목사에 의하면, 3·1운동은 한국기독교가 정교분리의 원칙을 어기고 "하나님의 것을 가이사의 것에 섞어 온 실수"를 범한 사례였다. 김의환 목사는 "비록 그 정부가 다른 나

---

20. 「의례적 종교행사 허용」, 『교회연합신보』, 1972년 10월 29일자.

21. 「유신헌법안을 공고」, 『교회연합신보』, 1972년 11월 5일자.

22. 김의환, 「한국교회의 정치참여 문제」, 『신학지남』제160호, 1973.3, 28쪽.

라 사람들의 손에 의해 움직여지더라도 그 권한은 하나님께로부터 받은 것"이기 때문에 일제도 하나님으로부터 기인한 권력이라고 설명하였다.[23] 따라서 식민지 조선의 기독교인들은 일제에 복종해야 함에도 불구하고 1919년 3·1운동에 참여하는 실수를 저지른 것이었다. 그에 의하면, 오히려 한국기독교는 3·1운동의 참여로 말미암아 반정부단체로 찍혀 신사참배를 강요받는 정치적 보복을 받게 되었다. 이러한 주장은 기독교의 정치참여가 부정적인 결과를 불러일으킨다는 사실을 강조하기 위해서 제기되었다고 할 수 있다.

김의환 목사는 유신정권에 반대했던 기독교인들을 비판하기 위해서 이 글을 쓴 것으로 추정된다. 즉 김의환 목사는 1919년 3·1운동 당시의 교회 지도자들이 권세가 하나님으로부터 기인한다는 사실을 인지하지 못하여 성경적으로 옳지 못한 정치참여를 했듯이 지금도 그러한 경우가 반복되고 있다고 주장하였다.[24] 김의환 목사는 오직 국가가 교회를 박해할 경우에만 기독교의 정치개입이 정당화될 수 있음을 강조하였다.

로마서 13장을 둘러싼 갈등과 논쟁

유신정권이 수립되자 민주주의의 회복을 주장하며 독재정권에 저항하는 운동이 발생했다. 특히, 1973년 12월 24일에 시작된 개헌운동을 계기로 유신체제를 공개적이고 전면적으로 거부하는 흐름이 본격화되었

---

23. 같은 책, 31쪽.
24. 같은 책, 50쪽.

다.[25] 이때부터 유신정권과 민주화 운동의 대립은 호헌 대 개헌의 구도로 가기 시작하였다. 유신정권은 이른바 민청학련 사건을 일으켜 민주화 운동을 대대적으로 탄압하였다. 즉 1974년 4월 3일 유신정권은 긴급조치 4호를 발동한 뒤 1,024명을 검거하고 그중 180명을 구속하였다. 정부 발표에 의하면, 이들은 전국민주청년학생동맹(이하 민청학련)을 조직하고 공산주의 사상을 지닌 인사들과 함께 폭력혁명으로 정부를 전복시킨 뒤 공산정권을 수립하려고 했다고 한다. 민청학련이라는 단체를 국가의 안보에 중대한 위협을 가한 반국가단체로 규정함으로써 유신 반대 운동에 일침을 가한 것이다.

더 큰 문제는 유신정권이 민청학련 사건과 관련하여 8명의 통일운동가들을 '인혁당 재건위 사건'으로 엮어 목숨을 앗아간 일이다. 유신정권은 민청학련의 배후로 이들을 지목하였다. 이에 대해 1960년대 초반에 내한하여 인천지역의 노동운동에 참여한 조지 오글(George E. Ogle) 선교사는 인혁당 재건위 사건이 고문에 의해 조작됐다는 사실을 폭로하였다. 1974년 10월의 일이다. 그러자 인혁당 재건위 사건을 둘러싸고 로마서 13장에 대한 논쟁이 하나의 큰 쟁점으로 대두되었다. 쟁점의 내용은 크게 두 가지로 집약할 수 있다. 하나는 로마서 13장에 근거하여 모든 정권이 하나님으로부터 나온 것이니 누구를 막론하고 복종해야 한다는 입장이고, 다른 하나는 로마서 13장을 근거로 할지라도 정권 그 자체를 절대화할 수 없다는 입장이다. 1974년의 연말은 로마서 13장을 둘러싼 갈등과 논쟁으로 점철되었다고 할 수 있다.

논쟁의 발단은 1974년 11월 9일 한국기독실업인회의 주최로 열린 국

---

25. 민주화운동기념사업회 연구소 엮음, 『한국민주화운동사2』, 돌베개, 2009, 120쪽.

무총리를 위한 기도회에서 김종필 국무총리가 한 발언이었다. 박정희 대통령의 조카사위이기도 한 김종필은 1967년 전도를 받고 정동제일교회에 출석하기 시작한 기독교인이었다. 김종필 국무총리는 다음과 같이 유신정권에 비판적인 자가 있다면 어떠한 방법을 사용하더라도 처벌해야 함을 주장하였다.

> 로마서 13장에 의거하여 우리 기독교인들은 한 나라의 구성원으로서 정부에 협력하는 것이 당연하고 (중략) 하나님으로부터 그 권위가 비롯되는 민주정부에 대하여 미워하거나 두려워하는 이가 있다면 그것은 곧 악을 행하는 자일 것입니다. 그렇기 때문에 정부의 권능을 부인하려고 하거나, 그 권위에 도전하거나, 부당한 방법으로 전복을 꾀하는 자가 있다면 정부는 이들로부터 더 많은 하나님의 선량한 아들, 딸의 인권 즉 생존권을 보장하기 위해 그들을 심판하지 않을 수 없습니다.[26]

김종필은 로마서 13장을 근거로 유신체제가 하나님으로부터 부여받은 권세임을 주장하였다. 그리고 기독교인은 유신체제에 복종해야 하며, 거역했을 경우 심판을 받게 된다는 식으로 협박하였다. 또한, 김종필은 "외국인 교역자들은 어디까지나 이 나라에 손님으로 와 있는 분들이며 손님이라면 응당 지켜야 할 절도가 있어야 함은 물론이고 또한 입국목적에 충실해야 될 것", "교역자나 성직자인 신분으로 남의 나라 정치문제에 간여한다는 것은 어느 모로 보나 일탈한 행위라고 하지 않을 수 없

26.『기독신보』, 1974년 11월 16일자.

다" 등 조지 오글 선교사를 비판하였다. 김종필은 외국에서 온 선교사가 정치문제에 관여함으로써 내정 간섭을 하고 있다고 주장하였다.

그러자 11월 14일 민주수호기독자회는 김종필의 발언을 비판하였다. 민주수호기독자회는 김종필이 기독교를 오늘의 역사에서 도외시키고 정치적 도구로 이용하고 있다고 주장하였다.[27] 한편, 11월 18일 한국기독교교회협의회는 로마서 13장을 통해 오히려 권력의 한계와 책임이 무엇인지를 명확하게 알 수 있다고 주장하였다. 즉 국가권력이 합법적으로 설립되고 인권 옹호와 사회정의의 실현을 위해 최선을 다할 경우에는 정당성을 가질 수 있다는 것이다. 하지만, 자기 권력의 한계를 넘어서서 위임받은 책임에 대해 충실하지 않을 경우 비판을 받아야 한다. 따라서 국민의 기본권과 사회정의를 회복시키기 위한 기독교인의 사회참여는 정교분리의 원칙에 전혀 위배되지 않는다고 주장하였다.

이들의 반박에 대해서 한국기독교의 보수적인 인물과 단체들은 민감한 반응을 보였다. 먼저, 보수교단들의 연합체로 1965년에 조직된 한국예수교협의회(KCCC)는 11월 25일 〈기독교 반공시국선언문〉을 발표하여 권세자들에게 대해서 무조건 복종해야 한다고 주장하였다. 한국예수교협의회는 로마서 13장을 인용하며 "국가 권력이 하나님과 그의 진리를 거슬러 신앙의 자유를 말살시키려는 행위가 없는 한 진정한 기독교인은 하나님이 정하신 권력에 순종해야 성경적"이라고 강조하였다.[28] 신앙의 자유를 보장한다면 로마서 13장에 의거한 복종은 통치자의 선악을

---

27. 「김 총리의 종교 망언을 취소하라」(1974.11.14), 『1970년대 민주화운동』, 2권, 505쪽.

28. 「기독교 반공 시국 선언문」(1974.11.25), 『1970년대 민주화운동』, 2권, 509쪽.

초월한다는 칼뱅의 국가관을 그대로 전하고 있다.

한편, 11월 27일 대한기독교연합회는 〈시국에 대한 우리의 견해〉라는 성명서를 통해 또다시 로마서 13장을 거론하며 유신체제에 무조건 복종할 것을 주장하였다. 먼저, 대한기독교연합회는 한국기독교교회협의회의 대표성을 부정하였다. 대한기독교연합회는 극소수의 인사들이 반정부적인 언동과 비성서적인 주장을 하면서 전체 기독교인의 의사인 것처럼 말하는 건 위장선전이라고 주장하였다. 그리고 대한기독교연합회는 한국기독교교회협의회의 로마서 13장 해석을 전적으로 부정하였다. 권세에 대한 복종은 조건부가 있을 수 없다는 논리이다. 오히려 대한기독교연합회는 민주주의 정권에 대해서나 독재정권에 대해서나 똑같이 로마서 13장에 명시된 내용처럼 하나님이 정한 것이므로 기독교인이 순종하는 것이 의무라고 밝혔다.[29]

로마서 13장을 유신정권에 대한 지지로 해석한 경우는 이뿐만이 아니다. 11월 29일 한국기독교반공연합회가 주최한 반공대강연회에서 라보도(Robert S. Rapp) 선교사는 "최근 기독교 일파 교파에서 벌이고 있는 움직임은 성경을 잘못 해석한데서 나오는 유감스러운 일"이라고 주장함으로써 기독교의 민주화운동을 비판하였다. 이어서 그는 "한국은 그 특수성으로 보아 현 체제의 유지가 꼭 필요하다"고 주장해 유신정권의 정당성을 역설했다.[30] 그는 오늘날 웨스트민스터신학대학원대학교로 불리는 개혁주의 신학교를 설립한 선교사였다.

이러한 입장은 당시 주한 미8군의 군목이었던 웨인 E. 스라겔(Wayne

---

29. 「시국에 대한 우리의 견해」(1974.11.27), 『1970년대 민주화운동』, 2권, 511-512쪽.
30. 「기독교反共연합회 예술극장서 강연회」, 『경향신문』, 1974년 11월 30일자.

> 1974년 11월에는 로마서 13장을 둘러싼 논쟁이 전개되었다. 논쟁의 발단은 인혁당 재
> 건위 사건의 진상규명을 둘러싼 갈등에서 비롯되었다. 이때 예장 합동교단의 월남인
> 사들이 주축이 되어 조직한 대한기독교연합회(DCC)는 독재정권이라 할지라도 로마서
> 13장에 의거하여 기독교인들이 무조건 복종해야 한다고 주장하였다. (출처: 1974년 11
> 월 28일자 《동아일보》)

E. Slagel)에게도 찾을 수 있다. 그는 〈한국에 있는 외국인 성직자〉라는 제목의 글을 경향신문사에 보내 조지 오글 선교사를 비판하였다. 이 글에서 그는 "일부 외국교파 소속의 성직자들이 이 나라의 국권과 법에 위배되는 시위를 주도하는 사례가 신문에 보도되고 있음은 매우 슬픈 일"이라고 밝혀 인혁당 재건위 사건의 진상규명운동을 펼쳤던 오글 목사와 짐 시노트(Jim Sinnott) 신부 등에 대한 유감을 표명하였다. 그리고 그는 로마서 13장을 인용하며 "이와 같은 성경구절로 볼 때, 나는 외국인 기독교도나 선교사가 어떻게 시위 행동에 참가할 수 있는지 이해할 수 없다"는 입장을 밝히면서 외국인 성직자가 한국의 정치에 개입함으로써 신앙을 배반하거나 법과 질서를 어겨서는 안 된다고 당부하였다.[31]

---

31. 「미국인교역자, 외국성직자에 한국의 법·질서는 지켜야」, 『경향신문』, 1974년 11월 16일자.

이상과 같이 1974년 하반기에는 로마서 13장을 둘러싼 치열한 논쟁이 펼쳐졌다. 로마서 13장은 국가와 교회의 관계를 어떻게 바라봐야 하는지와 관련해서 항상 뜨거운 감자였다. 그런데, 로마서 13장 1절을 근거로 국가권력에 대한 절대적인 복종을 요구하는 건 일종의 '구두점 원리'가 적용된 것이라 할 수 있다. 구두점 원리란 어떤 글을 읽을 때 자신에게 필요한 부분만 들어내서 주장하는 걸 의미한다. 말하자면 "권세에 복종하라"는 내용을 맥락과 상관없이 선택적으로 사용하여 거기에 너무 많은 신학적 의미를 부여한 것이다. 기독교가 불의한 지배체제를 옹호할 때 자주 사용하는 문장 독법이라 할 수 있다.

저항의 근거가 되는 로마서 13장

이와 달리 로마서 13장을 통해 국가권력의 한계가 어디까지인지를 따지는 경우가 있다. 국가권력이 특정 조건과 원리를 만족시킬 경우 하나님으로부터 재가를 받은 '합당한 정부'로 인정하지만, 그렇지 못할 경우 '불의한 정부'로 규정하는 규범적 입장이 있다. 따라서 규범적 입장은 불의한 정부에 대한 저항의 가능성을 열어 두는 특징이 있다.

문제는 '합당한 정부'와 '불의한 정부'를 가르는 기준이 매우 모호하다는 데 있다. 사람에 따라, 교단에 따라, 기타 여러 가지 배경에 따라 다를 수 있기 때문이다. 여기에 대해서는 크게 두 가지 부류로 나눌 수 있다. 첫 번째는 신앙의 자유를 판단의 기준으로 따지는 칼뱅주의 그룹이다. 이들의 설명에 의하면, 칼뱅은 교리의 보존과 교회의 존립을 보장할 경우에만 권세에 대한 복종을 주장했다고 한다. 한 예로, 군정시기 (1961~1963)에 총신대학교의 교수였던 한철하 박사는 칼뱅을 인용하며 국가권력의 기원과 임무 등이 무엇인지를 살펴보았다.[32] 그에 의하면, 칼뱅의 정치론은 신본주의(神本主義)적 성격을 가졌다. 국가권력은 정권 그 자체를 위한다든가 인민을 위한다든가 하는 것이 아니다. 오로지 하나님의 영광을 위하여 존재하는 것이다. 왜냐하면, 로마서 13장 1절에 근거하여 국가권력은 하나님으로부터 기원하기 때문이다. 한철하 박사는 이 원리를 한국에 적용할 경우 박정희가 잡고 있는 권력이야말로 하나님이 준비한 권세임을 주장하였다.[33] 여기에서 한철하 박사는 국가권력의 임무가 "하나님에 대한 경배의 외적 조건을 보호 유지"하고, "교회의 존립을 보호"하는 것으로 보았다. 이러한 관점에서 국가권력의 불의는 교회를 박해하거나 괴롭히는 것에 한정된다.

이러한 인식은 1970년대 총신대의 교수였던 신성종 목사에게도 엿볼 수 있다. 먼저 그는 로마서 13장을 근거로 권세가 하나님으로부터 나왔기 때문에 기독교인이 여기에 순종해야 한다고 주장했다. 그런데 그는 이 권세가 절대적이고 무조건적인 것이 아니라 상대적이며 조건적인 한계를 가졌음을 강조하였다. 다시 말하면, 로마서 13장에서의 '복종'은 맹목적인 것이 아니라 '양심'에 근거해야 하는 합리적이고 자발적인 복종이다. 즉 신성종 목사는 칼뱅의 논의를 빌려 "우리는 우리를 다스리는 자들에게 복종하지만 그러나 오직 주님 안에서만 복종하는 것이다. 만일 그들이 주님에게 반대되는 그 무엇을 명령한다면 우리는 그것을 거들떠보지도 말자"라고 주장하였다. 말하자면 국가가 기독교인들에게 비성경적인 복종을 강요할 경우 세속 통치자가 아니라 하나님에게 절대적으로

---

32. 1981년 5월에는 아세아연합신학대학교의 제2대 총장으로 취임하였다.

33. 한철하, 「칼빈의 정치론」, 『신학지남』, 1962년 9월호, 93쪽.

복종해야 한다는 것이다.

한국기독교의 현대사에 대한 기존의 프레임은 '보수 대 진보'였다. 이 프레임에 따르면 국가권력의 관계에서 보수는 협력 내지 묵인, 진보는 저항으로 나아갔다. 그렇다면, 로마서 13장에 저항권을 부여하는 칼뱅주의 그룹의 해석은 어떻게 바라봐야 할 것인가. 저항의 근거를 신앙의 자유에 두는 이런 해석은 한국기독교가 제도적 이익을 확보하는 동력으로 작용하였다. 정부가 일요일에 선거나 시험을 치른다거나 교회에 세금을 부과할 때 한국기독교는 조직적으로 들고 일어났었다. 특히, 세금문제와 관련해서는 보수나 진보의 구별이 없었다. 이 부분은 로마서 13장의 해석사와 관련해서 우리가 새롭게 인식해야 할 내용이다.

민중신학자 안병무 박사도 로마서 13장을 통해 저항권을 이야기했다. 대신, 안병무 박사는 신앙의 자유가 아니라 인권과 민주주의 가치를 기준으로 삼았다. 그는 로마서 13장을 현대사회에 맞게 재해석하여 국민의 의사를 통해 국가권력의 정당성이 확보되어야 한다고 여겼다. 한편으로 그는 국가와 교회가 인권을 보호하는 일을 하나님으로부터 공동과제로 부여받았다고 보았다. 안병무 박사는 인권 수호가 정부의 의무이며, 인권 옹호가 교회에 주어진 지상과제라고 강조했던 것이다. 로마서 13장에 대한 그의 해석은 1970~1980년대 민주화 운동에 기독교가 참여하는 논리가 되었다.

8. 한국기독교의 반공주의운동사

1948년 분단체제의 성립 이후 남북한은 서로를 부정함으로써 자신의 존재 가치를 확인하는 기형적 국가체제를 확립해 나갔다.[1] 한반도 남쪽에 수립된 대한민국은 자본주의를 근대화의 실천 방략으로 삼고 국민 만들기의 일환으로 반공주의를 강화하였다. 반공주의는 분단체제의 강고한 지배 이데올로기로 강력한 힘을 발휘하였다. 여기서 한국기독교는 반공주의의 첨병으로 크게 활약해왔다는 사실을 언급할 필요가 있다. 이념의 과잉이라 할 정도로 말이다. 그렇다면 한국기독교는 어떠한 연유로 반공주의를 강력하게 내면화한 종교가 되었을까.

사회주의와의 조우

한국기독교의 반공주의는 1920년대 중반을 거치면서 조금씩 그 모습

---

1. 이하나, 「1950~60년대 반공주의 담론과 감성 정치」, 『사회와역사』 95호, 2012, 202쪽.

을 드러내기 시작하였다. 이는 사회주의 세력의 반기독교운동에 대응하는 과정이기도 했다. 당시 사회주의자들은 기독교를 두 가지 지점에서 비판하였다. 하나는 기독교를 제국주의와 자본주의를 옹호하는 '인민의 아편'으로 규정하였다. 다른 하나는 사회현실에 대한 기독교인들의 무관심을 문제 삼고 기독교의 미신성에 비판의 초점을 맞추었다.

반기독교운동은 1925년 조선공산당의 창당을 계기로 본격화되었다. 조선공산당의 지도를 받고 있는 사회주의 청년단체는 "종교는 대중의 마취제이므로 이를 철저히 배척하되 제일착으로 기독교를 적극적으로 반대"한다는 입장을 밝히기도 했다.[2] 1925년 10월 이들은 '기독교는 미신이다', '지배계급의 기독교' 등의 슬로건을 내걸고 반기독교대회를 열고자 했으나 일본경찰의 사전 금지 조치로 성사되지 못했다. 이 사건은 기독교가 일제의 비호를 받고 있다는 의혹만 사게 만들었다. 왜냐하면, 동일한 시기에 무려 3천여 명의 기독교인들이 일주일에 걸쳐 대규모 집회를 개최했기 때문이다.

분명한 건 반기독교운동이 기독교의 역기능에서 비롯되었다는 사실이다. 먼저, 반기독교운동을 주도한 이들의 면모를 살펴보자. 이들은 과거에 기독교인들이었던 경우가 적지 않았다. 하지만 기독교가 사회문제에 무관심하자 이들은 기독교의 보수화에 반발하며 교회를 뛰쳐나왔다. 애정이 크면 클수록 반발은 심한 법이다. 기독교에 대한 사회주의자들의 반심은 클 수밖에 없었다. 또한, 당시에는 외국선교사들이 사회적 물의를 일으켜 반선교사운동이 대대적으로 발생하였다. 예컨대 선교사들이 한국인에게 폭언을 내뱉거나 구타를 하는가 하면, 여학생을 추행하

---

2. 「신흥청년총회 일곱 가지 결의」, 『동아일보』 1925년 5월 19일자.

거나 감금하는 사건도 발생했다. 의정여학교, 정명여학교, 경성성서학원, 구세군사관학교 등 미션스쿨에 다니는 학생들은 선교사 배척운동을 대대적으로 일으키기도 했다. 1925년 9월 미국인 선교사 허시모(C. A. Haysmer)가 사과를 훔친 소년의 뺨에 염산으로 '도적'이라는 글자를 새긴 사건은 외국선교사들의 폐해가 극단적으로 드러난 경우라 할 수 있다. 이러한 사회적 분위기는 반기독교운동의 배경이 되었다.

1925년에 본격화된 반기독교운동은 사회주의 세력과 기독교 세력 간의 갈등을 촉발시켰다. 당연한 일이었다. 이를 계기로 식민지 조선의 기독교는 반공적 태도를 내면화하기 시작하였다. 그러나 1920년대 후반 신간회를 중심으로 민족통일전선이 형성되자 일부 기독교인들은 최소한의 일치점을 찾기 위해 사회주의에 대한 부정적 입장을 유보하였다. 오히려 자기성찰의 기회로 삼고 '사회복음'을 수용하면서 사회참여에 적극 나서기 시작했다.

1920년대 후반 이후 정세는 급변하였다. 세계대공황(1928), 만주사변(1931) 등의 상황은 사회주의자들의 노선을 좌경화시켰다. 거기다 1931년 신간회가 해소되면서 사회주의자들은 민족통일전선에 미련을 가질 필요가 없어졌다. 그러자 사회주의자들의 종교 비판은 더욱 전투적인 성격을 띠기 시작하였다. 그 이전에는 종교의 실천적인 측면을 주목하면서 비판의 목소리를 높였다면, 이제 종교의 본질에 대해 문제 삼기 시작하였다. 이는 제2차 반기독교운동의 재개로 이어졌다. 신간회 해소 이후 《신단계》및《비판》과 같은 사회주의 잡지는 '종교비판'란을 따로 둘 정도였다.

이러한 정세 변화를 통해 기독교인들은 사회주의에 대한 부정적 입장으로 회귀하였다. 특히, 사회주의에 대한 기독교인들의 비판적 인식은

'사회신조'라는 결과로 나타났다. 1932년 9월 조선예수교연합공의회가 채택한 사회신조는 남녀평등, 여자의 지위개선, 아동의 인격존중, 공사창 폐지 등의 내용을 담고 있었다. 이는 1920년대에 전개된 기독교 사회운동을 정리하고, 기독교의 사회윤리적 기준을 확립하기 위한 성격을 지녔다. 이를 통해 식민지 조선의 기독교는 구체적인 사회문제에 대한 자신들의 입장을 명확히 가지게 되었다. 다만, 사회신조는 "일체의 유물교육, 유물사상, 계급적 투쟁, 혁명수단에 의한 사회개조와 반동적 탄압에 반대한다"라는 내용을 통해 사회주의를 반대한다는 입장을 밝혔다. 사회주의에 대한 극단적인 비난이 억제되어 있지만, 사회신조는 식민지 조선의 기독교가 반공노선을 천명한 최초의 공식 문헌이라고 할 수 있다.

1930년대 중반 이후 식민지 조선의 기독교는 국가주의를 수용하면서 성서적 서사의 동원을 통해 사회주의를 비판하기 시작하였다. 이때부터 기독교는 성서의 묵시문학에 등장하는 극단적인 이원론과 선민사상을 무비판적으로 전용하여 반공의 종교적 기표로 사용하였다.[3] 대표적인 예로 성결교회의 대표적인 지도자인 이명직 목사는 종말론에 압도된 나머지 사회주의자들을 요한계시록에 등장하는 붉은 용으로 호명하였다.[4] 사회주의를 악마화하기 위해 기독교적 기표를 부여하기 시작한 것이다.

여기에서 주목해야 할 점은 반공주의가 일제에 협력적인 태도를 취할 수 있는 사상적 근거가 되었다는 사실이다. 일제는 사회주의를 용납할 수 없는 반역사상으로 간주하였다. 전시체제기 일제는 관변기구인 조선

---

3. 정승우, 「예수는 어떻게 한국에서 민족과 반공의 아이콘이 되었는가」, 『신약논단』제20권 제3호, 2013, 574쪽.

4. 주간, 「적룡은 무엇인가」, 『활천』, 1938년 10월호, 1-2쪽.

방공협회를 중심으로 식민지 조선에 방공방첩운동을 대대적으로 전개했다. 이는 반공주의를 매개로 일제와 기독교의 야합을 가능하게 만들었다. 예를 들어, 이명직 목사의 경우 일제를 러시아의 침략을 막는 하나님의 도구로 인식하였다. 그에 의하면, 일제는 동양에서 러시아에 대항할 수 있는 유일한 나라였다. 러일전쟁(1904~1905)과 관련해서 그는 "실로 전능하신 하나님께서 일본제국으로 하여금 러시아를 형벌하신 분명한 증거"라고 평가하기도 했다.[5] 이러한 점에서 식민지 조선의 기독교가 내면화하기 시작한 반공주의는 일제의 노선에 조응한 측면이 분명히 있었다.

해방 후 반탁운동의 참여

그러나 식민지하에서는 기독교가 반공주의를 전면화하기 어려웠다. 왜냐하면, 당시 많은 사회주의자들은 식민지 해방을 위한 투쟁에 참여하고 있었기 때문이다. 오히려 한국기독교의 반공주의는 해방정국 시기에 적극적으로 표출되었다. 참고로 해방정국은 크게 세 국면으로 전개되었다. 첫 번째 국면은 1945년 8월 15일 해방으로부터 좌우 정치세력의 대칭적 배열이 이루어졌던 1945년 말까지의 시기이다. 두 번째 국면은 모스크바 3상회의의 결정을 둘러싸고 좌우세력이 갈등하였던 1945년 말부터 1947년 중반까지의 시기이다. 세 번째 국면은 제2차 미소공위 결렬 때문에 단독정부 수립이 분명해지면서 정치세력의 재편이 이루어졌던 1947년 후반부터 1948년 8월 15일까지의 시기이다.[6] 이러한 과정을 거

---

5. 주간, 「성서에서 본 노서아(露西亞)와 그 운명」, 『활천』, 1938년 8-9월호, 2쪽.
6. 정해구, 「한국의 국가 형성과 민주주의」, 『한국 민주주의와 사회운동의 동학』, 나

치면서 남한사회는 반공분단체제로 급속하게 이행되었고, 자유민주주의의 제도화는 이를 정당화하기 위한 차원에서 이루어졌다. 이때 한국기독교는 반탁운동과 단독정부의 수립운동에 적극적으로 참여하면서 우익의 주요 세력으로 부상하게 되었다.

혹자는 한국기독교의 반공주의가 신사참배의 수치심을 벗어나기 위한 차원에서 시작되었다고 한다.[7] 크게 틀린 말은 아니다. 왜냐하면, 해방정국의 두 번째 국면에서 한국기독교는 반탁운동을 통해 과거사 문제를 덮었기 때문이다. 해방정국의 두 번째 국면은 1945년 12월 16일 모스크바에서 열린 3상회의에서 비롯되었다. 여기에는 미국과 영국, 그리고 소련의 외상들이 모여 전후 처리에 관한 문제를 논의하였다. 그런데 한반도 처리에 관한 문제에서 미국과 소련의 구상은 달랐다. 미국은 신탁통치 중심의 국제적인 해결방식을 주장했으나 결과적으로 선 정부수립, 후 신탁통치를 골자로 하는 소련의 제안이 채택되었다. 미국과 소련의 공동위원회가 한국의 정당·사회단체와 협의하여 새로운 임시정부를 수립하자는 내용이었다. 신탁통치에 대한 내용도 있으나 미국의 구상과 달리 그 비중은 약화되었다.

그런데 한국현대사의 향방을 결정짓는 어마어마한 오보사건이 터졌다. 1945년 12월 27일자 동아일보는 모스크바 3상회의의 결과를 "소련은 신탁통치주장", "미국은 즉시독립주장"으로 보도하며 즉각적 독립을 요구하는 민족감정을 자극시켰다. 쉽게 말해 동아일보는 미국과 소련의 주장을 정반대로 보도하였다. 그러자 우익세력은 소련의 신탁통치에 반

눔의 집, 2001, 119쪽.

7. 김진호, 『시민K, 교회를 나가다』, 현암사, 2012, 49-60쪽.

대한다는 명분으로 반탁운동을 적극적으로 전개하기 시작했다. 반탁운동은 소련의 지배에 반대하는 민족운동으로 규정되었다.

한국기독교의 반공주의는 반탁운동의 참여를 통해 사회 운동적인 성격을 띠기 시작했다. 신학 잡지 등을 통해 공산주의를 붉은 용으로 비유하며 비판하는 기존의 방식을 병행하면서도 사람들을 동원하고 힘을 집결시키는 방식을 취하기 시작했다. 여기에는 독립촉성기독교중앙협의회, 기독신민회 등 해방 정국의 기독교단체들이 대거 참여하였다. 한편, 이승만은 명망 있는 기독교 인사들을 반탁운동에 동원하기도 했다. 한 예로, 이승만은 해방 이후 장로교회의 최초 총회장(제32회)이 된 배은희 목사를 서울 지역의 반탁운동 책임자로 임명하기도 했었다.[8]

한국기독교의 반탁운동은 주로 기도회 형식을 통해 전개되었다. 한 예로, 1946년 1월 전북이리기독청년회는 3일간의 단식으로 진행되는 독립촉성기도회를 열고 신탁반대를 부르짖었다.[9] 1947년 2월 2일 영락교회에서 열린 독립기원기독교신도대회는 "모스크바 삼상회의에서 결정한 신탁통치는 백만 신도들의 총의로써 절대 반대 한다"는 입장을 분명히 밝히며 반탁노선을 표명하였다.[10] 명목상 기도회지만 예배도 아니고 기도회도 아닌 반공집회가 열리기 시작하였다.

반탁운동은 한국기독교에 크게 두 가지 영향을 미쳤다. 첫째, 반소련 운동의 일환으로 전개된 반탁운동을 통해 한국기독교는 냉전논리를 내면화하기 시작했다. 한국기독교는 반탁운동을 전개하면서 소련을 세계

---

8. 박용만, 『제1공화국 경무대 비화』, 내외신서, 1986, 48-49쪽.

9. 「일사불란의 독립전취선」, 『동아일보』, 1946년 1월 21일자.

10. 「반탁을 절대지지」, 『경향신문』, 1947년 2월 4일자.

적화의 야욕을 지닌 제국주의 세력으로, 공산주의자들을 소련의 하수인인 반민족세력으로, 반면에 자신들을 공산진영에 대항하는 민족진영 혹은 자유진영으로 인식하기 시작하였다.[11]

둘째, 반탁운동은 한국기독교 내부의 친일그룹에게 일종의 면죄부를 주었다. 신탁통치 파동은 1946년 1월 22일자 타스(Tass) 통신이 모스크바 3상회의의 협상내용을 공개함으로써 일시적으로 수그러들었으나 당시의 정치지형을 근본적으로 바꿔버렸다. 즉 '민족 vs 반민족'의 대립구도를 '좌익 vs 우익'의 갈등으로 바꾼 것이다. 이제 반탁운동에 참여하기만 하면 누구나 애국자가 될 수 있었다. 따라서 반탁운동에 참여한 친일목사도 신분세탁이 가능해졌다. 친일목사들은 반탁운동을 통해 반민족행위자에서 이념적 애국자로 둔갑했다. 그래서인지 반탁운동을 전개한 기독교단체에는 친일목사들의 참여가 유독 눈에 띈다. 결과적으로 한국기독교는 반탁-단정 노선을 충실히 지지함으로써 이승만의 권력 장악과 남한의 단독정부 수립에 기여했다고 볼 수 있다.

북진통일론과 휴전반대운동

정부 수립 이후 이승만 대통령은 지배 이데올로기로써 일민주의를 제창하기 시작했다. 일민주의는 식민지 조선이 경험한 파시즘의 재현이었다. 이승만은 해방 후 대중의 광범위한 지지를 받고 있던 사회주의에 대항하기 위해 일민주의를 제시하였다. 반공주의는 신탁통치 파동을 계기로 우익세력의 지배이데올로기로 급부상했지만 사회주의만큼 호소력이

---

11. 강인철, 『한국의 개신교와 반공주의』, 중심, 2006, 65쪽.

없었기 때문이다.

1950년 6월 25일에 발발한 한국전쟁을 계기로 이승만 정권의 지배이데올로기는 일민주의에서 반공주의로 전환되었다. 전쟁에 대한 일차적 책임이 북한 정권에게 있는 이상 공산주의를 '악'으로 규정하는 건 필연적이었다. 이때 이승만 정권은 집권 명분으로 북진통일론을 주장하였다. 북진통일론은 양자 간의 공존이 불가능함과 무력을 통한 통일의 달성을 강조하였다. 또한, 북진통일론은 공산주의의 확산을 예방하기 위해서 전쟁이 불가피하다는 논리를 핵심으로 하고 있었다. 이승만 대통령은 집권기간 내내 공존 그 자체가 필연적으로 공산주의의 확산을 가져올 것이라는 신념을 강하게 어필하였다. 북진통일론은 반(反)공존론과 전쟁불가피론을 두 축으로 하고 있다고 볼 수 있다.

1950년대의 한국기독교는 이승만 정권의 북진통일론에 크게 고무되어 있었다. 1950년 12월 한국기독교는 UN 사무총장과 미국 대통령, 그리고 맥아더에게 보내는 메시지에서 "한국 땅 위에서 일으킨 양진영의 최후결전을 UN군의 승리로 마칠 때까지 전진무퇴"하기를 요청하면서 북진통일론을 주장하기 시작하였다. 그 결과 한국기독교는 북한 지역에 미국의 핵폭탄이 투하될 가능성에 대해서도 당연시하였다.[12] 미국의 핵폭탄은 한반도에 통일을 가져다 줄 수 있는 확실한 방법으로 여겨졌기 때문이다.

적대적 타자의 배제를 강조하는 북진통일론에 따르면 북한과의 휴전은 도저히 상상할 수 없는 일이었다. 이승만 정권은 1951년 5월부터 정전설이 나돌자 북진통일을 내세우며 휴전반대의 입장을 공식화했다. 6

---

12. 정성한, 『한국기독교 통일운동사』, 그리심, 2003, 125쪽.

월부터는 관제단체 주도하에 휴전반대 시위가 진행되었다. 7월에 휴전회담이 본격적으로 시작되자 휴전반대 및 북진통일에 관한 각종 집회가 열렸다. 한국기독교는 7월 12일 휴전반대 신도대회를 열고 "공산세력을 국경선 밖으로 몰아내고 남북통일의 완전독립을 지향"할 것을 결의하였다. 한국기독교는 UN군이 북진을 통해 공산주의를 몰아내고 '잃어버린 땅(失地)'을 되찾아 줄 것을 호소하였다. 그러나 1951년도의 휴전반대운동은 규모가 크지 않았을 뿐만 아니라 금방 잠잠해졌다.

당시 한국기독교의 대표적인 신문인《기독공보》는 1952년이 되자 휴전을 반대하는 사설을 지속적으로 싣기 시작하였다. 여기에서《기독공보》는 휴전반대의 이유를 크게 4가지로 설명하였다.《기독공보》는 ① 공산주의자들과의 공존 거부, ② 반공 포로 송환 거부, ③ 북한의 재침략 가능성, ④ 국가재건을 위한 경제 보장을 이유로 휴전을 반대하였다.[13]

북진통일운동과 휴전반대는 1953년 4월 휴전회담의 재개와 함께 본격화되었다. 이때 이승만 정권은 남한이 UN군의 통제에서 벗어나 단독으로라도 북진하겠다는 입장을 밝히면서 위기상황을 조성하였다. 이 당시 휴전반대운동의 주체는 1953년 4월에 발족된 북진통일추진위원회였다. 조선민주당의 이윤영 목사가 북진통일추진위원회의 위원장을 맡았다. 한국기독교의 휴전반대운동은 1953년 6월 15일에 열린 구국신도대회에서 절정을 이루었다. 여기에서 한국기독교는 세계교회와 미국 대통령 앞으로 휴전반대 성명서를 보냈다. 한국기독교는 휴전을 "마귀의 승리"로 규정하고, 미국이 북한을 "설복될 수 없는 마귀"가 아니라 "회개할 줄 아는 선의의 죄인"으로 착각하고 있다고 경고하였다.

---

13. 정성한,『한국기독교 통일운동사』, 130-131쪽.

한국기독교는 휴전반대운동을 적극적으로 펼치면서 북진통일론의 핵심 논리인 반(反)공존론을 내면화하였다. 한국기독교는 공산주의와의 공존이 불가능하다는 입장을 아주 강력하게 견지하기 시작했다. 이를 잘 보여주는 사건이 1954년 미국 에반스톤에서 열린 WCC 제2차 총회에서 발생했다. 이 총회에 참가한 한국 대표들은 공산국가들과의 공존 문제가 논의되자 공존을 절대 반대하는 태도를 표명하였기 때문이다. 한국 대표의 한 사람인 유호준 목사는 출국하기 전 이승만 대통령으로부터 "이북 문제와 공산권 문제가 저들에게 유리한 의제로 나오거든 강력히 반대하고 거부하라"는 지시를 받은 상태였다.[14] 이들은 '공존'이라는 단어 자체를 부정하였다. 이들에게 '공존'이라는 말은 공산국가가 자유 진영을 교란시킬 목적으로 사용하던 용어일 뿐이었다.

반공주의의 내면화

1950년대의 반공주의는 이념적으로 체계화된 지배이데올로기가 아니었다. 오히려 전쟁이라는 원초적인 체험에 기초한 적대적인 증오감에 가까웠다. 따라서 이승만 정권은 반공주의를 체계화하지 않았다. 아니, 그럴 필요가 없었다. 전쟁에 대한 트라우마(Trauma)만으로 반공주의의 호소력은 충분했기 때문이다.

1950년대 후반에 이르러 남한사회는 북한의 경제적 성공이 조금씩 알려지자 이승만 정권이 내세우는 맹목적인 반공에 대해 회의를 품기 시작했다. 점차 반공주의는 민주주의 질서 확립과 사회적 빈곤의 제거로

---

14. 유호준, 『역사와 교회』, 대한기독교서회, 1993, 268쪽.

재해석되기 시작했다.¹⁵ 정권의 무능력에 대한 민심의 이반은 공산화로 이어질 수 있겠다는 염려로 발전했기 때문이다. 이제 공산주의와의 체제경쟁에서 이겨야 한다고 주장하는 승공론(勝共論)이 등장하게 되었다.

1961년 5·16쿠데타로 등장한 박정희 정권은 승공론을 지배이데올로기로 적극 활용하였다. 박정희 정권은 반공주의와 개발주의를 결합함으로써 북한과의 대립관계를 경제적 성장을 둘러싼 체제경쟁으로 만들어버렸다. 이를 위해 박정희 정권은 1950년대의 원초적 반공주의를 하나의 정식화된 이념으로 체계화하기 시작하였다. 특히, 박정희 정권은 여러 가지 수단을 통해 반공주의의 내면화를 시도하였다. 반공주의의 내면화는 반공주의가 제도적 차원이나 법집행 차원을 넘어서 사회 구성원들의 사유방식 자체를 통제하는 데까지 나아갔다.

한국전쟁의 참혹성과 가혹성을 상기시키는 방법은 반공주의를 내면화하기에 효과적이었다. 여기에서 한국기독교는 전쟁기념예배를 통해 반공주의를 유지·재생산하였다. 왜냐하면, 예배는 기억 보존의 중요한 장치인 의례화가 이루어짐에 따라 반공주의를 재생산하는 데 효과적이었기 때문이다. 즉 한국기독교는 6월 25일을 전후로 '6·25기념예배', '6·25상기예배' 등을 거행하여 반공주의를 의례화하였다. 그러나 전쟁 직후인 1950년대 중후반에는 대대적인 전쟁기념예배가 실시되지 않았다. 1954년 마포기독교연합회가 전쟁 때 죽었거나 북한군에 납치당한 이들의 유족들을 위해 추도위휼합동예배를 거행한 정도가 눈에 띌 뿐이다.¹⁶

전쟁기념예배는 냉전 분위기가 잠시 완화된 데탕트(Détente) 시기에

---

15. 윤정란, 『한국전쟁과 기독교』, 한울, 2015, 279쪽.
16. 「6·25동란 순교·납치자 추도위휼합동예배」, 『기독공보』, 1954년 6월 28일자.

본격화되었다. 1960년대 말 70년대 초 닉슨 미국대통령의 중국 방문 등 세계적으로 평화무드가 조성되자 한국기독교는 공산주의에 대한 경각심이 희미해질 가능성을 경계하였다. 이를 방지하기 위한 차원에서 한국기독교는 1972년부터 전쟁기념예배를 본격적으로 시행한 것으로 보인다. 이때 한국기독교는 6·25특별연합기도회, 6·25기념구국연합예배 등을 개최하여 "반공이념이 구체적으로 기도가 되어 하나님께 상달될 것"을 염원하였다.[17]

1970년대 중반에 이르러 한국기독교의 반공운동은 사회적 주목을 받을 만큼 아주 폭넓으면서도 강력하게 전개되었다. 전쟁기념예배 역시 널리 확산되었다. 1974년 6월 25일 한국기독교전국청년연합회는 6·25기도회를 열고 "북한공산집단은 반민족적 세력이요, 한국교회의 적임을 재명시, 백만기독청년은 필요시엔 당연히 반공전선 제1선에 설 것"을 결의하였다.[18] 한국교회여성연합회와 군종후원협의회는 6·25의 의미를 되새기는 반공강연회를 가졌으며, 한국십자군연맹은 전국의 회원들이 반공으로 뭉쳐 북한의 침략적 야욕을 분쇄할 것을 결의하였다. 전쟁기념예배가 점차 보편화되고 있었다.

다음해인 1975년에는 인도차이나 지역이 공산화되어 반공주의의 열기가 고조되었다. 1975년 4월 한국기독교지도자협의회는 공산주의의 침략에 대응하기 위해 교리의 차이나 이해관계를 초월하여 하나가 될 것을 촉구하는 〈반공과 국가 안보에 관한 성명서〉를 발표하였다.

같은 해 6월 22일에 열린 '나라를 위한 기독교연합기도회'는 범교단

---

17. 「22주 6·25의 연합기원」, 『교회연합신보』, 1972년 6월 25일자.

18. 「반공대열 앞장 다짐」, 『교회연합신보』, 1974년 6월 30일.

적으로 개최된 반공집회였다. 약 80만 명의 신자들이 운집한 이 행사는 전쟁 발발 25주년을 기념하기 위한 성격을 지녔다. 한경직 목사는 대회사를 통해 "지금이야말로 국가안보와 교회의 일치가 이루어지고 물욕과 허영의 깊은 잠에서 깨어나 일대회개운동을 벌어야할 때"라고 말한 다음 "북괴의 남침야욕이 노골적으로 발동했던 6·25동란이 있은지 25년이 지난 오늘 우리를 둘러싼 국내외정세는 새삼스러이 국가안보를 지상과제로 대두시키고 있다"고 외쳤다.[19]

여기에서 전쟁기념예배는 상징권력의 핵심인 설교를 통해 6·25담론의 확산에 일조하였다. 6·25담론은 약 3년 동안 전개된 역사적 사건을 오직 6월 25일의 사태로 축소하고 기억한다. 즉 6·25담론은 1950년 6월 25일부터 1953년 7월 27일에 걸쳐 일어났던 전쟁을 '6·25' 하나로 기념한다. 전쟁의 일차적인 책임은 분명 북한 정권에게 있다. 그러나 6·25담론은 전쟁 발발 이후에 일어났던 민간인 학살, 국민방위군 사건, 부산정치파동 등에 대해서는 전혀 거론하지 않는다. 오히려 6·25담론은 북한의 남침만을 강조함으로써 증오의 기억을 끊임없이 복기시키고 냉전적 세계관을 강화시켰다. 이러한 점에서 6·25담론은 냉전·증오·분단·적대의 논리라 할 수 있다.

6·25담론은 역사를 기억하는 방식에서 역사용어의 사용문제와 연결된다. 역사적 사건을 어떻게 호명하느냐에 따라 사후적 이해와 평가는 판이해진다. 특별히 한국전쟁은 과거의 문제가 아니라 현재의 문제와 긴밀히 연결되어 있다. 어쩌면 한국 사회에 대한 인식은 한국전쟁을 어떻게 이해하느냐에 따라 달라진다고 볼 수도 있다. 6·25담론은 냉전시대

---

19. 「백만신도의 구국기도 작렬」, 『교회연합신보』, 1975년 6월 29일자.

남한사회의 가장 강력한 사고체계이자 반공주의의 핵심이었다. 한국기독교는 6·25담론을 중심으로 증오를 재생산하면서 냉전적 세계관에 갇혀 있었다.

WCC를 둘러싼 용공논쟁

1948년에 결성된 세계교회협의회(World Council of Churches, WCC)는 20세기 기독교의 역사에서 가장 첨예한 논란의 대상이었다. WCC는 1910년 에든버러 선교대회 이후에 발생된 세 가지 흐름의 맞물림이었다. 초기에는 '신앙과 직제운동(Faith and Order)'과 '생활과 사업운동(Life and Work)'의 지도자들이 WCC의 중심을 이루었다. 1961년 뉴델리에서 개최된 제3차 총회를 계기로 국제선교협의회(IMC)가 WCC에 합류하면서 현재의 골격이 이루어졌다. 이를 통해 WCC는 새로운 선교 패러다임을 제시하고 교회일치를 강조하기 시작하였다. 또한 WCC는 그리스도인의 정치적·사회적 책임을 자각하여 인종차별 철폐운동(Program to Combat Racism)을 전개하였다.

공교롭게도 이 세 가지 특징은 WCC가 보수적 기독교로부터 오해와 공격을 받는 빌미를 제공했다. WCC는 타종교와의 대화를 존중하는 까닭에 종교다원주의자라는 비판을 받는가 하면, 교회일치를 추구한 결과 세계단일교회(Super Church)를 만들려고 한다는 음모론에 시달려야 했다. 또한 WCC는 냉전시대에 공산주의 단체라는 매카시즘 공격을 받기도 했다. 흥미로운 점은 WCC를 냉전의 논리로 공격하는 경향이 한국전쟁 시기에 수입되었다는 사실이다. 1951년에 발생한 요청서 사건은 WCC를 둘러싼 용공논쟁의 시발점이자 반공주의가 교권의 획득수단으로 이용된 최초의 사례라 할 수 있다. 이 사건은 고신교단의 송상석 목사가 WCC와 긴밀한 관계를 가졌던 한국기독교연합회(NCC)를 용공세력으로 몰아세운 일을 가리킨다.

최근 연구에 의하면, 이 사건은 자신의 의사와 상관없이 휴전회담이 진행되자 WCC를 공격함으로써 미국 정부를 압박하고 한국기독교를 통제하려고 했던 이승만 대통령의 의도에서 비롯되었다고 한다.[20] 1951년 5월 23일 이승만 대통령은 《크리스쳔 비콘》(*Christian Beacon*) 이라는 외국잡지에 실린 기사를 이규갑에게 건네면서 경고문을 내라고 지시한 적이 있다. WCC의 주장들은 소련의 헌법과 동일하다는 내용이었다. 이는 결국 《기독교와 용공정책》이라는 소책자의 출간으로 이어졌다. 참고로 이승만 대통령은 WCC를 반대하기 위한 목적으로 ICCC(The International Council of Christian Churches)를 조직한 바 있는 매킨타이어(McIntire)로부터 *Christian Beacon*지를 받았다고 한다.

한편, 이승만 대통령은 황성수 국회의원과 고신교단의 송상석 목사를 불러 "교회 내에 용공주의가 침투하여 들어오고 있다는 말을 모 목사에게 수차 들었는데 교회 일이니만큼 목사들이 각 교회에 경고하여 악한 사상을 방지함이 어떤가"라고 말했다고 한다.[21] 이에 따라 송상석 목사는 《기독교와 용공정책》과 함께 국회의원 25명의 서명이 포함된 요청서를 교계에 배포하였다. 여기에서 송상석 목사는 "각 교파와 각 단체가 한국기독교연합회를 조직하여 용공정책을 주장하는 WCC와 동아시아대회에

---

20. 윤정란, 『한국전쟁과 기독교』, 한울, 2015, 139-142쪽.

21. 송상석, 「문제의 기독교와 용공정책과 대한예수교장로회 총회 내면상 폭로」(1), 1951, 5쪽(윤정란, 위의 책, 143쪽 재인용).

가맹·연결된 것과 공산정책을 예찬하는 또는 권장하고 있는 WCC로부터 구제금품을 받고 있다는 사실"을 전하였다. 즉 고신교단을 제외한 나머지는 NCC를 중심으로 용공단체와 관계를 맺고 있다는 주장이다. 이를 뒷받침하기 위해 송상석 목사는 "《기독교와 용공정책》을 제공하오니 한국현실에 비추어보시고 후일의 기독교면목을 위하여서라도 귀 교파와 각 단체의 반성을 요청"하였다. 이때 고신교단은 신사참배 문제로 장로교회와 결별한 상태였다. 따라서 요청서 사건은 교단분열에 따른 갈등상황에서 비롯되었다고도 볼 수 있다.

1951년 요청서 사건은 1970년에 재현되었다. 차이점이 있다면, 1951년 요청서 사건이 전쟁을 지속하고 싶은 이승만 대통령과 교권을 둘러싼 싸움에서 이기고 싶은 고신교단의 합작품이었다면, 1970년에 발생한 사건은 냉전의 논리가 민주화 운동을 탄압하는 수단이 되기 시작했음을 보여주는 전초전이었다. 그런데 이 사건을 살펴보기 전에 1968년 스웨덴의 웁살라(Uppsala)에서 개최된 WCC 제4차 총회를 둘러싼 논란을 알아둘 필요가 있다. 여기에서 WCC가 중공의 UN가입안을 만장일치로 통과시키고 반전운동의 일환으로 베트남 전쟁에 참전한 국가들을 규탄하면서 용공혐의가 짙어졌기 때문이다. 냉전적 사고방식과 반공주의의 틀에 갇혀있던 한국기독교가 볼 때 이 두 가지 사항은 용인하기 힘든 내용이었다. 중공의 UN가입은 공산주의와의 타협으로 이해되었고, 당시 한국기독교는 베트남 전쟁을 열렬히 지지하고 있었기 때문이다. 따라서 WCC의 결정에 대한 한국기독교의 반발은 만만치 않았다.

결국, WCC에 대한 용공혐의는 1970년 10월 아시아기독교반공연합회가 서울에서 개최한 제6차 대회에서 표출되었다. 아시아기독교반공연합회는 중공의 UN가입을 반대하고 베트남 전쟁에 참전한 국가들의 군사

행동을 지지하고 있었다.²² 중요한 건 내무부 차관을 지낸 김득황 장로, 예장 합동교단의 총회장을 역임한 김윤찬 목사 등의 월남기독교인들이 한국기독교반공연합회를 통해 아시아기독교반공연합회를 주도하고 있었다는 사실이다. 따라서 아시아기독교반공연합회의 노선은 한국기독교의 반공적 흐름과 밀접하다고 볼 수 있다.

아시아기독교반공연합회는 승공론과 복음화운동의 논리를 결합한 특징을 가졌다. 즉 아시아기독교반공연합회는 "참된 승공은 기독교 복음사상을 아시아와 기타 모든 민족에게 널리 전파하므로 그들이 하나하나가 참된 그리스도인이 되어질 때 이는 하나의 기독교사상으로 무장된 강한 반공인이 길러내어지는 첩경임을 확신"한다는 입장을 밝히며 기독교의 선교가 반공사상의 확산으로 이어져야 한다고 주장하였다.²³

주목해야 할 점은 정권의 수뇌부가 아시아기독교반공연합회의 공식 행사에 자주 참석했다는 사실이다. 이는 반공주의를 매개로 한 정권과 기독교의 결탁이 어떻게 이루어졌는지를 보여주는 한 단면이다. 문제는 대회장 김종근 목사의 명의로 작성된 아시아기독교반공연합회의 건의문 내용이었다. 아시아기독교반공연합회는 "우리는 용공단체와 관련된 WCC에 가입된 국내의 기독교계 인사들의 활동에 우려를 표명하오며 정부가 적절한 제약을 가해서라도 제지해 주실 것을 희망"한다는 메시지를 박정희 대통령에게 보낸 것이다.²⁴ 이 사건을 두고 진보적 기독교단

---

22. 「아주기독교반공대표들 월남군사행동 지지결의」, 『기독신보』, 1966년 10월 15일자.
23. 「제6차 아주기독교반공대회」, 『기독신보』, 1970년 9월 19일자.
24. 「박대통령에게 보내는 공한」, 『교회연합신보』, 1970년 10월 11일자.

체에서 활동하고 있던 오재식은 "작금의 교계는 기독교반공의 망령으로 떠들썩해졌다"라고 표현한 다음 반공을 세력다툼의 도구로 사용하는 일을 경계해야 한다고 강조하였다.[25]

문화냉전: 반공 서적의 편찬

중요한 건 이 사건을 계기로 WCC를 둘러싼 용공논쟁이 민주화 운동을 이념적으로 공격하는 수단으로 활용되기 시작했다는 사실이다. 여기에서 가장 효과적으로 동원된 방법은 반공 서적의 출판을 통한 공격이었다. 한국기독교는 1920년대부터 사회주의 세력의 공격에 대응하기 위해 자기 변증과 공산주의에 대한 비판을 출판 사업을 통해 전개하였다.[26] 식민지 시절 한국기독교는 《기독교 대지를 해석하야 반기독 정신을 논하다》(1925), 《마르크스와 예수》(1929), 《耶蘇의 社會訓(야소의 사회훈)》(1930) 등을 발간한 바가 있다.

그러나 한국기독교의 출판 사업이 공산주의 문제를 본격적으로 다루기 시작한 건 해방 이후부터였다. 분단과 전쟁이라는 역사적 경험은 한국기독교가 적지 않은 반공 서적을 편찬하도록 만들었다. 이때부터 한국기독교는 문화냉전의 생산주체로 거듭났다. 다만, 한국기독교의 반공 서적은 1975년을 기점으로 두 가지 종류로 나뉜다. 해방 이후부터 1970년대 초반까지는 대체로 변증서의 성격을 강하게 띠었다. 이는 무신론의 기독교 비판을 반박하고 기독교가 진리라는 사실을 변호하기 위한

---

25. 오재식, 「기독교반공주의의 망령」, 『기독교사상』, 1970년 11월호, 82-83쪽.
26. 홍승표, 「일제하 한국기독교 출판 동향 연구」, 연세대 박사학위논문, 2015, 92쪽.

목적을 가졌다. 그렇기 때문에 이 시기의 반공 서적은 방어적인 성격이 강했다.

〈표3〉을 보면 알 수 있겠지만 한국기독교의 반공 서적은 1975년을 기점으로 집중적으로 등장하기 시작하였다. 이러한 현상이 나타난 이유는 무엇보다 인도차이나의 공산화에 따른 위기의식에 기인한다. 예를 들어, 1975년 4월 21일 새문안교회의 강신명 목사는 "최근 인도차이나 사태와 김일성의 중공 방문 등 긴박한 정세로 미루어 기독교인 등 온 국민이 승공투쟁 대열에 참가할 것"을 촉구하며, "모든 기독교인은 이 땅이 공산화될 때 기독교가 말살된다는 자명한 사실을 직시하고 대오각성 하여 모든 신앙 활동이 반공으로 승화·귀착되어야 한다"라는 내용의 시국선언문을 발표했다. 반공주의가 공포를 기반으로 하고 있다는 점에서 인도차이나의 공산화는 반공주의의 강화를 부추겼다.

이와 함께 유신정권의 이이제이(以夷制夷) 정책은 한국기독교의 반공 서적 출간과 긴밀한 관계가 있다. 유신정권은 민주화운동과 산업선교 등에 참여한 진보적 기독교인들의 활동을 용공으로 몰고자 했다. 그러나 정권이 직접 나서기에는 몇 가지 무리가 있었다. 이를 해결하고자 유신정권은 한국기독교의 극우그룹을 이용하였다. 대표적인 인물로는 한국종교문제연구회의 홍지영, 서울시경국장 김재국, 한국기독교멸공협의회의 박병훈 목사 등을 들 수 있다.[27] 이들은 여러 가지 반공 서적을 출간하여 진보적 기독교인들이 공산주의 세력의 전략에 넘어갔다는 선전을 펼쳤다. 이러한 경향은 한국기독교의 반공 서적에 새로운 흐름을 이루었다.

---

27. 장숙경, 『산업선교, 그리고 70년대 노동운동』, 선인, 2013, 289-315쪽.

유신정권은 중상모략으로 가득한 반공 서적들을 적극적으로 활용하였다. 일차적으로 유신정권은 반공 서적들을 정부기관에 널리 배포하였다. 예를 들어, 한국종교문제연구회가 출간한 《한국기독교와 공산주의》는 국토통일원 산하 통일연수원의 행사 등에서 배포되어 물의를 일으킨 적이 있다. 당시 국토통일원은 산업선교를 용공으로 몰기 위해 계획적으로 만들어진 《현대사조》의 발행인이었던 유상근 장관이 맡고 있었다는 점에서 우리의 상상력을 자극한다.

이와 함께 《한국기독교의 이해: 치안과 종교문제》라는 소책자는 치안당국 내에서 광범위하게 유포되고 있었다. 저자는 청년시절 서북청년회에서 활동한 바 있는 김재국이었다. 자기 스스로 "기독교계를 반정부·반체제화·용공화하여 사회전복의 중추세력화하려는 공작을 최초로 세상에 폭로"했다고 자부하는 그는 영락교회의 장로이기도 했다.[28] 이 책에서 그는 해방신학과 사회구원이 공산주의자들의 혁명 전략과 흡사한 논리를 가졌다고 주장하면서 일대 논쟁을 일으켰다.

1976년은 진보적 기독교세력이 극단적인 용공론에 시달리기 시작한 한해였다. 먼저 유신정권은 1976년 5월 박형규 목사를 비롯하여 40여 명의 빈민선교 관계자들을 용공활동혐의로 영장 없이 구금했다. 이때 당국의 수사관들은 위에서 살펴본 《한국기독교와 공산주의》와 《한국기독교의 이해》를 수사 교본인양 소지하고 있었다고 한다. 이 사건으로 구금되었던 이철용의 증언을 들어보자. 그에 의하면, 한 수사관은 "WCC에는 공산주의자가 많다. WCC에서 NCC에 자금을 보내고 NCC에서 수도권에 자금을 주는데, 수도권에 돈이 가기 전에 연구기관에 의뢰해서 돈을 쓰

---

28. 김재국, 『나의 걸어온 길』, 보이스사, 1985, 151쪽.

고 있다. 그런데 그 연구기관에 조시형이라는 간첩이 있고. 박형규가 그 사람의 지시를 받는다"는 식으로 취조를 했다고 한다.[29] 이 사건은 유신정권이 민주화 운동의 중심인물인 박형규 목사를 공산주의자로 몰아 빈민선교를 와해시키려고 한 것으로 이해할 필요가 있다.

다음해인 1977년에는 빈민 선교에 이어 산업 선교에 대한 용공몰이가 시작되었다. 중요한 건 그 전에 빈민선교 관계자들을 수사하는 과정에서 파악된 정보가 1977년 홍지영이 출간한《산업선교는 무엇을 노리나》,《정치신학의 행태와 논리》등의 자료로 제공되어 산업선교를 탄압하는 도구로 이용되었다는 사실이다.[30] 그는 누구보다 진보적 기독교세력에 대한 용공시비를 일으키는 데 앞장서고 있던 인물이었다.

〈표3〉 한국기독교의 반공 서적 리스트(1949~1989)

저자	책이름	출판사	출판연도
장성욱	사회문제와 기독교	십자가사	1949
矢原忠雄	맑스주의와 기독교(고영춘 역)	설우사	1949
John C. Bennet	기독교와 공산주의(김재준 역)	조선기독교서회	1949
Reinhold Niebuhr 외	공산주의의 도전(장이욱 역)	청구문화사	1951
전종옥	기독자로서 본 공산주의	신교출판사	1958
미국기독교연합회	그리스도인이 본 공산주의 (곽안전, 심재원 공역)	대한기독교서회	1964
선우학원	한국민주주의의 근대화: 공산주의와 민주주의와 기독교	대한문화사	1967
정하은	한국근대화와 윤리적 결단	대한기독교서회	1968

---

29. 한국기독교교회협의회 인권위원회, 『1970년대 민주화운동』3권, 동광출판사, 1987, 938쪽.

30. 한국기독교교회협의회 교회와사회위원회, 『반공법위반사건사례집』, 79쪽.

Reinhold Niebuhr	기독교 현실주의와 정치문제(지명관 역)	현대사상사	1973
Kurt Hutten	공산세계 속의 기독교투쟁사(송재천 역)	소학관	1974
유인식	최근 WCC의 내막	은성문화사	1975
김재국	한국기독교와 공산주의: 기독교인을 가장한 공산주의자를 경계하자		1975
한국종교문제연구회	한국기독교와 공산주의	한국종교문제연구회	1976
시사문제연구소	기독교와 공산주의	시사문제연구소	1976
김재국	한국기독교이해: 치안과 종교문제		1976
홍지영	산업선교는 무엇을 노리나	금란출판사	1977
홍지영	정치신학의 논리와 행태: 기독교에 침투하는 공산주의 전술비판	금란출판사	1977
N.A Berdyaev	그리스도교와 계급투쟁(정용섭 역)	대한기독교서회	1977
정규오	공산주의이론비판	은성출판사	1977
방용현	멸공의 방법론	신동아사	1977
홍지영	이것이 산업선교다	기독교사조사	1978
홍지영	산업선교 왜 문제시 되는가	기독교사조사	1978
이원설	이데오로기의 초극: 기독교사관의 응전	성광문화사	1978
박용규	살아있는 순교자: 반공투사 김윤찬 목사	성은출판사	1979
정진경	기독교란 무엇인가	성광문화사	1979
김영국	북한 종교말살의 진상	백합출판사	1979
박병훈	공산주의 서방교회 침투와 한국교회 내의 활동상	한국기독교멸공협의회	1979
홍지영	정치신학의 논리와 행태: 기독교에 침투하는 공산주의 전술비판	기독교사조사	1979
원용국	기독교와 공산주의	성광문화사	1980
홍지영	탈공산주의교실	기독교사조사	1981
Richard Wurmbrand	사탄 숭배자 칼막스(이수만 역)	성광문화사	1981
홍지영	도시산업선교의 정체	한국산업사회문제연구소	1982
경향신문사 출판국	해방신학과 도시산업선교	경향신문사	1982
김정기	기독교와 마르크스주의	성광문화사	1982

통일사상 연구원	해방신학과 공산주의	평범서당	1983
Klaus Bockmuehl	마르크스주의의 도전과 크리스챤의 응전(이종윤 편역)	정음출판사	1983
신동혁	(인류의 소망은)예수냐 마르크스냐	기독교문사	1983
박영호	교회와 공산주의(현대신학비판시리즈8)	기독교문서선교회	1984
박영호	그리스도인과 공산주의	기독교문서선교회	1986
Berghoef, Lester	해방신학과 혁명(전호진 역)	을유문화사	1986
김호규	공산당의 출현과 멸망: 기독교안에 침투한 공산주의 활동	대한호국무훈회	1987
박병훈	안보우위구국론	한국기독교 멸공협의회	1987
James Bentley	기독교와 마르크시즘(김쾌상 역)	일월서각	1987
Jose Porfirio Miranda	마르크스와 성서(김쾌상 역)	일월서각	1987
A. F. MacGovern	마르크시즘과 기독교(강문구 역)	한울	1988
공준표	기독교와 공산주의	지혜원	1988
이제희	해방신학: 이데올로기의 도전과 문제점	통일사상연구원	1988
라성찬	기독교와 공산주의는 일치할 수 없다	멸공국민운동총본부	1989

88평화통일선언을 둘러싼 갈등

반공주의는 일종의 '증오의 정치'라 할 수 있다. 반공주의는 적대적 타자를 철저히 증오하는 걸 자양분으로 삼았기 때문이다. 한국기독교는 반공과 복음을 동일시하면서 증오의 말들을 쏟아내기에 바빴다. 이 과정에서 한국기독교는 분단체제의 형성과 고착화에 일정 부분 기여하였다.

심지어 반공주의의 내면화는 1970년대 진보적 기독교세력에게도 나타나는 현상이었다. 다만, 반공의 목적이 달랐다. 진보적 기독교세력은 민주주의의 수호와 회복을 반공의 목적으로 삼았다. 이런 점에서 1970년대는 '반공 vs 반공'의 시대였다고도 할 수 있다.

그런데 1980년대에 이르러 진보적 기독교세력의 일각에서는 반공주의의 틀을 깨뜨리려는 시도가 발생하였다. 독재정권의 안보 논리를 극복하지 않으면 더 이상의 민주화 운동이 어렵겠다는 내적 진단이 나왔기 때문이다. 이는 안보 논리의 구조적 요인인 분단 체제를 넘어서야 한다는 성찰로 이어졌다. 그리하여 1980년대 초반부터는 북한과의 대화를 전제로 한 통일운동이 펼쳐지기 시작하였다.

이러한 시도는 국내보다 해외에서 활발히 일어났다. 해외교포들이 조직한 '조국통일해외기독자회'는 북한에 통일에 관한 대화를 제안하였는데, 이는 1981년 11월 오스트리아 빈에서 개최된 '조국통일을 위한 북과 해외동포 기독자 간의 대화'로 이어졌다. 이후 민간차원의 남북교류가 적극적으로 진행되기 시작하였다. 대표적인 사례로 1984년 일본 도잔소 회의와 1986년 글리온 회의를 들 수 있다. 이를 통해 한국기독교의 일부는 평화의 문제를 복음의 핵심적인 이슈로 여기게 되었다.

중요한 사실은 1980년대에 진행되어 온 통일 논의가 1988년 2월 29일에 발표된 '민족의 통일과 평화에 대한 기독교회의 선언'(이하 88평화통일선언)으로 집약되었다는 것이다. 무엇보다 88평화통일선언은 분단을 극복하는 일이 한국교회에 주어진 선교적 사명임을 고백하였다. 88통일선언은 통일을 위한 기본원칙으로 7·4공동성명의 3원칙(자주, 평화, 민족적 대단결)과 함께 인도주의와 민주주의적 방법을 제시하였다. 해방 50주년이 되는 1995년을 '희년'으로 선포한 88평화통일선언은 한반도의 역사 속에서 평화 공동체를 이루어야 한다고 강조하였다.

88평화통일선언은 철저한 회개를 바탕으로 작성된 신앙고백문이었다. 왜냐하면, 88평화통일선언은 지금까지도 흔치 않은 죄책고백을 담고 있기 때문이다. 88평화통일선언의 핵심은 '분단과 증오에 대한 죄책고백'이었다. "분단체제 안에서 상대방에 대하여 깊고 오랜 증오와 적개심을 품어 왔던 일이 우리의 죄임을 하나님과 민족 앞에서 고백"한 일은 역사적인 순간이었다. 이는 '네 이웃을 네 몸과 같이 사랑하라'는 하나님의 계명을 어긴 죄와 동시에 분단체제를 정당화한 죄를 고백한 것이었다. 88평화통일선언은 남한의 기독교인들이 반공 이데올로기를 종교적 신념으로 우상화한 결과 북한 동포들을 저주한 일에 대한 깊은 후회와 반성의 입장을 표명하였다. 이로써 진보적 기독교세력은 반공주의와의 결별을 공개적으로 선언하게 되었다.[31]

88평화통일선언은 혹자가 '철저한 교회의 회개운동'이라 부를 정도로 분단 이후 상대방을 끊임없이 미워하고 적대시한 죄를 참회하였다. 그러나 3월 7일 북한의 조선기독교도연맹이 호의적인 입장을 밝히자 한국기독교의 보수교단은 88평화통일선언을 전면적으로 반대하기 시작하였다. 가장 큰 이유는 88평화통일선언이 주한미군과 핵무기의 철수를 주장한 데에 있었다. 일례로, 북한선교회는 88평화통일선언이 "주한미군 철수와 핵무기 철거 등을 외치는 북한의 상투적 선전을 그대로 인용 동조"하고 있다고 비판하였다. 이는 88평화통일선언을 비판하는 다른 단체들도 마찬가지였다. 하지만, 88평화통일선언은 주한미군 등의 철수를 아주 까다로운 조건을 달면서 제시하였다. 즉 88평화통일선언은 한반도에 평화가 보장되고 이것이 강대국에 의해서 확인이 될 경우에만 철수가 가능함을 명시하였다. 여기에서 보수교단과 보수단체의 왜곡이 있었다. 이

---

31. 강인철, 『한국의 개신교와 반공주의』, 중심, 2006, 89쪽.

들은 88평화통일선언의 내용을 주한미군 등의 철수가 아무런 조건 없이 지금 당장 이루어져야 한다는 식으로 선전했기 때문이다.

아쉬운 건 88평화통일선언의 핵심은 분명 '죄책고백'이었는데 대다수가 주목하지 않았다는 점이다. 88평화통일선언을 둘러싼 논쟁은 주한미군의 철수 문제를 중심으로 전개되었다. 88평화통일선언을 "주한미군 철수, UN군 해체 등 한반도 평화유지 및 안보장치의 제거를 겨냥한 내용으로 요약"된다는 보수단체의 성명서는 이를 잘 보여준다. 이러한 반응은 한국기독교가 안보의 논리에만 민감하다는 사실을 말해준다.

분단 이후 한국기독교는 반공주의를 우상화하는 우를 범했다. 특히, 한국기독교는 공포의 심성을 기반으로 삼아 반공주의를 내면화하고 강화하였다. 공포가 인지된 위협에 대한 공통의 반응을 유발하여 단합을 이룬다는 점에서 한국기독교는 신자들의 신앙생활을 통제하고 위계질서를 구축할 수 있었다. 또한, 한국기독교는 공포의 심성을 냉전의 논리와 결합하여 하나의 이데올로기로 구현하였다. 그 결과 한국기독교는 평화의 신학을 추구하기보다 폭력의 신학을 외치는 데 익숙해졌다.

지난 현대사에서 한국기독교는 적대적 타자를 증오하는 것을 신앙의 중요한 가치로 여겼다. 거기다 현재 한국기독교는 반공주의의 망령 위에 이슬람포비아와 호모포비아를 얹어 혐오의 종교로 굳어져 가고 있다. 한국기독교는 무언가를 반대하고 미워하는 태도가 자신들의 정체성을 규명해 준다고 여기는 듯하다.

1980년대에 진행된 통일논의는 화해의 그리스도를 따르기 위한 한국기독교의 역사적 회심이었다. 이제 한국의 기독교인들은 한반도에 증오가 아닌 평화의 씨앗을 뿌려야 할 필요가 있다. 지금까지 분단체제를 승인해온 자신들의 과오를 돌이켜보고, 평화와 통일을 바라보는 마음을 가져야 한다. 참 평화의 그리스도를 따른다는 건 순전히 개인의 내적 평안에 그치지 않기 때문이다.

9. 불의로 얻은 재물

성서는 부동산을 부당 취득한 권력자의 범죄를 낱낱이 폭로하고 있다. 대표적인 사례로 나봇의 포도원 이야기를 들 수 있다. 내용의 전말은 이렇다. 왕궁 확장 계획의 일환으로 사마리아의 왕 아합은 나봇의 포도원을 탐낸다. 그는 나봇에게 솔깃한 조건을 제시하면서 포도원을 요구한다. 하지만 나봇은 포도원이 조상 대대로 이어져 온 유산이라는 이유로 거부한다. 이를 지켜본 이세벨 여왕은 아합 왕이 포도원을 차지할 수 있도록 루머를 퍼뜨린다. 나봇이 하나님과 왕을 저주했다는 것이다. 그러고는 용역 깡패를 동원해 나봇을 돌에 맞아 죽게 한다. 아합 왕은 부당한 방법으로 나봇의 포도원을 차지하지만 예언자 엘리야에게 고통스러운 최후를 맞게 된다는 예언을 듣고 만다. 구약성서 열왕기서상 21장에 있는 이야기다.

비극적인 사실은 한국기독교도 나봇의 포도원을 강탈한 아합 왕과 크게 다르지 않았다는 점이다. 여기에서 부동산은 정치와 종교가 밀월관계를 맺는 데 아주 기본적이면서도 중요한 매개체로 작용하였다. 한국기독교는 국가권력의 비호 아래 부당한 방식으로 부동산을 취득해 교회 성장의 물적 토대를 마련했기 때문이다. 이러한 과정을 거쳐 한국기독교는 부동산에 대한 왜곡된 집착과 탐욕을 갖게 되었다.

특혜 위에서 이루어진 교회재건

한국기독교의 왜곡된 부동산 집착증은 해방 직후의 적산처리에서 비롯된 측면이 있다. '적산(敵産)'은 해방 후 일본인들이 본국으로 떠나면서 남긴 재산을 가리킨다. 본격적인 적산불하는 대한민국이 수립되면서 이뤄졌으나 일본계 종교재산의 분배는 해방 직후부터 시작되었다. 여기에서 한국기독교는 두 가지 점에서 적산의 분배에 큰 혜택을 받게 된다. 첫째, 미군정의 적산분배정책은 한국기독교에게 유리하게 작용하였다. 미군정은 적산의 원소유 단체와 상응하는 종교단체에 적산을 분배하는 것을 원칙으로 삼았다. 즉 "일본불교의 재산은 조선불교에, 일본기독교의 재산은 조선기독교로" 넘겨질 예정이었다. 따라서 기독교와 불교를 제외한 다른 종교들은 적산의 분배에 참여하기 어려울 수밖에 없었다.

둘째, 한국기독교는 다른 종교에 비해 적산에 대한 접근성이 높았다. 미군정 당시 적산 분배의 책임자들은 대부분 기독교인들이었기 때문이다. 미장로교 선교사인 언더우드(Horace H. Underwood)는 미군정청 재산관리과로부터 장로교선교회 재산관리관으로 위촉받았으며, 한국인 최초로 신학박사를 받은 남궁혁 목사는 적산관리처장을 역임하였다. 영락교회의 김병훈(훗날 원로장로를 지냄)도 미군정청 적산관리과에 근무하고 있었다.[1] 따라서 적산의 분배와 처리에 기독교인들이 큰 영향력을 발휘할 수 있었던 만큼, 한국기독교는 적산 분배를 둘러싼 경쟁에서 유리한 입지를 선점할 수 있었다. 당시에는 "영어깨나하고 기독교를 믿는다면 집 한 채쯤은 문제없이 얻을 수 있다"는 풍문이 나돌 정도였다.[2]

이러한 조건 속에서 한국기독교의 적산 획득 과정은 다른 종교에 대해 약탈적으로 진행되었다. 무엇보다 한국기독교는 '천리교(天理敎)'라고 하는 일본종교 계열의 종교단체 재산을 미군정의 비호 하에 빼앗은 적이 있다. 천리교는 19세기 초반 일본에서 발생한 신흥종교로 1893년 부산을 기점으로 한국에 전래되었다. 포교 시기가 꽤나 오래되었던 것만큼 한국인 신자들이 존재하고 있었는데, 일본계통의 종교라는 이유로 천리교를 믿는 한국인은 친일파라는 비판을 감수해야 했다. 따라서 해방 이후 이들은 천리교 재산을 지키기 위해 명칭을 '조선천리교'를 뜻하는 '조천교'로 바꾸고, 천리교의 종교 시설을 학교나 병원 등의 용도로 변경하였다. 서울 동자동에 위치한 천리교 본부에 서울원예학교라는 간판을 내걸었던 것도 이러한 이유에서다.

하지만, 천리교의 재산은 오래 지켜지지 못했다. 이는 조선신학교의 이전 문제와 긴밀하다. 조선신학교는 해방 이전까지 정동일본교회(현 덕수교회)를 교사(校舍)로 이용했으나 해방 후 이승만의 측근인 배은희 목사가 정동일본교회를 접수하면서 이전을 해야 하는 상황이었다. 이 문제를 해결하기 위해 당시 조선신학교의 이사장인 김종대 목사는 천리교의 재산을 접수하여 신학교 교사(校舍)로 사용하기로 했다. 조선신학교의

---

1. 김병훈, 「한경직 목사와 나」(9), 『만남』, 2000년 11월호, 14쪽.
2. 「비화한 세대」(224), 『경향신문』, 1977년 9월 29일자.

교수들은 송창근 목사의 사택에 모여서 귀속재산 접수청원서를 작성하였다. 청원서는 김재준 목사가 작성하였고, 최윤관 목사가 영어로 번역하였다. 이 청원서는 당시 미군정 보건위생부장이었던 이용설을 통해 제출되어 '귀속재산접수 제1호'로 승낙을 받게 되었다. 김재준 목사의 회고에 의하면, 조선신학교는 서울시장 윌슨(James E. Wilson) 중령의 비호 아래 천리교의 재산을 접수하였다고 한다.[3] 천리교 관계자는 문교부에 등록된 서류와 학교 인가장을 보여주면서 "이 재단은 종교법규대로 한인으로서의 천리교회에 이관됐고, 이 재단으로 원예학교설립 인가까지 받았는데 이제 와서 웬일이냐"고 항의했지만 돌아오는 것은 '민족반역자'라는 비판뿐이었다.[4] 조선신학교의 전성천 목사는 신학생들을 동원하여 천리교 건물에 살고 있던 천리교 신자들을 내쫓아 버리고 건물을 점유하였다. 이들의 천리교 재산 접수는 굉장히 폭력적이고 강제적인 방식으로 진행되었다는 것을 알 수 있다.

그런데 막상 접수를 하고보니 천리교의 재산은 생각보다 많았다. 조선신학교 측은 서울 동자동에 위치한 천리교 본부만을 생각했으나 저동, 장충동, 신당동, 북창동, 삼각지에도 천리교의 재산이 광범위하게 있었다. 조선신학교의 교수인 한경직, 송창근, 김재준은 천리교의 건물을 나눠 먹기 시작했다. 이를 통해 한경직 목사는 저동의 천리교 건물을 접수하여 베다니교회(현 영락교회), 송창근 목사는 동자동의 천리교 건물을 접수하여 바울교회(현 성남교회), 김재준 목사는 장충동의 천리교 건물을 접수하여 야고보교회(현 경동교회)를 세울 수 있었다. 천리교 재산을

---

3. 김재준, 「한국신학대학 25년 회고」, 『신학연구』9집, 1965, 16~17쪽.

4. 같은 책, 18쪽.

불하받아 세워진 이 세 교회는 1945년 12월 2일 창립예배를 동시에 가진 뒤 지금까지 명맥을 유지해오고 있다.

적산의 불하로 물적 토대를 마련한 경우는 이뿐만이 아니다. 1947년 장로교회는 "기독교 사업을 위하여 적산 중에서 불하할 것"을 결의할 정도로 적산의 획득을 중요하게 여겼다. 한경직 목사는 이승만이 대통령이 될 경우 "교회가 사용 중인 적산은 그 교회에 무상으로 주게 된다는 정보"의 진위를 파악하여 재산상의 불이익을 받지 않으려고 했다. 적산 획득은 교회 재건의 중요한 물적 토대를 이루었기 때문에 한국기독교가 종파를 가리지 않고 큰 관심을 보였다. 문제는 이러한 과정을 통해 한국기독교가 국가에 대한 의존도가 높아졌다는 점이다. 결국, 독재정권이 들어설 때 한국기독교는 불의한 권력의 적극적인 협력자가 될 수밖에 없었다.

광화문 거리에 회관을 짓다

1인 독재의 정점에 서있던 이승만은 감리교회의 장로였으며, 그의 오른팔인 이기붕도 감리교회의 권사였다. 기실 1960년 3·15선거는 '장로' 대통령과 '권사' 부통령을 세우기 위해 최인규 '집사'(내무장관)와 전성천 '목사'(공보실장)가 주도한 부정선거라고 해도 과언이 아니다. 여기에 한국기독교의 적극적인 협력과 지지가 있었다. 앞에서 살펴본 것처럼, 한국기독교는 선거 시기마다 이승만 지지운동을 펼쳤으며, 선거가 끝나고 부정선거에 대한 의혹이 제기될 때 이승만의 당선 축하 예배를 거행해 당선에 대한 정당성을 선전하였다.

한국기독교는 이승만 정권의 협력자로 봉사하는 대신에 다른 종교가 받지 못한 수많은 특혜들을 누릴 수 있었다. 1950년대 중반 이후 야당과 동일시되어 온갖 탄압을 겪은 천주교나 처음부터 국가의 강력한 통제를 받았던 불교, 유도회와 달랐다.[5] 한국기독교는 군종제도와 형목제도의 마련, 국가의례의 기독교화 등을 통해 교회 성장의 제도적 토대를 마련하였다. 1950년대 후반쯤 되어서야 한국기독교는 이승만 정권으로부터 물질적 도움을 받게 되었다.

1950년대 후반 감리교회는 광화문 거리에 본부 건물을 세우기 시작했다. 이는 부지 확보의 과정에서 이승만 정권의 특혜를 받은 대표적인 경우 중 하나이다. 원래 이 땅은 일본인의 소유였는데 해방 후 적산이 되어 국방부가 주차장으로 사용하고 있었다. 1950년대 중반 감리교회가 학교 부지의 확보에 어려움을 겪고 있을 때, 국방부가 주차장으로 사용하고 있던 광화문 거리의 부지가 나왔다. 감리교회는 이 부지를 손에 넣고 싶었지만 당시 국방부는 민간에게 불하하는 것을 반대하고 있었다. 이에 감리교는 당시 국회의장인 이기붕을 찾아가 이 부지를 사용할 수 있게 도와줄 것을 호소하였다. 당시 이 일에 참여했던 문창모 장로의 증언을 들어보도록 하자.

> 신청 단체는 모두 27개였는데 우리가 27번째로 접수했다. 경쟁이 아주 치열했던 만큼 가능성은 희박했다. 그리고 국방부에서는 민간인에게 불하하는 것은 반대하는 입장이었다. 이사회는 이기붕 의장을 찾아가 교육사업을 위해 꼭 불하받아야 한다고 설명했다. 이 의

---

5. 이승만 정권은 1950년대 중반 유도회의 분규에 적극 개입함으로써 유도회를 자유당의 기간단체로 포섭하여 정치적으로 활용하고자 했다. (조한성, 「1950년대 중후반기 유도회사건 연구」, 성균관대 석사학위논문, 2002)

장은 곧 적산관리청을 찾아가 설득하고 민간에게 불하하는 것을 반대하는 국방부를 설득하여 우리 국제대학이 그 땅을 불하받을 수 있었다.[6]

이기붕은 적산관리청과 국방부를 설득해 감리교회가 불하를 받을 수 있도록 조치를 취했다. 이는 1958년 9월 기공식에서 유형기 목사가 "그 터를 얻는데 힘써주신 이들이 많습니다만 특별히 우리의 존경하는 이기붕 의장의 수고가 컸다"고 한 것에서도 확인할 수 있다. 이리하여 감리교는 지하 1층, 지상 4층짜리 건물을 서울 한복판에 마련하게 되었다.

YMCA의 회관재건과 이승만 정권

또 다른 사례를 보자. 한국YMCA의 회관 재건도 이승만 정권의 적극적인 도움과 후원으로 이루어진 경우이다. 한국전쟁 직후 한국YMCA는 전화(戰火)로 사라진 회관을 재건하는 사업을 펼쳤다. 이 과정에서 한국YMCA는 이승만 정권의 적극적인 도움을 받게 된다. 한 예로, 1954년 4월 문교부는 국무회의에서 〈YMCA회관 재건 후원에 관한 건〉을 올려 정부가 회관 재건에 필요한 비용의 일부를 보조할 수 있도록 했다.[7] 이뿐만이 아니다. 1956년 한국YMCA는 재건위원회를 소집하여 정부와 교섭할 위원을 선정한 적이 있는데, 이승만 정권의 재무부 장관을 지낸 이중재와 자유당 간부를 역임하고 있었던 배민수 목사 등을 교섭위원으로 선

---

6. 문창모, 『천리마 꼬리에 붙은 쉬파리』, 삶과 꿈, 1996, 248-249쪽.
7. 「YMCA회관 재건후원에 관한 건」(국가기록원 관리번호: BA0085174).

출하였다. 정부의 지원을 받기 위해 한국YMCA가 인적 네트워크를 최대한 동원한 것을 알 수 있다.

한국YMCA의 회관 재건은 55주년 기념일을 기하는 1958년도에 이르러 더욱 활발히 진행되었다. 1958년 10월 25일 회관재건위원회의 명예회장으로 취임한 이승만은 "나는 청년회 재건을 위해서는 거지의 앞장을 서겠다"라는 요지의 격려사를 했으며, 이기붕은 "중앙YMCA는 꼭 재건되어야 한다"라는 입장을 밝혔다.[8] 1958년 11월 18일 국회는 만장일치로 세비에서 5%를 떼어 YMCA의 회관 재건에 원조할 것을 결의하였다. 문교부는 1960년도 예산 중 1억 환을 YMCA회관재건의 기금으로 책정하였다.[9] 심지어 문교부는 전국 각 극장의 입장료를 모아 5천만 환을 모금할 것을 결정하였다.[10] 이는 내무부와 재무부의 동의를 얻은 것이었다.

이처럼 한국YMCA는 이승만 정권과 긴밀한 관계를 갖자 1960년 4월 혁명 시기에 학생들의 질타를 받기도 했다. 당시 전국YMCA정화 대학생 추진위원회는 "불의와 부정의 독재정치의 앞잡이가 되어 YMCA를 이용한 이사는 자진 사퇴하라"고 외치며 이승만 정권과 긴밀하게 손을 잡았던 한국YMCA의 지도부를 비판하였다.[11] 이렇게 감리교회와 한국YMCA의 회관은 한국기독교가 이승만 정권과 결탁하여 물질적인 혜택을 어떻게 누렸는지를 보여주는 상징적인 사례이다.

---

8. 「서울중앙Y 재건모금개시」, 『기독공보』, 1958년 10월 27일자.

9. 「YMCA회관재건에 박차」, 『동아일보』, 1959년 8월 7일자.

10. 「YMCA청사 재건기금모집 입장료에 첨가」, 『동아일보』, 1959년 1월 25일자.

11. 대한YMCA연맹 엮, 『한국YMCA운동사: 1895-1985』, 노출판, 1986, 229.

삼선개헌과 총신대[12]

이뿐만이 아니다. 한국기독교는 1969년 삼선개헌을 계기로 박정희 정권과 긴밀한 관계를 가지기 시작했다. 4월혁명이 가져다 준 여파가 점차 소진되는 가운데 한국기독교는 박정희 정권의 삼선개헌을 지지하면서 불의한 권력의 정당성을 옹호하는 경향으로 기울어져 갔다. 그런데 당시 헌법은 한 사람이 대통령을 1차에 한하여 중임할 수 있도록 규정하고 있었다. 세 번 이상 대통령을 연임하는 것이 금지되어 있었던 상황이었다. 이러한 대통령 3선 금지 조항은 이미 두 번의 대선(63, 67)에서 대통령으로 당선된 바 있는 박정희에게 정권 연장의 큰 장애물이었다. 따라서 박정희 정권은 3선 금지 조항을 없애기 위해 헌법의 내용을 바꾸고자 했다. 이것이 바로 1960년대의 가장 큰 정치스캔들인 삼선개헌이었다.

이때 예수교장로회 합동교단에서는 백남조 총신대 이사장을 중심으로 삼선개헌에 대한 지지성명을 제54회 총회의 이름으로 내자는 운동이 일어났다.[13] 당시 합동교단은 1959년 분열 이후 극심한 재정적 압박에 시달리고 있었다. 이를 해결하고자 합동교단은 백남조 장로(백흥섬유)와 김인득 장로(벽산그룹)와 같은 기독교인 자본가들을 총신대의 이사회로 끌어 들였다. 합동교단은 이 두 인물을 매개로 박정희 정권과 긴밀하게 관계를 갖기 시작했다.

---

12. 총신대는 1969년 교육부로부터 정식으로 대학 인가를 받고 교명을 총회신학교에서 총신대학교로 바꾸었다. 이하 총신대로 통일함.

13. 정규오, 『신학적 입장에서 본 한국장로교 교회사』하, 한국복음문서협회, 1983, 13쪽.

이와 함께 합동교단은 총신대 문제로 친정권적인 경향을 강화시킨 측면이 있다. 합동교단은 8년 동안(1959~1967) 총신대를 무인가 상태로 운영하고 있었기 때문에 정부의 법적 인정과 보호를 받지 못했다. 이를 해결하기 위한 각고의 노력 끝에 총신대는 1967년 4월 재단 및 설립인가를 받게 되었다. 이를 두고 박형룡 목사는 "우리 신학교에 재단 및 설립인가를 허락하신 정부당국에 대하여 심심한 감사를 드리며 신앙보국(信仰報國)의 실천에 용진해야 할 것을 깊이 인식"해야 한다는 입장을 밝혔다.[14] 그러다보니 1969년 제54회 총회에서 합동교단이 삼선개헌을 지지하려고 할 때 전남노회가 반대하자 박형룡 목사는 "신학교를 위하여서도 (반대의 입장을)철회하고 지지하는 것이 좋겠다"는 입장을 피력하며 말렸다고 한다.[15] 더구나 이때는 합동교단이 총신대 인준 문제로 정부와 교섭 중인 상태였다.[16] 이러한 정황은 합동교단의 기관지인 기독신보에 실린 다음과 같은 증언을 통해서도 확인할 수 있다.

이런 의미에서 본 교단 자체 내의 근래에 일들을 열거하여 자성해보고자한다. 오늘의 보수교회는 너무나도 현실과 잘 타협한다. 필자는 결코 잠꼬대를 하고 있는 것은 아니다. 개헌서명문제가 그것이요 가짜박사문제가 그것이요 지방별 위주로 하나 되지 못하는 것 등이 그것이다. (중략) <u>본 교단 저명인사들이 개헌한에 서명나열을 하고 얻은 것이 총신대학부 인가라고 말하고 있다.</u> 물론 소중하다. 그러나

---

14. 박형룡, 「재단 및 설립인가를 받고서」, 『기독신보』, 1967년 4월 29일자.
15. 정규오, 『신학적 입장에서 본 한국장로교 교회사』, 13쪽.
16. 「총신기금 계속키로」, 『기독신보』, 1969년 10월 11일자.

그에 앞서 그 사건 자체를 예의 비판했던가. 아니면 내가 얻을 것만 크게 보고 그 결과적 영향을 덜 생각하지나 안 했는가. 민주국가에서 전부 여당이 되라는 법은 없을 것이다. 다시 말해서 많은 교인들이 자유의사를 표시할 수 있는 것이 아닌가. 그럼에도 불구하고 교단의 어른들이 먼저 찬성서명을 선포해놓았으니 이것이 독재적 선포였던가. 아니면 자체의 분열의 선포였던가. 다시 한 번 맹성(猛省)을 바란다.[17]

글의 저자는 합동교단의 지도자들이 삼선개헌을 총회 차원에서 지지한 일을 신랄하게 비판하고 있다. 여기에서 우리는 조직의 유지와 성장에 대한 추구가 지나칠 경우 권력의 불의한 요구를 무시할 수 없게 된다는 것을 새삼스레 확인할 수 있다. 합동교단은 1959년 분열 이후 열악한 재정 상태를 만회하고자 친정권적인 노선을 밟아 나갔다. 이들은 반공주의를 매개로 독재정권을 적극적으로 옹호하였다. 이러한 과정에서 합동교단 출신의 김준곤 목사는 박정희 정권으로부터 정동 일대의 부지를 얻게 되었다.

K 목사의 눈엔 하나님 너머로 빌딩만 아른거리다

2013년 10월 25일 서울 강남구 나들목교회에서는 제1회 박정희 대통령 추모예배가 거행되었다. 이 자리에서 김영진 목사는 "한국은 독재를

---

17. 유웅기, 「보수주의교회의 반성(6): 정치적 반성」, 『기독신보』, 1970년 7월 4일자.

해야 돼. 정말이야 독재해야 돼. 하나님이 독재하셨어. 하나님이 무조건 하나님께 순종하라고 하셨어요"라고 말해 논란을 일으켰다. 당시 나는 예전에 교회의 한 구성원으로부터 이런 논리로 독재정권을 합리화하는 설명을 들은 적이 있어 크게 놀라지는 않았지만 한편으로 참담했다. 역사를 공부하는 사람으로서 유신시대에 나올 법한 이야기를 접했으니 역사의 진보에 대해 의문을 갖지 않을 수 없었다.

흥미로운 점은 주최 측이 크게 6가지 이유를 들어 박정희 추모예배의 정당성을 설명한 부분이다. 주최 측은 박정희가 ① 국가조찬기도회를 창립하고 참석함으로써 한국기독교가 세계적으로 인정받는 데 공헌하였고, ② 1976년 신앙전력화라는 친필 휘호를 군부대마다 전달하여 군복음화에 기여했으며, ③ 한국대학생선교회가 설립될 때 정동회관의 자리를 제공하여 한국대학생선교회의 발전에 공헌하였고, ④ 새마을운동을 통해 성령운동을 구현하였으며, ⑤ 1967년 구미상모교회 건축비 380만원 중 300만원을 헌금하여 지역교회의 발전에 기여했고, ⑥ 어릴 때 구미상모교회의 주일학교에 출석하여 대구사범학교에 입학하기 전까지 신실하게 신앙생활을 했다는 이유로 그를 추모하는 예배를 마련했다고 밝혔다. 한마디로 그가 한국기독교의 발전에 공헌했다는 주장이다.

위의 여섯 가지 사항 가운데 절반은 특정 한 사람과 긴밀한 관계가 있다. 그는 바로 한국기독교의 대표적인 선교단체 중 하나인 한국대학생선교회(CCC)를 이끌었던 김준곤 목사(1925~2009)이다. 그는 위의 여섯 가지 사항 중 ①~③번과 긴밀한 관계가 있다. 이러한 사실은 김준곤 목사가 박정희 대통령과 매우 밀접한 관계였다는 걸 방증한다.

그런데 사실 오래전부터 박정희 대통령과 김준곤 목사 사이에 밀월이 있었다는 소문은 존재했다. 소문의 실체는 어디까지일까. 이러한 사실에 대해 군사독재하의 남한을 취재했던 짐 스탠츨(Jim Stentzel)은 흥미로운 주장을 펼치고 있다. 그에 의하면, 김준곤 목사는 박정희 정권의 가장 든든한 지지자로 활동한 보답으로 러시아 공사관의 부지를 받았다고 한다. 1960년대 중반 김준곤 목사는 반공기독교인으로서의 명성이 높아지자 박정희 대통령의 관심을 받게 되었고, 이를 계기로 둘 사이에 부당거래가 이루어졌기 때문이다.[18]

짐 스탠츨은 미국의 진보적인 성향의 기독교잡지인 《소저너스》(Sojourners)에 박정희와 김준곤의 밀월을 아주 상세하게 기록하였다. 그에 의하면, 1967년 6·8총선 때 대대적인 부정선거 규탄운동을 경험했던 박정희 대통령은 저항의 움직임을 억제하기 위해 김준곤 목사와 같은 반공주의자를 적극적으로 활용했다. 그에 의하면, 두 사람의 만남에서 네 가지 계획이 수립되었다고 한다. ① 전군신자화운동을 정부가 전적으로 지원하고, ② 닉슨 대통령을 위한 조찬기도회를 본뜬 대통령조찬기도회를 열고, ③ 새로운 헌법이 제정되면 조속한 시일 내에 빌리 그레이엄(Billy Graham) 선교단이 한국에 올 수 있도록 추진하고, ④ 뒤이어 한국대학생선교회가 친정부적인 전도대회를 서울에서 선보인다. 짐 스탠츨은 이 모든 계획들이 반체제적인 기독교 인사들을 고립시키고 박정희 정권이 종교의 자유를 보장하고 있음을 보여주려는 목적이 있다고 설명한다. 여기에 대한 대가로 박정희 대통령은 구 러시아 공사관의 부지 일부를 김준곤 목사에게 제공하였음은 물론이다.[19]

---

18. Jim Stentzel, "The Anti-Communist Captivity of the Church," *Sojourners*, April 1977, p.15.

19. *Ibid.*, p.16.

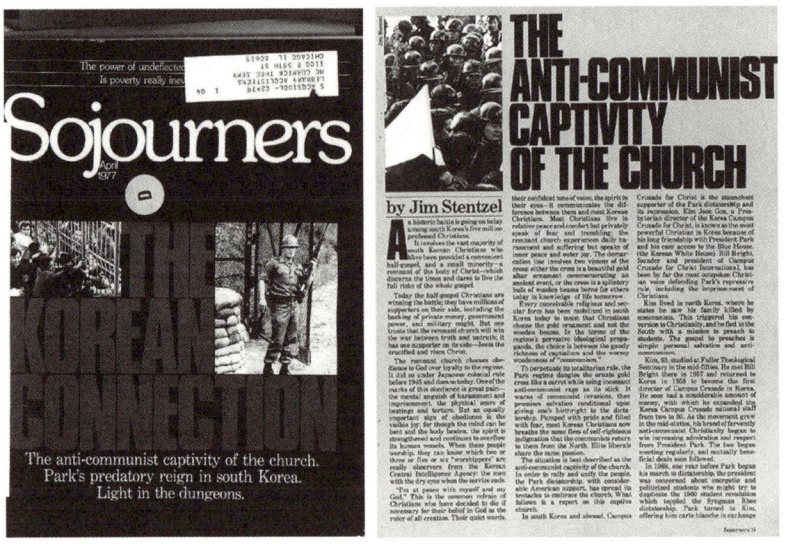

박정희 대통령과 김준곤 목사의 밀월관계를 폭로한 짐 스탠츨 (출처: 《소저너스》 (*Sojourners*) 1977년 4월호).

"조찬기도회 설교를 통해 예비해 놓으신 땅"

박정희 대통령과 김준곤 목사의 밀월은 1968년쯤에 시작된 것으로 보인다. 정교유착의 매개체인 국가조찬기도회가 '대통령조찬기도회'라는 명칭으로 공식 발족한 시기였기 때문이다(1966년에 한차례 대통령조찬기도회가 시행된 적이 있지만 일시적이었다). 즉 1968년 5월 1일에 열린 제1회 대통령조찬기도회를 통해 박정희와 김준곤의 밀월이 성사되었다고 볼 수 있다.

김준곤 목사는 대통령조찬기도회의 모든 절차와 실무를 도맡았을 뿐만 아니라 수차례 설교 및 주요 순서를 담당했다. 특히 그는 대통령조찬기도회의 초반에 3번이나 설교를 맡았다. 물론 그의 설교는 박정희 정권의 정당성을 선전하고 옹호하는 데 비중을 두었다. 제2회 대통령조찬기도회(1969)에서 그는 하나님의 도움으로 '5·16군사혁명'이 성공할 수 있었다고 주장했으며, 제3회 대통령조찬기도회(1970)에서는 박정희를 모세로 비유하며 그의 앞날을 축복했다. 제3회 조찬기도회에서의 설교는 삼선개헌의 불법적 통과로 헌법이 권력 연장의 도구로 전락했을 때 권력자의 편에서 불의를 정당화한 측면이 강하다. 이러한 경향은 그가 마지막으로 설교를 한 제6회 대통령조찬기도회(1973)로 이어졌다. 이때 그는 경제 기적과 함께 사랑의 기적을 일으키자고 외치며 "10월 유신은 하나님의 축복을 받아 기어이 성공시켜야" 한다고 주장했다. 그리고는 10월 유신을 공산주의와 허무주의를 극복하는 정신 혁명으로 규정한 뒤 다음과 같은 축복의 메시지를 남겼다.

> 각하의 치하에서 일어나고 있는 전군신자화운동이 종교계에서는 이미 세계적 자랑이 되고 있는데 그것이 만일 전민족신자화 운동으로까지 확대될 수만 있다면 10월 유신은 실로 세계정신사적 새 물결을 만들고 신명기 28장에 약속된 성서적 축복을 받을 것이다.

여기에서 그는 전군신자화운동이 전민족신자화운동으로 발전할 경우 유신정권이 신명기서 28장에 약속된 축복을 받을 것임을 주장하였다. 그에게 유신정권의 성립을 통해 민주주의적 가치가 훼손되고 불법이 자행된 것은 큰 문제가 아니었다. 민족의 복음화를 이루기 위해서라면 기꺼이 독재정권과 손을 맞잡을 용의가 김준곤 목사에게 있었다. 그밖에 김준곤 목사는 "국론을 분열하게 하는 일체의 망국적 행위를 금지한 대통령의 긴급조치 9호는 국가안보와 국민총화를 위한 영단으로 받아들여야 한다"는 입장을 피력하면서 유신정권을 적극적으로 옹호하였다. 1975년 7월에 열린 제3차 세계기독교반공대회에서는 한국기독교가 특별대책위원회를 구성해서 정부와 생산적 대화에 임하고, 반공운동을 전군신자화운동·민족복음화운동·기도운동·성령운동 등과 연결시킬 것을 제안하였다.

한편, 그는 엑스플로74와 80세계복음화대성회 등의 대형집회를 통해 독재정권의 취약한 정당성을 보완해주기도 했다. 엑스플로74는 1974년 8월 CCC가 주최한 대형집회로 여의도의 5·16광장에서 개최되었다. 유신정권은 엑스플로74의 성공을 위해 지원을 아끼지 않았다. 유신정권은 만 명의 성가대가 앉을 수 있는 좌석, 수십만 명을 수용할 수 있는 군사용 텐트 5백 채, 22만 명을 수용할 수 있는 숙소로 여의도 주변의 76개 학교를 제공하였다. 체신부에서는 엑스플로74대회 개최기념 우표도 발행하였다고 한다.

엑스플로74는 반공대회의 양상을 강하게 띠었다. 이는 둘째 날에 육영수가 문세광이 쏜 총에 저격당하면서 극명해졌다. 육영수의 사망 소식이 알려지자 참석자들은 일제히 눈물을 흘리며 추모기도를 했다고 한다. 특히, 셋째 날 집회는 추모와 분노가 뒤섞인 분위기 속에서 진행되었다고 한다. "북괴의 간악한 도발에 맞서 한국을 이끌어온 박정희 대통령에게 용기와 지혜를 불어넣어 달라", "공산당의 악랄한 만행을 이 땅에서 영원히 사라지게 해주시기를" 비는 기도가 난무했기 때문이다. 엑스플로74의 중앙위원회 부위원장을 맡았던 김윤찬 목사는 "이 사건을 통해 온 국민이 단결하고 반공정신을 투철히 하여 우리 대통령을 더 잘 모실 수 있도록 하는 계기가 되게 해달라"는 기도를 했었다.

엑스플로74는 노골적으로 친정권적인 성격을 띠었다. 엑스플로74는 민주화운동에 참여하는 종교인들의 투옥으로 유신정권이 종교의 자유를 침해한다는 국제적인 비난을 타파하는 계기를 마련했기 때문이다. 단적인 예로, CCC의 빌 브라이트는 엑스플로74에서 "한국에는 종교탄압이란 없다. 단지 정치적 억압이 있을 뿐이며, 거기에는 그만한 이유가 있다"라고 말했으며, 이어서 "투옥된 사람들은 관여하지 말아야 할 일에 관여되어 있다. 미국을 포함해서 세계 어느 나라도 한국만큼 예수 그리스도에 대해 말할 수 있는 자유를 누리고 있지 못하다"는 발언을 했었다.[20]

그러면 이제 구 러시아 공사관의 부지가 김준곤 목사에게 넘어간 과정을 살펴보자. 이와 관련하여 상충하는 두 가지 서사가 있다. 하나는 김준곤 목사와 한국대학생선교회 측이 얘기하는 기도응답의 서사이고, 다른 하나는 정교유착의 서사이다. 김준곤 목사는 기도 응답의 대표적인 사례로 구 러시아 공사관 부지에 정동빌딩이 세워진 사례를 거론한다. 정황은 이렇다. 김준곤 목사는 어느 날 한 지인이 자신을 찾아와 서울시를 통해 200평 정도의 땅을 얻어 보라는 권유를 했다고 한다. 이에 구 러시아 공사관의 부지를 얻어 보려는 김준곤 목사는 처음에 기독교신자였던 부시장에게 부탁을 했지만 거절을 당했다. 김준곤 목사는 좌절하지 않고 학생들과 간사들을 불러 구 러시아 공사관 자리를 얻을 수 있게 기도를 하자고 제안하였다. 학생들이 밤을 새우며 기도하자 김준곤 목사는 "아, 이 장소가 하나님이 허락한 장소구나"라고 생각했다고 한다.[21]

한국대학생선교회의 기도는 끊임없이 이어졌다. 김준곤 목사는 전국

---

20. Jim Stentzel, "The Anti-Communist Captivity of the Church," *Sojourners*, April 1977.

21. 김준곤, 『기도의 비상사태』, 순출판사, 1998, 180쪽.

의 회원들에게 "이제부터 제가 대통령 면회 신청을 할 텐데 여러분께서 철야 기도를 해주십시오"라는 부탁을 했다. 김준곤 목사는 대통령조찬기도회를 통해 박정희 대통령과 면식이 있는 상태였기 때문에 가능한 일이었다. 한국대학생선교회는 각 지구별로 대통령의 마음을 움직여달라는 기도를 했다. 대통령 의전비서실에 전화를 건 김준곤 목사는 박정희 대통령과의 면담을 성사시켰다.

박정희 대통령과의 면담에서 김준곤 목사는 크게 두 가지 이유를 들어 구 러시아 공사관의 부지를 달라고 했다. 먼저, 김준곤 목사는 나라의 장래를 책임질 젊은이들이 부패 타락하면 큰일이니 젊은이들을 훈련시킬 학생아카데미를 짓기 위한 땅을 달라고 부탁했다. 그리고 김준곤 목사는 "공산당을 이기기 위해서는 공산주의의 발상지인 러시아인들의 이 땅이 절대적으로 필요합니다"라고 강조해 구 러시아 공사관 부지에 반공적인 상징을 덧붙였다.[22] 김준곤 목사는 공산주의 종주국인 소련의 옛 터에 선교 본부를 세운다는 상징적 의미를 강조했던 것이다.

학생아카데미의 건립

여기에서 주목해야 할 점은 김준곤 목사가 '학생아카데미'의 건립 필요성을 주장하며 구 러시아 공사관 부지의 불하를 요구했다는 사실이다. 학생아카데미의 건립은 한국대학생선교회가 구 러시아 공사관의 부지를 얻는 데 중요한 명분으로 작용했다. 이러한 사실은 국가기록원에 소장된 한국대학생선교회 관련 자료에서도 확인할 수 있다. 한국대학생선교회

---

22. 김안신, 『돈키호테와 산초들』, 순출판사, 2000, 60쪽.

가 1970년 11월 19일자로 문화공보부 장관에게 보낸 공문에는 〈한국학생아카데미 사업계획서〉가 첨부되어 있다. 흥미로운 점은 한국대학생선교회가 당시 세계에 유행하고 있던 68운동을 분명히 의식했다는 사실이다. 68운동은 1968년 프랑스에서부터 시작된 급진적인 저항운동을 가리킨다. 운동의 주체인 대학생들은 자신들을 '신좌파'로 여겼다. 이들은 기존의 정치체제와 도덕 관습에 대해 전면적으로 저항의 목소리를 냈다. 한국대학생선교회는 68운동을 노한세대(Angry Generation)로 규정지으며, "모든 가치관에 대해서 회의를 느끼고 자유를 희구하고 있다" 등 부정적으로 묘사하였다. 또한, 한국대학생선교회는 이들이 모택동과 체 게바라와 같은 공산주의자들을 숭배하고 문란한 생활을 하고 있다고 보았다. 따라서 한국대학생선교회는 "이런 학생 풍조에 대하여 심각한 우려를 느끼며 긴급한 선도책을 제안"하였다. 한국대학생선교회는 68운동의 저항적이고 퇴폐적인 문화가 한국의 청년들에게 큰 영향을 끼칠 것을 우려했던 것이다. 앞에서 김준곤 목사가 나라를 책임질 젊은이들이 부패하면 큰일 날 것이라고 얘기한 사실은 이 68운동을 염두에 둔 것으로 보인다.

한국대학생선교회는 68운동에 대한 대응책으로 "대학의 교육 밖에서 그들의 인격과 깊이 만나는 장소의 여건을 마련"하고, 모든 캠퍼스에 "도덕적, 정신적, 영적 생명력을 번지게 할 만한 핵심적이고 구심적이며 누룩 같은 써클을 훈련 육성"하기 위해 학생아카데미의 건립이 필요하다고 역설하였다. 한국대학생선교회는 68운동과 같은 저항적이고 반체제적인 학생운동의 파급을 막고 오히려 조국근대화에 기여할 청년들을 양성시키겠다는 구상을 가졌다. 이는 학생운동을 체제저항이 아니라 체제내적인 것으로 바꾸려는 박정희와 김준곤 목사의 공모가 있었다는 짐 스탠츨의 주장을 뒷받침해준다.

구 러시아 공사관 부지를 얻다

1890년대 러시아 공사관이 위치한 정동 15번지 주변은 개화기에 서양인이 들어와 거주하고, 배재학당·이화학당과 같은 근대적 교육 시설과 새문안교회·정동제일교회와 같이 초기 한국기독교를 이끌었던 교회 등이 들어선 공간이었다. 1890년대 후반에는 일본의 압박에 위협을 느낀 고종이 아관파천으로 1년 동안 머문 장소이기도 했다. 하지만 러일전쟁에서 승리한 일본이 대한제국의 외교권을 빼앗자 정동 지역의 정치·외교적 기능은 상실했고, 정동지역에 개설된 각국의 공사관들은 철수하거나 영사관으로 대체되었다. 1910년 마침내 대한제국이 일본의 식민지로 전락해버리자 정동은 급속도로 그 의미를 잃으며 쇠퇴하였다.

러시아 공사관 부지의 경우 해방 이후 무허가 건물이 난립한 거주 지역으로 변모하였다. 이승만 정권은 이 부지를 국유화하기로 의결한 적이 있으나 무슨 까닭인지 실행하지는 않았다. 1968년 당시 미등기부동산으로 남아 있던 구 러시아 공사관 부지는 4~5년만 그대로 방치될 경우 민법상 취득시효 완성으로 현 점유자에게 소유권이 넘어갈 상황이었다.

그 당시 서울시장은 '불도저'라는 별명을 갖고 있던 김현옥이었다. 그는 1969년부터 1971년까지 3년 동안 무허가 주택을 모두 헐고 서울에 대규모의 아파트 단지를 건설할 계획을 세웠다. 이러한 계획의 일환으로 서울시는 구 러시아 공사관 부지에 있는 무허가 판자촌을 철거하기 시작했다. 이는 서울시가 구 러시아 공사관 부지에 들어선 무허가 건물을 철거하는 대신 이 부지의 사용을 허락받았기 때문에 가능한 일이었다.[23]

---

23. 「구 아라사 공관지 관리에 관한 건」(1968.6.14)

서울시의 철거 계획에 판자촌의 주민들이 반대했음은 당연하다. 곧바로 극심한 갈등이 빚어졌다. 판자촌 주민들과 공권력 사이에 물리적 폭력 사태가 빚어져 60여 명이 중경상을 입기도 했다. 결과적으로 판자촌 주민들은 공권력에 밀려 삶의 터를 떠나야 했다. 여기에 한국대학생선교회가 새로운 주민으로 들어서게 되었다.

원래 서울시는 구 러시아 공사관 부지에 신문회관, 외국인 아파트, 문화회관, 공원 등의 시설을 세울 계획이었다. 삼선개헌 이후에 열린 제85회 국무회의(69.10.31)에서 6,194평에 이르는 구 러시아 공사관 부지에 한국법조회관, 외국인 전용 아파트, 학생아카데미 하우스의 설치를 결정한 사실은 이를 잘 말해준다.[24] 이 계획은 대통령이 참석한 가운데 열린 제87회 국무회의(69.11.7)에서 재차 확인되었다.

그런데 한국대학생선교회가 뒤늦게 뛰어들자 서울시의 계획은 수정되었다. 한 자료에 의하면, 삼선개헌 이후 보수교단의 지도자들은 박정희 대통령을 면담한 적이 있다고 한다. 한국대학생선교회의 김준곤 목사를 위시하여 예장 합동의 노진현 목사, 박찬목 목사, 이환수 목사, 총신대의 박형룡 목사 등이 참석한 자리였다. 여기에서 박정희 대통령은 교계 지도자들에게 감사의 인사를 하고 국가를 위해 더욱 노력해 줄 것을 요청한 뒤 대통령으로서 도와줄 것이 없는지를 물어보았다. 그러자 보수교단의 지도자들은 백남조 장로의 현금 차관 승인 문제와 CCC의 회관 건립 문제를 거론하였다. 박정희 대통령은 이에 대해 긍정적으로 대답했다고 한다.[25]

---

24. 「구 아라사 공관지 관리에 관한 건」(1969.10.31).

25. 백남조 장로 전기 편찬위원회 엮, 『믿음의 사람 효암 백남조』, 총신대학교 출판부, 2001, 185쪽.

이들이 1969년 9월 4일 〈개헌문제와 양심자유 선언〉을 통해 삼선개헌 반대운동에 앞장선 김재준 목사를 정교분리의 원칙으로 비판하고, 삼선개헌을 적극 지지한 일의 대가로 박정희 대통령의 긍정적인 대답을 들을 수 있었을 것으로 추정된다. 참고로 김준곤 목사는 박정희 대통령이 삼선개헌을 고려하고 있을 때 삼선개헌을 '민족을 위한 하나님의 뜻'이라고 충고한 적이 있었다.[26] 한국대학생선교회가 문화공보부 장관에게 보낸 〈한국학생아카데미 사업계획서〉에서 "박 대통령 각하의 특별배려로 마련한 구 러시아 대사관 자리 1,700평 대지 위에 세운다"라는 표현이 있는 것도 이러한 연유에서다.

결국 한국대학생선교회는 국내 선교단체 가운데 유일하게 대규모의 자체 건물을 세울 수 있었다. 이리하여 한국대학생선교회의 정동 빌딩은 한국기독교가 독재정권과 결탁하여 어떻게 특혜를 누릴 수 있는가를 잘 보여주는 상징물이 되었다.

한국대학생선교회의 역사왜곡?

그런데 이와 관련하여 나는 자료를 조사하면서 이상한 점을 발견한 적이 있는데, 다름이 아니라 유신정권을 축복하는 김준곤 목사의 설교 내용이 후대에 그대로 전해지지 않고 일부가 생략되거나 다른 말로 대체된 것이다. 한국대학생선교회가 운영하는 순출판사는 김준곤 목사의 설교를 《하나님을 주로 삼은 민족》(1998)과 《CCC와 민족복음화운동》(2005) 등의 책에 실은 적이 있다. 이들 책에서 1973년 5월의 국가조찬

---

26. Jim Stentzel, "The Anti-Communist Captivity of the Church", p.16.

기도회에서 김준곤 목사가 말미에 언급한 "10월 유신은 실로 세계정신사적 새 물결을 만들고 신명기 28장에 약속된 성서적 축복을 받을 것이다"라는 내용 중 '10월 유신'을 쏙 빠뜨렸다. 역사적 배경을 모르는 이들이 봤을 때는 김준곤 목사가 신명기 28장을 인용하며 유신정권을 축복했다는 사실을 알 수 없을 것이다. 심지어 《국가조찬기도회 메시지》(2006)라는 책에서는 '10월 유신'이 '새마을운동'으로 바뀌었다. 이 사실에 대하여 한국대학생선교회는 의도적으로 생략하거나 바꾼 것이 아니라고 항변하였다.[27] 설령 실수로 인한 해프닝일지라도 우리는 김준곤 목사가 유신정권과 유착한 점을 냉혹하게 평가할 필요가 있다.

---

27. 「삭제된 김준곤 목사의 '유신 찬양 설교'」, 『뉴스앤조이』, 2012년 10월 18일자. 이 기사는 필자가 2012년 9월 25일 SNS에 올린 글을 바탕으로 작성된 것이다.

[첨부자료1]

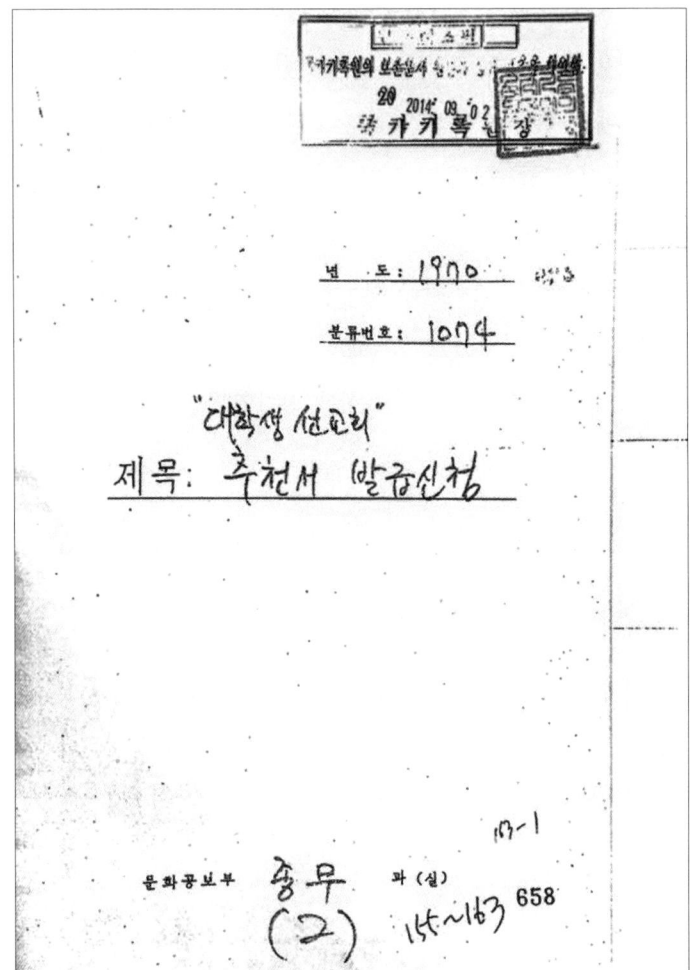

"대학생 선교회" 추천서 발급신청(1970)

국가기록원에는 관리번호 BA0135784를 부여받은 「"대학생 선교회" 추천서 발급신청」이라는 기록물이 있다. 여기에는 1970년 11월 19일자로 작성된 「추천서 발급신청」이라는 공문과 한국학생아카데미건립추진위원회가 작성한 사업계획서가 첨부되어 있다. 한국대학생선교회가 구 러시아 대사관의 부지를 얻게 된 정황을 대략적으로 살필 수 있는 자료이다.

[첨부자료2]

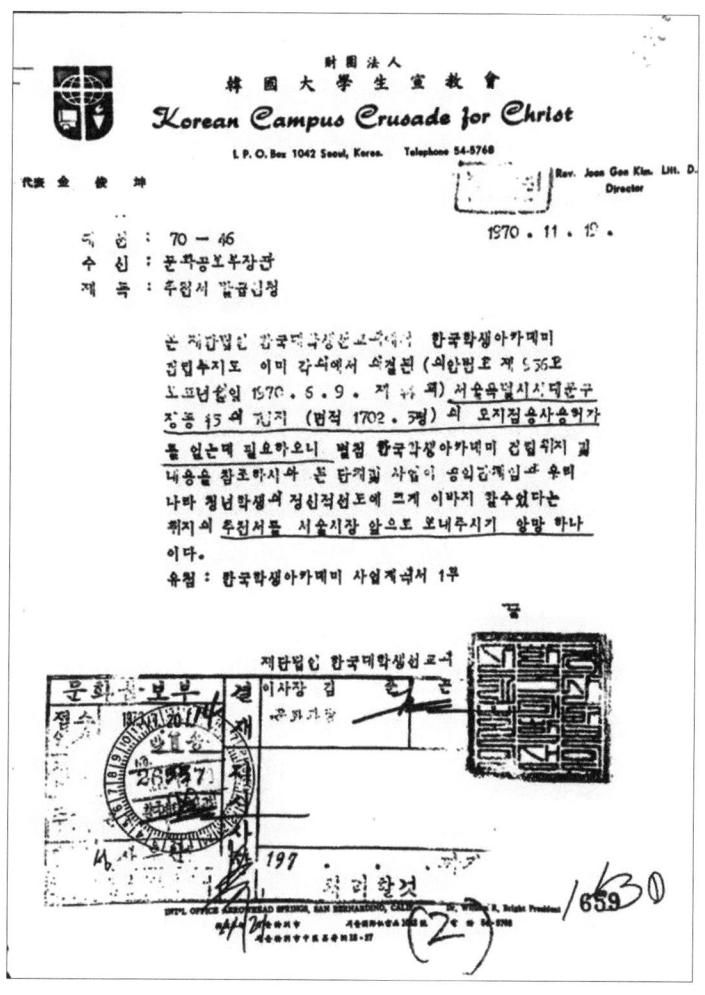

한국대학생선교회가 1970년 11월 12일자로 문화공보부 장관에게 보낸 공문(1970)

내용은 다음과 같다.

> 본 재단법인 한국대학생선교회에서 한국학생아카데미 건립부지로 이미 각의에서 의결된 (의안번호 제956호 보고연월일 1970.6.9.제44회) 서울특별시 서대문구 정동 15의 7번지(면적 1,702.5평)의 토지점용사용허가를 얻는데 필요하오니 별첨 한국학생아카데미 건립취지 및 내용을 참조하시어 본 단체 및 사업이 공익단체임과 우리나라 청년학생의 정신적 선도에 크게 이바지 할 수 있다는 취지의 추천서를 서울시장 앞으로 보내주시기 앙망하나이다.

이 공문은 한국대학생선교회가 구 러시아 대사관의 부지를 얻기 위해 문화공보부 장관의 추천서가 필요하다는 요청을 담고 있다. 한국대학생선교회는 자신들의 학생아카데미사업이 청년들의 정신적 선도에 크게 기여할 수 있다는 취지의 추천서를 작성해 서울시장에게 보내달라는 요구를 하고 있다. 당시 서울시장은 김현옥이었는데 한국대학생선교회의 구 러시아 대사관 부지사용에 대해 반대하고 있었기 때문이다. 김준곤 목사의 회고에 의하면, 당시 서울시장은 세검정의 국유림이나 여의도를 유리한 조건으로 주는 대신 구 러시아 대사관의 부지사용을 포기할 것을 제안했다고 한다.[28]

---

28. 김준곤, 『기도의 비상사태』, 순 출판사, 1998, 184-185쪽.

[첨부자료3]

> 내 이웃을 도우려는 노력과, 내 영혼을 구하려는 노력은 하나이다.
> -아놀드.토인비-
>
> 미국의 신앙자의 이혼율 1,10*1 무신앙자의 이혼율 3*1 (쏘로킨교수)
> 신을 사랑하는 사람은 나라와 이웃을 사랑한다.
> 한 민족의 신앙의 선택은 그 민족의 정시구조와 운명과 직결된다.
> 우리민족의 미래의 주인인 대학생들에게 신앙을 심어주는 일은 어떤
> 교육적 과제보다 긴급하고 중요하다.
> 학생채풀에는 800명 수용하는 대강당과 100명 수용하는 소강당과
> 40명 수용하는 소 강당과 5개의 기도실이 있다.
> 이 채풀에서 전국 중고등학교 신잉적 써독지도자의 훈련을 담당하고
> 전국교회 학생운동을 돕는다.
>   XXII. 녹지대(사생의 벰취)
>   XXIII. 주차장
>   XXIV. 아파트 (교육자 및 외국 선교사)
> 어디에 세우는가(위치)
>   박대통령 각하의 특별배려로 마련한 정동 구 토서아대사관자리 1,700 평
>   대지 위에 세운다.
>
> 어떤규모의 건물인가
>   총 4,000 평   17동   총 공사비 6억원
>
> 누가 세우는가(건립주체)
>   1. 한국 학생 아카데미 건립 추진 우원회
>   2. 한국대학생 선교회
>
> 어떻게 세우는가(재정조달)
>   미국본부보조   100만불   3억원
>   미 8 군   2,000만원
>   기독교 일반신독헌금   2,000만원
>   ㅅㅅㅅㅅ 졸업생   2,000만원
>   미국선교재단   10만불   3,000만원
>   기타국내 모금   1억 6천만원
>   계   6억원
>   -5-
> 665

한국대학생선교회가 문화공보부에 보낸 사업계획서(1971)

다음의 자료는 한국대학생선교회의 정동회관이 정교유착의 산물임을 잘 보여주고 있다. 즉 한국대학생선교회는 문화공보부에 보낸 사업계획서에서 학생아카데미(정동회관)가 "박대통령 각하의 특별배려로 마련한 정동 구(舊) 러시아 대사관 자리 1,700평 대지 위에 세운다"는 것을 스스로 밝히고 있기 때문이다. 이 내용이야말로 정동회관이 박정희의 특혜로 주어졌다는 사실을 입증하는 결정적인 증거라 할 수 있다.

9. 불의로 얻은 재물   237

[첨부자료4]

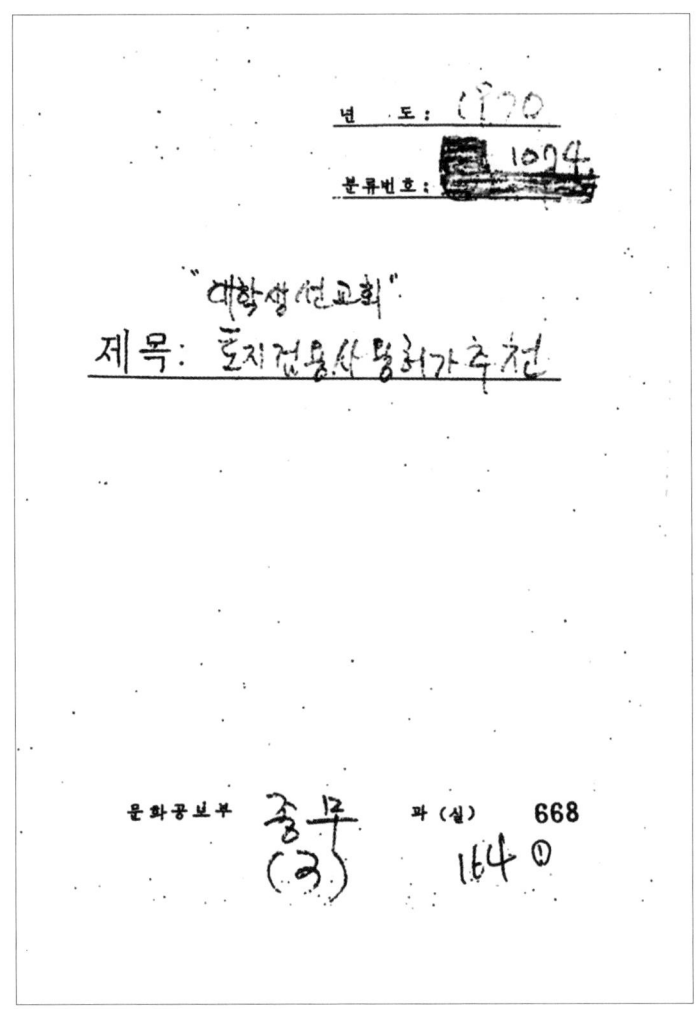

"대학생선교회" 토지점용사용허가추천 및 추천서(1971)

관리번호 BA0135784로 등록된 「"대학생선교회" 토지점용사용허가추천」이라는 기록물에는 한국대학생선교회가 요청한 토지점용사용허가 추천서가 들어 있다.

[첨부자료5]

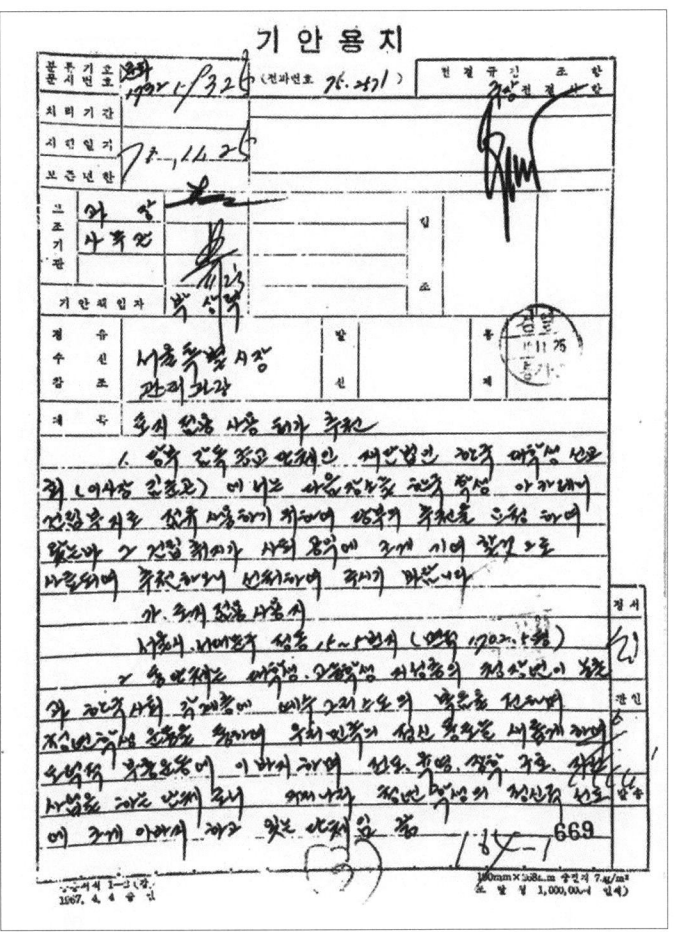

내용은 다음과 같다.

1. 당부 감독 종교단체인 재단법인 한국대학생선교회(이사장 김준곤)에서는 다음 장소를 한국학생아카데미 건립부지로 점유 사용하기 위하여 당부의 추천을 요청하여 왔는바 그 건립 취지가 사회 공익에 크게 기여 할 것으로 사료되어 추천하오니 선처하여 주시기 바랍니다.
　　가. 토지점용사용지
　　　　서울시 서대문구 정동 15~5번지(면적 1,702.5평)

2. 동 단체는 대학생, 고등학생, 지성층의 청장년이 농촌과 한국사회 각 계층에 예수 그리스도의 복음을 전하며 청년학생운동을 통하여 우리 민족의 정신 풍토를 새롭게 하여 도덕적 부흥운동에 이바지하며 전도, 육영, 장학, 구호, 자선 사업을 하는 단체로서 우리나라 청년 학생의 정신적 선도에 크게 이바지하고 있는 단체임. 끝.

제3부
한국기독교의 사회적 추문

1974년부터 한국기독교는 재개발지역에 교회 건축물의 신축을 허가해줄 것을 요청하기 시작하였다. 당시 재개발구역, 주택전용지구, 공장단지에는 교회 신축이 어려운 상황이었다. 여기에 덧붙여 한국기독교는 교회대지 및 면적제한을 철폐해주고, 기존교회가 도로 설계상 철거해야 할 경우 근방에 환치해줄 것, 재개발사업이 완성되기 전이라도 교회 건축물의 신축 및 증축에 관한 시기를 완화해줄 것 등을 건의하였다. 이때 한국기독교는 교회가 학교, 유치원과 같은 공공건물이라고 주장하였다. 공공성의 논리로 규제의 완화를 요구한 것이다.

10. 부동산에 저당 잡힌 한국기독교

교회당 탑이 삼대같이 자꾸만 일어서는 것은 반드시 좋은 현상이 아니다. 그것은 궁핍에 우는 농민과는 아무런 관계가 없다. 교회당 탑이 하나 일어설 때 민중의 양심에는 어두운 그림자가 한 치 깊어간다. 예수가 오늘 오신다면 그 성당 예배당을 보고 '이 교회를 헐라'하지 않을까. 본래 어느 종교나 전당을 짓는 것은 그 역사의 마지막 계단이다.[1]

위의 내용은 약 60년 전 함석헌이 부동산에 집착하는 한국기독교를 질타하기 위해 쓴 글이다. 교회가 궁핍에 우는 자들에 대한 관심을 배제하고 하늘을 향해 돌을 올리는 행위는 예수의 정신에 부합한 것일까. 어쩌면, 한국기독교의 총체적 문제는 교회 건축이라는 부동산 문제로 야기되는 물량적 비만에 원인이 있을지도 모르겠다. 지나치게 많이 먹으면서

---

1. 함석헌, 「한국기독교는 무엇을 하고 있는가」, 『사상계』, 1956년 1월호.

도 운동을 하지 않는 비만증 환자에게 여러 가지 합병증이 나타나는 것처럼 말이다.

부동산 문제는 한국기독교의 여러 병리적 현상을 살펴보는 데 피해갈 수 없는 주제이다. 한국기독교는 부동산 문제와 아주 긴밀하게 얽히면서 성장했기 때문이다. 그래서 혹자는 교회 건축물의 문제를 '과잉'으로 지적하기도 한다. 하지만, 교회 건축물이 날로 거대해지고 내부가 화려해지는 것과 비례해서 한국기독교의 사회적 신뢰도가 바닥을 치는 이유는 무엇일까. 이 장에서는 부동산 문제를 중심으로 한국기독교의 역사를 살펴보자.

강남 개발과 대형교회의 등장

1950년대는 '분열의 시기'였다. 장로교회는 여러 가지 이유로 고신(1951), 기장(1953), 통합과 합동(1959)으로 분열되었으며, 감리교회도 마찬가지였다. 중요한 사실은 부동산에 대한 집착이 분열의 과정과 맞물려 강화된 측면이 있다는 점이다. 교회 분열은 교회 건축물을 차지하기 위한 소송으로 이어졌기 때문이다. 한 가지 예를 들어 보겠다. 안양교회는 주한미군의 원조를 받아 교회 건물을 새로 지은 경우인데, 1953년 담임목사가 예수교장로회에서 기독교장로회로 소속 교단을 옮기면서 문제가 발생했다. 담임목사의 소속 교단 변경에 동의하지 않은 신자들은 새로운 담임목사를 청빙하였고, 곧바로 예배당을 쟁탈하기 위한 다툼이 발생하였다. 한쪽에서 예배를 드릴 때 다른 한쪽은 찬송가를 불러 방해를 하였고, 상대방이 들어가지 못하게 예배당에 가압류를 신청하기도 했다. 심지어, 1955년 10월에는 양측 간에 다툼이 발생하면서 9명이 특수폭행 등의 죄명으로 구속되는 사태가 발생하였다. 그밖에 제주모슬포교회, 제주서부교회, 서울동대문교회, 목포양동교회, 해남중앙교회, 강진중앙교회 등은 교회 건축물을 둘러싼 쟁탈전으로 몸살을 앓았다. 이러한 과정을 거치면서 한국기독교 안에는 개별 교회의 생존만이 중요해지는 풍토가 조성되기 시작하였는데, 이는 각 교회가 팽창 의지를 강화하는 데 중요한 원인이 되었다.[2]

이와 함께 기독교 신자의 폭발적 증가는 교회 건축붐을 일으켰다. 특히, 1970년대는 한국기독교가 양적으로 크게 성장한 시기였다. 이러한 양적 성장은 규제의 완화로 이어졌다. 즉 1970년 11월 12일 기독교대한감리회 재단이사회는 개교회가 자체 발전을 위해서라면 필요할 경우 개교회의 부동산을 매각처분할 수 있다고 결정하였다.[3] 이는 각 개교회의 팽창 의지를 제도적으로 뒷받침한 단적인 예라고 할 수 있다.

한편, 1974년부터 한국기독교는 재개발지역에 교회 건축물의 신축을 허가해줄 것을 요청하기 시작하였다.[4] 당시 재개발구역, 주택전용지구, 공장단지에는 교회 신축이 어려운 상황이었다. 여기에 덧붙여 한국기독교는 교회대지 및 면적제한을 철폐해주고, 기존교회가 도로 설계상 철거해야 할 경우 근방에 환치해줄 것, 재개발사업이 완성되기 전이라도 교회 건축물의 신축 및 증축에 관한 시기를 완화해줄 것 등을 건의하였다. 이때 한국기독교는 교회가 학교, 유치원과 같은 공공건물이라고 주장하

---

2. 신광은, 『메가처치를 넘어서』, 포이에마, 2015, 106쪽.
3. 「부동산 매각허용」, 『기독신보』, 1970년 11월 28일자.
4. 「재개발지역 예배당 신축을 건의」, 『기독신보』, 1974년 3월 16일자.

였다.[5] 공공성의 논리로 규제의 완화를 요구한 것이다.

　이러한 조치들은 교회 건축의 무분별한 난립을 초래한 요인이 되었다. 이를 바탕으로 1980년대에는 대형교회가 본격적으로 등장하기 시작하였다. 특히, 대형교회의 등장은 서울의 강남 개발과 밀접한 관련이 있다. 원래 강남지역의 이름은 '영동'이었다. 영등포의 동쪽이라고 해서 붙여진 이름이다. 개발 이전 강남지역은 전화와 전신취급소도 없는 벙어리 동네였다. 하지만, 서울시가 강북으로의 인구 집중을 막고 강북 인구를 강남으로 분산시키려는 인구 정책의 일환으로 강남지역의 개발을 추진하면서 양상이 바뀌었다. 개발 이후 강남지역은 한국 최고의 땅값을 자랑하게 되었기 때문이다.

　'강남'이라는 말은 1975년에 성동구에 소속되었던 지역이 강남구로 독립하면서 광범위하게 사용되기 시작하였다. 이어서 서울시는 1977년에 강서구를, 1979년에 강동구를 설치하였다. 이는 한강이 도시공간의 기준이 되기 시작했음을 말해준다.

　강남개발이 이루어지면서 이 지역에는 급속히 인구가 증가하였다. 이러한 변화의 흐름을 타고 1970년대 말부터 강남지역에 교회 건축붐이 크게 일어났다. 1978년에는 40여 개에 지나지 않았던 강남지역의 교회가 해마다 평균 50여 개가 지어져서 1982년도가 될 때 240여 개로 증가했다. 한 조사에 의하면, 1981년 강남지역의 교회성장률은 56.7%가 되었고 헌금은 15%나 증액되었다고 한다.[6] 엄청난 성장률이 아닐 수 없었

---

5. 「건축제한 구역 내에 교회와 국민 위한 공공건물 건축허용을 바라」, 『기독신보』, 1978년 3월 4일자.

6. 「서울 강남구에 대형교회 난립」, 『경향신문』, 1982년 7월 16일자.

1970년대 중반에 본격화된 강남 개발은 교회 건축붐을 수반하였다. (출처: 1982년 2월 17일자 《동아일보》)

다. 이 같은 현상에 따라 강남지역의 신흥주택가 한복판의 큰 건물은 대부분 교회였고, 어느 곳을 둘러봐도 십자가가 높이 달린 교회를 어렵지 않게 찾아볼 수 있었다. 강남지역에 교회가 급속히 많아지자 여론은 강남구가 마치 '교회구'로 변모하는 것 같은 느낌을 주고 있다고 보도하는 실정이었다.[7] 심지어, "15층 아파트의 베란다 한자리에 서서 40여 개의

---

7. 「서울강남구는 '교회구'」, 『동아일보』, 1982년 2월 17일자.

10. 부동산에 저당 잡힌 한국기독교 247

십자가를 세었다"는 사람이 나올 정도였다.

강남지역의 교회 건축붐은 대형교회 등장과 개척교회 난립이 공존하는 현상을 낳았다. 그런데 이러한 공존은 한국기독교의 생태계를 파괴하는 결과로 이어졌다. 소수의 대형교회와 대다수의 개척교회 사이에 양극화를 초래했기 때문이다.

한편, 강남지역에 대형교회가 등장할 수 있었던 이유는 무엇일까? 먼저 강북 인구의 급격한 강남 이주는 교인의 확보를 용이하게 했다. 1970년대 성령운동에 따른 교세의 급성장도 뒷받침을 했음은 물론이다. 그리고 1980년대 초반만 해도 강남지역은 신축할 수 있는 대지가 많아 구입이 용이했고, 강북지역보다 건축허가를 받기가 쉬웠다. 강남지역에는 대형교회가 등장할 수 있는 요건을 두루 갖추고 있었던 것이다. 하지만 이러한 요건들은 대형교회의 등장을 설명할 수 있는 필요조건이지 충분조건은 아니었다.

여기에서 계층적 동질성은 강남지역 대형교회의 등장을 설명하는 핵심적인 개념이라 할 수 있다. 이 말은 중산층이라는 동질성이 대형교회로의 성장을 가능하게 만들었다는 의미이다. 무엇보다 중산층의 경제적 조건은 교회의 대형화에 필요한 자원을 제공하였다. 대신 교회는 중산층의 기호에 맞는 종교 서비스를 제공하였다.

1980년대 강남지역의 대형교회는 크게 '이주형'과 '개척형'으로 나눌 수 있다. 이주형은 강북의 전통 있는 교회들이 일정수의 교인밖에 수용할 수 없는 한정된 공간을 탈피하기 위해 강남으로 건너온 경우를 말한다. 이러한 현상은 1979년 12월말 중구 쌍림동에서 강남구 신사동으로 이주한 광림교회를 시작으로 본격화되었다. 그밖에 중구 도동에 있었던 남산교회와 산성교회는 1980년에 나란히 강남구 반포동으로, 충현교회는 1984년 충무로에서 강남구 역삼동으로 이주하였다. 그런데 강남이주에 대한 교회 내부의 반발이 없지는 않았다. 대표적으로 영락교회의 경우를 들 수 있다. 영락교회는 강남구 방배동에 임야 2만여 평을 사들여 강남이주를 준비한 적이 있었다. 하지만, 영락교회의 서리집사 신영오는 1982년에 〈영락교회 당회에 보내는 공개서한〉을 보내 "방배동 녹지지역을 예배당 건축예정지로 산 것은 투기가 아닌가", "현재의 영락교회 건물을 절대 팔아서는 안 된다" 등 강남이주를 반대하였다.[8]

개척형은 강남개발 초기에 개척교회로 출발했다가 교세가 급격히 불어난 경우를 가리킨다. 대표적인 사례로 아파트 단지의 교회열풍과 긴밀한 관계를 맺으며 성장한 소망교회가 있다. 강남구 압구정동 현대아파트 단지에서 개척을 시작한 소망교회는 아파트로 상징되는 중산층의 소외감을 달래주면서 대형교회로 성장하였다. 강남지역의 아파트 단지는 강남지역 교회의 성장에 큰 부분을 차지하였다. 그렇기 때문에 강북에서 이주한 교회도 아파트 단지의 사람들을 끌어 모으기 위한 방법을 두고 크게 고민하였다. 예를 들어, 충현교회는 강남이주 직후 "아파트 단지에 밀집된 사람들을 어떻게 전도해서 교회를 성장시키느냐 하는 것이 충현교회의 당면한 과제"로 인식할 정도였다.[9]

---

8. 「영락교회 신영오 서리집사가 당회에 보낸 공개서한 파문」, 『교회연합신보』, 1982년 4월 11일자.

9. 김창인 목사 성역60주년 기념사업위원회, 『김창인 목사와 충현교회』, 충현교회, 1997, 310쪽.

환원적 근대화와 교회 성장[10]

한국기독교의 양적 성장은 환원적 근대화의 궤적과 함께 했다. 환원적 근대화는 근대화의 과정을 오로지 경제성장으로만 환원시키는 프로젝트였다. 환원적 근대화는 모든 것을 물질적 가치로 환원하거나 거기로부터 도출한다. 환원적 근대화의 과정에서 남한 사회는 유물주의적 가치와 양적 세계관을 체득했다. 유물주의적 가치는 인간적 가치, 사회적 가치, 문화적 가치, 생태적 가치 등의 다양한 가치를 무시하거나 경제적 가치에 종속시킨다.[11] 양적 세계관의 경우 '큰 것이 아름답다'는 환원근대의 언어를 남한 사회에 구석구석 심었다. 이는 한국기독교가 유물주의적 가치와 양적 세계관을 내면화하는 과정이기도 했다

대형교회의 등장은 한국기독교가 환원근대의 전도사로 자리매김하는 데 큰 기여를 했다. 대형교회의 등장으로 한국기독교는 물량적 비만에 시달리게 되었다. 이제 한국기독교는 유물주의적 가치관과 양적 세계관을 척도로 부흥을 외치게 되었다. 한국기독교의 왜곡된 부동산 집착증 역시 강화되었다. 이때 '성전 건축'은 부동산에 대한 한국기독교의 집착을 정당화하는 논리로 작용했다. 원래 성전(聖殿)이라는 표현은 1920년대부터 사용되기 시작했는데, 이때는 주로 교회 신자들의 헌신으로 만들어진 신축예배당이나 세속적 공간과는 구별된 성스러운 공간이라는 의

---

10. 2015년 9월 3일자 〈청어람매거진〉에 실린 「'몸'을 팔아 교회를 세우다 - 환원적 근대화와 교회 건축 잔혹사」를 수정·보완한 내용이다. 원글은 http://ichungeoram.com/9487에서 확인할 수 있다.

11. 김덕영, 『환원근대』, 길, 2014, 221쪽.

미를 가졌다.[12] 하지만, 1980년대로 들어서면서 '성전'이라는 용어는 거대한 건축물에 붙는 선전문구 내지 대형교회의 프랜차이즈 지점을 지칭하는 용어가 되어버렸다.

문제는 교회 건축물의 성전화가 십일조의 강화로 이어졌다는 사실이다. 십일조의 전형적인 논리는 최소한 1920년대 중반에 확립된 것으로 보인다. 성결교회의 기관지인 《활천》(1926)은 "우리가 십분의 일을 하나님 앞에 갖다 드리는 것은 그것이 하나님의 소유인 까닭"이며, 만약에 십일조를 받치지 않을 경우 "공의를 파괴하는 일뿐만 아니라 죄가 되는 것"이라고 기록하였다. 이러한 인식을 바탕으로 십일조는 꾸준히 시행되어 왔는데, 1950년대가 되었을 때 한국기독교는 외국 선교단체의 구호와 원조에서 벗어나 자립을 모색하기 위한 차원에서 십일조를 강조하였다. 1960년대에는 개교회의 십일조를 상회에 납부하는 상납제가 조직적으로 운영되기 시작하였다. 그런데 어느 순간부터 십일조의 목적은 재정 자립에서 교회 건축으로 바뀌게 되었다.

이 과정에서 한국기독교는 대형교회를 모방하려는 경향을 띠기 시작했다. 특히, 중소형 단위의 교회는 스스로를 잠재적인 대형교회로 인식하였다. 따라서 주보에 대형교회 투시도를 그려 넣거나 무리한 건축을 계획하고 시행하는 경우가 일반화되었다. 건축비를 마련하기 위해 무리한 빚을 지는 것도 일상다반사였다. 그런데 대형교회로 성장할 수 있는 기회는 제한적일 수밖에 없었다. 한정된 시장 안에 성공의 영광을 맛볼 수 있는 교회는 극히 소수였다. '모든 교회에 대한 모든 교회의 투쟁'이

---

12. 손승호, 「'예배당'에서 '교회당' 그리고 '성전'으로」, 『기독교사상』, 2015년 11월호, 32쪽.

전개되면서 한국기독교는 무한 경쟁의 늪에 빠지게 되었다. 이는 한국기독교를 파국으로 이끌게 했다. 다음에서 우리가 함께 살펴볼 '이순임 사건(1971)'과 '장승빈 목사 살인사건(1988)'은 양적 성장에 매몰된 한국기독교의 민낯을 날 것 그대로 보여주는 사건라고 할 수 있다.

몸을 팔아 세운 교회

1971년에 발생한 '이순임 사건'은 무리한 교회 건축이 어떠한 참극을 빚어내는지를 잘 보여준다. 이 사건은 이순임이라는 여인이 자신이 다니고 있던 교회의 건축 빚을 갚기 위해 자신의 한쪽 눈을 팔겠다고 호소하면서 빚어진 해프닝이었다. 그녀가 다녔던 구만교회(경남 고성)는 30명 정도의 성인들이 출석하고 있던 농촌교회로, 1971년 당시에 170평의 대지를 구입하고 교회 건물을 개축하기 위해 약 45만원이 소요되는 건축비 중 20만원을 빚을 통해 충당하고 있었다. 당시 45만원은 신형 트럭을 하나 구입할 수 있는 금액이었다고 한다.

문제는 구만교회가 이 빚을 갚을 능력이 없었다는 데에 있었다. 그러자 이순임은 고성군의 4개 교회가 연합으로 개최한 부흥회에 찾아가 자신의 한쪽 눈을 교회에 바치겠으니 교회 빚을 갚게 해달라고 호소하기에 이르렀다. 이 사건은 1971년 2월 14일자 《교회연합신보》에 "이순임 양의 눈을 구하라"는 제목으로 보도되면서 세상에 알려지게 되었다. 《교회연합신보》는 2월 9일 현재 이순임의 한쪽 눈을 사겠다는 사람이 나타나지 않은 상황이라고 전하며 이를 신앙 미담으로 미화하는 경향을 비

교회 건축 빚을 갚기 위해 자신의 눈을 바치겠다는 여인의 사연을 보도하고 있다. 문제는 이러한 사연이 신앙 미담으로 재생산되고 있다는 사실이다. (출처: 1971년 2월 14일자 《교회연합신보》)

판하기도 했다.[13] 이 사건은 극단적인 사례이긴 하지만 건물에 갇힌 한국 기독교의 민낯을 여실히 드러냈다고 볼 수 있다.

더 문제는 이와 비슷한 사례가 계속해서 신앙 미담으로 소개되고 있다는 점이다. 정확한 시기를 알 수 없지만 전북 완주에 위치한 삼례성결교회는 예배당을 짓다가 건축비가 없어서 완공을 하지 못하고 중단이

---

13. 「이순임양의 눈을 구하라– 교회당 건축 빚에 눈을 헌납하는 李소녀」, 『교회연합신보』, 1971년 2월 14일자.

된 적이 있었다고 한다. 그러자 이 교회에 다니고 있던 M 집사는 아내의 반대에도 불구하고 자신의 한쪽 눈을 팔아 교회 건축비를 마련하기 위해 병원을 찾아갔다고 하는 이야기가 《교회건축미담》이라는 책을 통해 전해지고 있다. 이 책은 10억의 비용으로 교회 건축을 완공했다고 하는 책의 저자가 약 2년 동안 교회 건축의 미담을 정리한 미담모음집이다. 여기에는 교회 건축의 비용을 마련하기 위해 자신의 한쪽 눈뿐만 아니라 신장도 팔았던 한 여자 집사의 사연도 등장한다.

"하나님 나는 하나님 앞에 드릴 것이 없는데 무얼 드려야 합니까?" 그때에 집사님이 기도를 하다가 이런 음성을 들은 거예요. "네 몸을 드려라" 그런데 '네 몸을 드려라'하고 하나님께서 말씀하시지만 깨닫지 못하니까 구체적으로 가르쳐 주셨어요. "안복덕 집사야. 네 신장이 있지 않느냐"하는 것이었어요. "여보! 다른 사람들은 다 돈이 있어서 교회 건축한다고 헌금하는데 나는 아무것도 없으니 몸을 드려야겠어요. 신장을 바쳐야겠어요."[14]

이렇게 자신의 몸을 팔아 교회 건축에 보탬이 되려고 했다던 이야기는 돌고 돌아 설교의 예화로 애용되었다. 일례로 2005년 11월 14일 성산중앙교회에서 '영생을 버린 자'라는 제목의 설교는 부자 청년의 이야기(마가복음 10:17~22)를 주된 테마로 삼는 가운데 교회 건축의 비용을 마련하기 위해 자신의 눈을 희생시키려고 했던 M 집사의 이야기를 거론하고 있다. 자신의 재물을 끝내 바치지 못했던 부자 청년과 달리 M 집사

---

14. 김광욱 편저, 『교회건축미담』, 성광문화사, 1995, 143-147쪽.

는 교회 건축을 위해 자신의 논을 팔았을 뿐만 아니라 한쪽 눈까지 바치려고 했던 대조적인(그리고 모범적인) 사례라는 것이다. 새문안교회의 이수영 목사 역시 이와 비슷한 사례를 설교 시간에 언급했다.[15] 태국선교사로부터 들은 일화라고 소개한 태국 소녀의 사연은 이순임과 M 집사의 사례와 대동소이하다.

교회 건축에 보탬이 되려고 했던 이들의 열정에 대해서는 매도할 의도는 없다. 그러나 신체의 일부를 팔아 '성전 건축'의 완공을 이루려고 했던 이들의 신앙에는 성장을 위해서라면 인간을 도구와 수단으로 이용했던 환원적 근대화의 폐해가 고스란히 반영되었음을 지적해 두고자 한다. 또한 이를 신앙미담으로 미화하려는 움직임 역시 양적 성장에 종속된 한국기독교의 부흥관을 여실히 보여준다.

장승빈 목사 살인사건

1988년에 일어났던 '장승빈 목사 살인사건'은 교회 건축의 문제가 얼마나 인간을 피폐하게 만드는지를 극단적으로 잘 보여준다. 이 사건은 1988년 9월 22일 서울 성북구에 위치한 동부교회의 장승빈 목사(66)가 손아래 동서인 방순천 장로(54)와 신승(47)을 45구경 권총으로 쏴 신승을 살해하고 방순천을 중상에 입힌 뒤 계약금으로 갖고 왔던 2억 8천만 원을 탈취했던 범죄였다. 왼쪽 가슴과 옆구리 등에 총을 맞고 중상을 입은 방순천 장로는 교회를 빠져나와 파출소에 신고했고, 이에 출동한 경찰은 교회 뒷문을 통해 달아나려고 했던 장승빈 목사를 검거하였다.

---

15. 「아름다운 獻身, 아름다운 役事」, 『소리』, 2012년 7월 11일자.

범행 동기와 관련하여 장승빈 목사는 부동산 중개업자인 방순천 장로로부터 신승과 계약을 하자는 전화를 받고 만났으나 신승이 자신을 무시하자 이에 격분한 나머지 신승을 살해했다고 밝혔다. 우발적인 실수라는 주장이다. 그러나 피해자 방순천 장로의 증언은 달랐다. 그는 장승빈 목사가 계약금 2억 8천만 원을 가지고 왔다던 신승의 말을 들은 뒤 신승이 계약서를 작성하는 사이에 권총을 갖고 와 자신들을 쐈다고 증언했다. 계획적인 범죄라는 것이다.

중요한 점은 장승빈 목사가 큰 교회를 짓기 위한 신축자금을 마련하기 위해 이와 같은 범행을 저질렀다는 사실이다. 장승빈 목사는 40여 년 동안 목회생활을 했는데도 불구하고 작은 교회의 목사라는 이유로 큰 교회 목사들한테 천대를 받았다고 한다. 이를 비관한 나머지 장승빈 목사는 큰 교회를 짓기 위한 목돈을 마련하기 위해 범행을 실행했다. 장승빈 목사는 교회부지로 강남구 성남동의 대지 532평을 평당 540만원에 사겠다고 한 뒤 이 땅을 소개하는 것처럼 꾸며 무려 5개월 동안 돈이 많은 사람을 물색했다고 한다. 거기다 장승빈 목사는 '한민우'라는 가공인물의 명의로 예금계좌를 개설하고 교회 안에 흉기를 준비하는 등 치밀하게 범행을 준비했다고 한다. 권총과 실탄은 자신이 한국전쟁 때 미군의 시체에서 입수했다고 한다. 이렇게 해서 장승빈 목사는 강도살인, 강도살인미수, 총포 및 도검류단속에 관한 법률위반, 시체유기혐의로 구속되어 10여 년 동안 징역살이를 했다. 그는 1999년 12월 30일 가석방 예정일을 하루 앞두고 사망하면서 비극적인 생을 마감하였다.

교회 건축의 과잉

다른 한편으로, 1980년대의 교회 건축붐은 교회 인근 주민들과의 갈등으로 이어졌다. 이는 주민들의 환경권과 교회의 종교자유 간의 갈등에서 비롯되었다. 1982년 서울 서대문구 창천동의 주민들은 행정 당국에 십자가를 철거해 달라는 진정서를 낸 적이 있다. 이 문제는 연희제일교회(대한예수교성경장로회)가 높이 9m의 철제십자가를 건물 옥상에 설치하면서 비롯되었다. 처음에 목사 사택으로 알고 있던 주민들은 높이 4m가 넘는 광고탑, 기념탑 등의 경우 행정당국에 허가를 받아야 건축할 수 있다는 건축법 시행령을 연희제일교회가 어겼다고 주장하였다. 하지만, 교회 측은 "십자가는 교회의 상징으로서 전도목적상 필수적으로 교회와 분리할 수 없다", "서울시내 1,600여 개 교회가 모두 십자가를 세워 놓고 있는데 유독 이 교회만 문제 삼는 건 부당하다"고 응수하였다.

행정 당국은 연희제일교회가 십자가를 철거하라는 통지에 불응하자 단전과 단수를 통해 강경한 조치를 취했다. 이에 교회 측은 전기공급중단 금지청구소송을 내고, 단전 및 단수 때문에 종교의 자유에 침해를 받았다고 주장하였다. 즉 "신앙의 자유는 어떤 경우에라도 침해받을 수 없는 자유에 속한다", "주민들이 생활의 쾌적한 분위기를 파괴한다는 이유로 교회의 예배당 건립을 반대한다는 것은 신앙자유의 침해라고 밖에 볼 수 없다" 등 교회 측은 자기합리화에만 급급한 모습을 보여주었다.[16] 이 사건을 보도한 한 기독교 신문도 "(주민들의)부당한 요구를 일언직하에 거절했음은 물론이고 주민들의 잘못된 생각"을 바로잡아야 한다고

---

16. 「십자가는 기독교의 상징」, 『교회연합신보』, 1982년 3월 21일자.

주장하기까지 했다.[17]

이러한 갈등의 양상은 1983년 일조권을 둘러싼 소송으로 이어졌다. 당시 언론 보도에 의하면, 1983년 2월 15일 서울법원은 대한예수교장로회 서울노회유지재단이 신윤철에게 위자료 1백만 원을 지급하라는 판결을 내린 적이 있다고 한다.[18] 원고 신윤철은 서울노회유지재단 측이 교회로 쓸 건물을 신축하는 과정에서 높이 제한을 어겨 일조권과 사생활을 침해 받았다고 주장하며 위자료 3백만 원의 청구 소송을 냈다. 이에 맞서 서울노회유지재단 측은 토지 소유권 행사와 도시 과밀화에 따른 '사소한 피해'로 참아주는 것이 마땅하다고 주장하였다. 그러나 서울법원은 "재단 측이 건축법의 건물간 거리규정을 위반해서 교회를 신축, 신윤철 씨의 쾌적한 생활환경을 침해한 것은 참아야 할 정도를 훨씬 넘는 권리 침해"로 보고 재단 측이 원고에게 위자료를 줄 것을 판결하였다.

이 사건은 기본적으로 도시의 과밀화 현상에 따라 눈에 보이지 않는 피해 정도는 참아야 한다는 현실론이 아니라 가정집의 사소한 피해라도 배상해야 함을 명시함으로써 일조권이 폭넓게 인정된 계기가 되었다.

이처럼 교회 건축붐은 주민들과의 갈등 속에서 진행되었다. 여기에는 땅값이 내려갈 것을 걱정한 주민들의 이해관계도 반영되어 있다. 그러다 보니 교회 건물이 신축되는 과정에서 발생한 교회와 주민 간의 갈등은 법정 공방뿐만 아니라 물리적 폭력으로 비화되기도 했다. 예를 들어, 강남구 개포동의 어느 한 아파트 단지에 교회를 개척하려고 한 목사는 교

---

17. 「십자가를 철거하라?」, 『교회연합신보』, 1982년 3월 14일자.
18. 「서울민사지법 일조권 침해한 교회에 위자료 지급 판결」, 『동아일보』, 1983년 2월 16일자.

회가 들어서는 걸 반대한 주민들과 실랑이를 벌이다 벽돌로 사람의 머리를 때려 상해를 입힌 적이 있다.[19] 급박한 상황에서 순간적으로 격분하여 저지른 일이기는 하지만 교회 건축의 과잉이 어떠한 폐해를 몰고 오는지를 알 수 있는 사건이다.

이 성전을 헐라

한국기독교가 부동산과 재물에 집착하면 어느 정도까지 바닥을 치게 될까. 다소 극단적인 사례이기는 하지만 앞에서 우리가 함께 본 사건들은 그야말로 교회 건축의 잔혹사라 할 수 있다. 이 사건들은 양적 성장에 매몰된 한국기독교의 민낯을 그대로 보여준다.

예수는 더렵혀진 성전을 두고 "너희는 박하와 회향과 근채의 십일조"를 드리면서도 "정의와 자비와 신의와 같은 율법의 더 중요한 요소들"을 버렸다고 책망한 적이 있다(마태복음 23:23). 생각해보자. 이순임 사건과 장승빈 목사 살인사건은 교회 건축을 위해서라면 자신의 신체 일부와 타인의 생명을 희생시켜도 무방하다는 사고방식에서 기인했다. 여기에는 "겉으로는 아름답게 보이지만 그 안에는 죽은 사람의 뼈와 온갖 더러운 것이 가득"했기 때문이다. 환원적 근대화의 궤적을 같이 하다 보니 한국기독교는 교회의 성장 이외에 다른 가치들을 상상하지 못하게 되었다. 사람의 가치 역시 교회 성장을 위해서라면 하나의 수단으로 전락할 뿐이었다.

예수는 성전 안에서 장사 하는 사람들을 향해 "내 아버지의 집을 장

---

19. 「교회이주 반대하자 목사가 주민을 때려」, 『경향신문』, 1984년 12월 10일자.

사하는 집으로 만들지 말라"고 말했다(요한복음 2:16). 장사 자체가 문제는 아니었을 것이다. 다만 본질의 차원이 건물에 갇혔기 때문에 예수가 화를 낸 것이 아니었을까. 성전을 건물에 제한하고 외적인 화려함만을 향해 달려 왔던 한국기독교의 지난 역사를 재점검해야 한다. "이 성전을 헐라"라고 외친 예수의 울림은 오늘날의 한국교회에도 여전히 유효하다. 이제 한국기독교는 교회 건축물을 성공의 지표나 신앙의 수렴점으로 삼지 말아야 한다. 교회 건축의 과잉을 멈춰야 할 때이다.

11. 무례한 기독교의 탄생

　무례함. 이 단어는 현재 한국기독교를 설명할 수 있는 키워드 중 하나일 것이다. 필자가 국어사전을 찾아보면 무례함이라는 단어는 "사람이나 그 언행이 예의가 없다"는 뜻이다. 이 밖에도 무례함의 의미를 설명하는 표현들이 많다. "실례되는", "예절이 없는", "거친", "상스러운", "불친절한", "오만한", "건방진", "지나친" 등등. 이 표현들을 종합하자면, 무례함은 상대방에 대한 이해나 배려 없이 폭력적이고 일방적인 방식을 강요하는 태도를 의미한다.

　한국기독교가 무례하다는 건 시민사회 속에서 교양 없음을 의미하기도 한다. 한국 사회에는 다양한 배경을 가진 구성원들이 집단을 이루어 살아가고 있다. 사람들이 모이면 갈등이 왜 없겠는가. 조화로운 사회를 이루기 위해서는 타자에 대한 상상력 혹은 다원적 사회에 대한 이해가 필요하다. 그런데, 한국기독교는 이 부분에 대해 고려하지 못하거나 아예 무관심함으로써 스스로 사회에서 불쾌하고 무례한 종교집단으로 전락하고 있다. 진리 수호라는 명분을 빌미로 해서 종교적인 폭력을 아무렇지 않게 휘두르는 '십자군'으로 살아가고 있는 것이다.

교회종 문제

새벽기도회의 기원에 대한 논쟁이 있다. 혹자에 의하면, 기독교가 조선에 수용되어 토착화되어갈 때 기존의 종교적 관습을 발판으로 만들어졌다고 한다. 즉 불교의 새벽 예불이나 가족의 건강과 성공을 위해 비는 정한수를 차용했다는 것이다. 다른 주장에 의하면, 새벽기도회는 도교에서 개종한 길선주 목사와 평양 교인들에게 비롯되었다고 한다. 이들은 도교의 수행방법인 새벽기도, 통성기도, 철야기도 등을 1905~1909년 사이에 교회 프로그램으로 정착시켰다는 것이다.

그러나 새벽기도회가 지금과 같이 신앙생활의 일상을 크게 차지하는 문화로 자리 잡은 것은 해방 이후에 이루어졌다. 즉 새벽기도회가 한국 기독교에 널리 시행되고 매일 새벽마다 모여 목회자가 인도하는 방식은 현대에 들어와서 정착되었다. 교회사가 채기은 목사에 의하면, 새벽기도회는 해방 이후 이북에서 월남한 기독교인들이 고향과 가족들을 그리워하며 집단적으로 단행하면서 공식화되었다고 한다.[1] 그러다보니 1960년대 후반까지만 해도 새벽기도회에 대한 거부감이 한국기독교의 내부에 적잖이 있었다고 한다. 한 예로, 채기은 목사는 1968년에 서울의 어느 큰 교회를 담당하고 있던 한 젊은 목사가 본래 새벽기도회를 반대했으나 오랜 신앙생활을 해오고 있는 노인들의 요청에 의하여 어쩔 수 없이 하고 있다는 증언을 들었다고 한다.

---

1. 채기은, 「목회와 그 문제점(1): 새벽기도회」, 『기독신보』, 1968년 11월 30일자.

기원의 문제야 어쨌든 해방 이후 한국기독교는 새벽기도회에 사용하기 위해 경쟁적으로 종(鐘)을 설치하기 시작하였다. 원래 교회종은 한국에서 기독교가 수용되었을 때부터 등장했다. 일설에 의하면 아펜젤러가 입국할 때 종을 가져왔는데, 이것이 교회종의 효시라고 한다.[2] 도시화가 이루어지기 전 교회종은 예배시간과 더불어 마을의 일과를 알리는 신호로 기능했다. 시계가 흔치 않던 농촌사회에 가능했던 모습이다. 그러나 해방 이후 교회종은 도시화의 흐름과 함께 소음공해의 주범이라는 천덕꾸러기가 되어버렸다. 교회종의 경쟁적인 설치는 교회 건축의 과잉 현상과 맞물려 발생하였다. 문제는 도시화 현상에 의해 인구 밀집도가 높아지면서 교회 종소리가 주변 주민들의 원성을 사기 시작했다는 데 있다. 도시에서 울려 퍼지는 새벽의 교회 종소리는 교회 인근의 주민들에게 숙면을 방해하는 시끄러운 소리로 인식되었다.

교회 종소리가 사회적 문제로 인식되기 시작한 시기는 1950년대 후반이다. 1958년 부산의 몇몇 주민들이 부산영락교회의 새벽종 사용에 불만을 품고 법원에 교회종 사용금지와 위자료를 청구한 적이 있었다.[3] 이들은 헌법에 종교의 자유가 명시되어 있지만 다른 사람들에게 해를 끼칠 수 있는 근거가 아니라고 호소하며, 매일 새벽마다 음악과 함께 울려나오는 종소리 때문에 잠을 잘 수가 없다고 주장하였다.

교회 종소리의 소음화는 1950년대 중반에 금속제 타종에서 차임벨(Chime Bell)로 바뀌면서 강화되었다. 1960년대 중반 무렵이 되면 교회의 차임벨 사용은 일반적인 현상이 되었다. 차임벨은 점차 허영심의 상

---

2. 이상규, 『한국교회사의 뒤안길』, 킹덤북스, 2015, 138쪽.

3. 「고소당하는 새벽종소리」, 『경향신문』, 1958년 8월 31.일자.

징이 되어갔고 사회적인 문제로 언론에 조명되기 시작했다. 그러다보니 교회 종소리와 차임벨 소리는 1970~1980년대에 소음 공해로 규탄받기에 이르렀다. 환경청의 조사에 의하면, 종교단체의 소음은 전체의 29%를 차지한다고 한다.[4] 다음은 교회 종소리에 시달렸던 한 시민의 하소연이다.

> 내 집 부근에 교회가 너댓개 있는데 그 가운데서도 바로 옆에 있는 B교회 때문에 이 이상 더 참을 수 없는 정신적 고통을 받고 있습니다. 새벽부터 종을 치고 찬송가를 불러대는 바람에 온 식구는 4시 반이면 모두 일어나 멍하니 날새기만을 기다리고 있는 처지입니다. 이젠 완전히 교회 노이로제에 걸려 있습니다. 이런 교회의 횡포가 어디 있습니까.[5]

하지만 사회 일각에서 교회 종소리의 소음 문제를 규탄해도 한국기독교의 반응은 냉담했다. 한국기독교는 불면증을 앓고 있는 개인의 문제라고 반박하거나 교회를 음해하려는 자들의 책동이라는 역차별의 논리를 내세웠다. 심지어 이웃들이 소음 문제로 항의하자 "교회 안에서 새벽기도를 하는 것은 교인들의 특권이다", "수면에 방해가 된다고 생각하는 사람은 교회에 나와 하나님을 믿으면 피곤하지 않다", "이런 일로 교회에 찾아와 시비를 하는 사람은 공산당" 등의 폭언을 내뱉는 경우도 발생

---

4. 「교회 종소리공해 없앤다」, 『동아일보』, 1980년 12월 16일자.
5. 「공해로 비판대에 오른 새벽종소리」, 『동아일보』, 1972년 4월 29일자.

했다.[6] 한국기독교의 무례함은 타자에 대한 상상력을 발휘하지 않고, 공존을 위한 적절한 방식을 모색하는 걸 포기하는 것이었다. 교회의 소음 문제는 무례한 기독교 탄생의 큰 징후라고 볼 수 있다.

교회의 소음 문제는 한국기독교의 공신력을 떨어뜨리는 요인이 되었다. 그러다보니 교회건물이 신축된다고 하면 인근 주민들은 소음 문제를 제기하며 강력하게 반대하는 일이 발생하였다. 일례로, 부산망미교회는 주민들이 포크 레인 앞에 드러누울 정도로 건물 신축을 반대하자 교회 벽에 방음장치를 설치하고 지하실에서 새벽기도회를 하겠다는 약속을 해야 했다.[7] 1979년 9월 서울 강남구 삼성동 일대의 주민들은 "교회 측이 이중창문과 방음장치를 해주겠다고는 하나 약속이 지켜질지 어떻게 아느냐"고 주장하며 교회의 신축을 반대했다.[8] 이러한 사례는 한국기독교가 신뢰의 대상이기보다 불신의 종교로 전락하고 있음을 잘 보여준다.

교회에서 울리는 종소리와 차임벨 소리가 사회적 문제로 심각해지자 행정 당국은 법적 통제를 가하기 시작했다. 최초의 시도는 1978년 7월 1일자로 발효된 환경보전법이다. 이 법은 교회의 차임벨 소리를 소음규제의 대상으로 규정하였다. 이에 따라 1978년 7월 27일 부산시는 해운대 역전교회의 차임벨 소리를 측정한 결과 환경보전법의 허용기준치인 40데시벨을 약 40%를 초과한 65데시벨이 나오자 볼륨을 낮춰 피해주민이 없도록 하라는 개선명령을 내리기도 했다. 해운대 역전교회는 매일 새벽

---

6. 「찬송가 방송에 새벽잠 설친다」, 『동아일보』, 1979년 10월 6일자.

7. 「새벽종없는 교회」, 『동아일보』, 1978년 9월 28일자.

8. 「교회종소리 복음인가 공해인가」, 『동아일보』, 1980년 1월 8일자.

도시화로 인한 인구밀집도의 증가와 교회 건축붐은 교회를 소음 공해의 주범으로 만들어 버렸다. 새벽 기도회마다 울려 퍼졌던 교회 종소리는 인근 주민들의 수면을 방해하여 사회적 물의를 일으켰다. (출처: 1982년 4월 14일자 《경향신문》)

4시 30분에 2분 간격으로 10m높이에 설치된 확성기를 통해 차임벨을 틀어 인근 주민들의 원성을 사고 있었다. 그러자 19개 교단의 대표로 구성된 한국기독교대책협의회는 9월 5일 교회의 새벽종과 차임벨 소리를 줄이기로 결정하였다. 이러한 조치는 1981년에도 비슷하게 반복되었지만 일시적인 효과 밖에 보지 못했다.

1983년 환경청은 교회의 종소리를 생활소음으로 규정하고 제한적인 요일과 시간에만 타종을 허용하는 방침을 밝혔다. 그러자 한국기독교는 타종의 제한이야말로 종교의 자유를 침해하는 조치라고 반박하였다. 한국기독교의 반발이 거세지자 환경청은 당초의 규제방안을 크게 완화하였다.

타종교에 대한 무례함

한국의 종교는 불교와 기독교, 그리고 천주교를 중심으로 구성되어 있을 뿐만 아니라 다양한 민족종교와 신종교가 혼재하고 있다. 종교 간의 갈등이 매우 다양하게 나타날 수밖에 없는 구조이다. 하지만 유독 타종교에 대한 기독교의 무례함은 심각한 편이다. 특히, 불교에 대한 기독교의 공격적인 선교는 종종 사회적 물의를 일으킬 정도였다. 한국기독교는 훼불, 방화, 폭력 행위, 비방, 종교의 자유 침해, 공권력에 의한 탄압 등 다양한 수단을 동원하며 불교를 복음화하려는 노력을 포기하지 않았다.

한 연구에 의하면, 불교에 대한 기독교의 인식은 크게 두 가지 축을 중심으로 전개되었다고 한다.[9] 하나는 불교의 '철학화'이고 다른 하나는 불교의 '미신화'이다. 불교의 철학화는 불교에 인격적 신이 결여된 측면을 부각시켜 불교가 철학에 머물 뿐이라고 강조하는 것이다. 불교의 미신화는 민간신앙과 결합된 불교의 성격을 부각함으로써 불교가 우상숭배의 종교임을 강조하는 것이다. 이러한 인식은 지나친 전도열, 타종교를 정복하려는 승리주의, 타종교에 대한 몰이해 등과 맞물려 불교를 타파해야할 대상으로 여기게 만들었다. 그리고 이것은 타종교에 대한 무례함으로 발전했고, 한국 사회의 주요 갈등 중 하나인 기독교와 불교의 갈등으로 이어졌다.

---

9. 이진구, 「근대 한국 기독교와 불교의 상호인식」, 『한국기독교역사연구소소식』제43호, 2000, 15쪽.

화폐 도안을 둘러싼 갈등

기독교와 불교의 갈등이 사회적 문제로 등장한 것은 1970년대부터이다. 물론 불교에 대한 부정적인 인식은 19세기 말에 조선에 온 선교사들에게서도 쉽게 찾을 수 있다. 또한, 개화기 지식인이자 감리교 신자인 윤치호는 "사람은 만물의 영장인데 토목 우상 앞에 절을 하면서도 부끄러움을 모르니 어찌 한탄스럽지 않은가"라고 쓰면서 불교를 우상숭배로 간주하였다. 1897년에는 한 기독교인이 절에 가서 "형제들아 저것은 다 쓸데없는 우상이니 섬기면 점점 죄를 더 지으려니와 (중략) 지옥은 곧 절이오. 죄는 곧 부처라"라고 말했다고 하니 우상숭배의 논리로 불교를 비판한 사례가 일찍부터 존재했음을 알 수 있다. 그런데 이상하게도 1970년대 이전에 기독교와 불교의 갈등이 여론을 통해 보도된 경우는 거의 없었다. 아마도 그 이전에는 기독교와 불교의 교세가 크지 않았으므로 둘 사이의 갈등이 사회적 문제로 주목받기 어려웠을 것이다. 그리고 두 종교의 교세가 커지면서 서로의 이해가 충돌되는 접점이 많아진 것도 고려할 필요가 있다.

그렇다면 기독교와 불교의 갈등은 어떠한 계기로 시작이 되었을까. 재미있게도 두 종교 간의 갈등은 화폐 도안 문제에서 촉발되었다. 화폐는 보통 그 나라 문화의 축소판이라고 한다. 디자인과 인쇄술의 수준은 물론 화폐에 어떤 도안이 등장하는지를 살피면 사회적으로 사랑받는 동식물이나 존경하는 인물이 누구인지를 알 수 있기 때문이다. 따라서 화폐 도안에 특정 종교의 상징이 삽입된다고 할 경우 다른 종교의 반발을 예상하기는 어렵지 않다. 1972년 4월 10일 새로 선보이는 1만 원짜리 화폐의 도안에 석가여래상과 불국사를 넣겠다는 한국은행의 계획이 발표되자 한국기독교에 난리가 났다. 당시 한국은행의 총재는 한국의 문화재를 일반에 널리 알리겠다는 취지로 불상 도안을 채택했다고 밝혔지만 말이다.

이 문제에 대한 한국기독교의 반발은 대단했다. 여기에는 이른바 진보와 보수의 구별이 없었다. 한국기독교교회협의회(KNCC)와 대한기독교연합회(DCC)를 비롯하여 예수교장로회(통합, 합동, 고신), 기독교대한감리회, 한국기독교장로회, 기독교대한성결교총회, 구세군대한본영, 대한성공회, 한국침례회연맹, 기독교대한복음교회, 예수교대한성결교회, 한국루터교회 등 대부분의 주요 교단들은 반대를 표명했다. 반대의 논거는 두 가지로 집약할 수 있다. 첫째는 불교가 국교가 아닌데 어떻게 특정 종교의 상징을 화폐 도안으로 삼아 온 국민이 그것을 기리게 할 수 있느냐 하는 것이고, 둘째는 이러한 조치가 종교의 자유를 침해한다는 주장이다.

불교계도 불상 화폐 도안을 강력하게 반대했다. 신성한 부처님을 어떻게 화폐 도안에 넣을 수 있겠냐는 생각에서다. 심지어 대한불교 조계종을 비롯한 전국 13개 불교단체는 한국은행 총재의 사퇴를 주장하기도 했다. 이렇듯 반발이 거세지자 정부는 1만 원짜리 화폐의 발행을 다음해로 미루었다. 대신, 5천원권의 지폐를 새로 발행하기로 결정하면서 지금과 같이 율곡 이이의 초상이 들어가게 되었다. 일면 불상 화폐 도안에 대해 기독교와 불교가 공동적으로 대응한 형태로 보이기 십상이지만, 불교가 '특권적 종교'로 부상할 것에 대한 한국기독교의 우려가 크게 작용한 사건이라고 봐야할 것이다.

석가탄일의 공휴일화는 절대 반대

한편, 불교계는 성탄절이 일찍부터 공휴일로 제정된 것에 대한 불편함이 있었다. 그러다보니 불교계는 석가탄신일의 공휴일화에 힘을 쏟기 시작했다. 1967년 5월 25일에 개최된 전국불교도대표자대회에서 석가탄신일의 공휴일 제정을 정부에 건의하기로 결정한 일은 이를 잘 보여준다. 불교계는 형평성의 논리와 정교분리의 원칙으로 석가탄신일 공휴일화의 정당성을 주장했다. 1959년 해인대학의 김경회는 성탄절의 공휴일화가 정교분리의 원칙에 위배되고 있다고 주장했으며, 1969년 불교청년회의 회장 오국근도 성탄절 공휴일화의 부당성을 지적했다. 1973년 3월 용태영이라는 불교 신자는 "석가탄신일을 공휴일로 지정하든지 아니면 성탄절의 공휴일 지정을 취소하라"는 행정소송을 신청했다.[10] 이러한 우여곡절 끝에 석가탄신일은 1975년 1월에 어린이날과 함께 공휴일로 제정되었다. 이제 불교는 사회 구성원들의 일상생활을 지배하는 공휴일 체계와 국가력(國家曆) 안에 들어와 자신의 존재를 뚜렷하게 각인시킬 수 있게 되었다.[11]

석가탄신일이 공휴일로 제정되는 과정에서 기독교의 반발은 예상하기 어렵지 않다. 기독교는 공공성의 논리로 석가탄신일의 공휴일화를 반대했다. 특정한 단체와 사람들만이 석가탄신일을 기념하기 때문에 석가탄신일을 공휴일로 제정할 경우 공공성의 원칙에 어긋난다는 논리를 펼쳤다.[12] 1972년 2월 한국기독교부흥협의회는 한국이 "세계문명의 행진에 보조"를 맞추기 위한 하나의 방편으로 성탄절이 공휴일로 제정되었을 뿐 기독교의 특혜가 아니라고 주장하였다.

---

10. 「불교신도가 정부 상대로」, 『경향신문』, 1973년 3월 27일자.

11. 강인철, 『저항과 투항: 군사정권들과 종교』, 한신대 출판부, 2013, 331쪽.

12. 「공휴일을 조정해야 한다」, 『기독신보』, 1972년 2월 19일자.

석가탄신일의 공휴일화를 반대하는 내용의 기독공보 만평.

이렇듯 불상 화폐 도안 문제와 석가탄신일의 공휴일 제정 문제는 기독교와 불교 간에 특혜 논란을 불러 일으켰다. 전자는 화폐 도안에 불상 그림이 들어갈 것을 기독교가 반대한 '상징 투쟁'이라면, 후자의 경우 기독교의 특혜에 불교계가 반발하며 석가탄신일을 공휴일로 제정하려고 했던 '인정 투쟁'이었다. 그러나 이 두 사건에는 기독교의 위기감이 강하게 내재되었다는 공통점이 있었다. 자신들이 한때 누렸던 특혜를 불교 신자들이 차지할지도 모른다는 막연한 두려움은 자연스럽게 불교에 대한 혐오와 적대로 이어졌다.

11. 무례한 기독교의 탄생   271

무례한 전도의 시작

이러한 와중에 불교비방 전도지 사건이 1974년 8월에 발생했다. 이 사건은 한국기독교의 공격적인 선교의 징후를 보여준다. 문제의 발단은 연합오순절교회가 발행한 전도지의 내용에 있었다. 이 전도지에는 석굴암의 불상을 배경으로 "생명 없고 싫증이 난 종교에 지쳐버렸나요. 그렇다면 오순절 체험하시죠."라는 내용이 담겨져 있었기 때문이다. 그러자 불교 조계종은 긴급회의를 열고 연합오순절교회의 전도지가 불교를 비방한 고의적인 행위라고 규정하고 사과를 요구했다. 연합오순절교회는 1965년에 엘톤 버나드(Elton D. Bernard) 선교사에 의해 시작된 교단으로 성령과 방언을 강조하는 특징이 있었다. 다행히 사건은 연합오순절교회가 1974년 8월 16일자 경향신문에 사과문을 게재하면서 일단락되었다. 그러나 이 사건은 타종교에 대한 기독교의 적대와 무례함이 언론에 본격적으로 노출되기 시작한 계기를 마련하였다.

사 과 문

한국 민족의 정신문화와 전통사상의 정수이며 예술의 극치인 석굴암 불상을 기독교 부흥집회 광고용으로 30만매를 인쇄하고 그곳에 「생명이 없고 싫증난 종교에 지쳐버렸나요?」라는 내용의 문안을 기재한 팜플렛 일부를 시가에 살포한 것에 대하여 심심한 사과를 드리며 앞으로는 절대 기독교인으로서 불교를 직접 간접으로 비방하지 아니할 것을 약속합니다. 더구나 공산주의를 견제하기 위하여 전국민의 총화체제로 단합되어야할 이 시점에 이러한 민족분열을 조장하는 인상을 준 불의의 사고는 전체 불교도에게 씻지 못할 상처를 준 것으로 사료되옵기에 재삼 사과를 드리며 잔여 팜플렛을 소각하겠읍니다.

1974년 8월 15일
연합오순절교회 총회장
엘톤 버 나 드
한국 1,000만 불교도 귀하

자신들의 공격적인 선교에 대해 사과문을 발표한 연합오순절교회

이제 한국기독교는 개종의 서사를 이용해 불교의 종교적 정당성을 훼손하는 데 주력하기 시작했다. '개종(conversion)'은 자기 진영의 우월성을 선전할 수 있는 동시에 상대방의 정당성을 아주 효과적으로 훼손시킬 수 있는 전략이다. 여기에는 자신들이 과거에 승려였다고 밝힌 목사들이 중심을 이루어 불교를 원색적으로 공격하는 데 앞장섰다. 이들은 1980~1981년 사이에 '기독교대한불교인복음선교회', '중생인선교회', '개종선교회' 등의 선교단체를 집중적으로 조직하고 '불교의 복음화'라는 기치 아래에 불교를 비난하는 방식으로 간증 집회를 적극적으로 펼쳐 나갔다. 이제 불교에 대한 한국기독교의 공격적인 선교가 본격화되었다.

간과하지 말아야 할 사실은 1980년에 들어선 5공 정권이 10·27법난을 통해 불교계를 통제하려고 했다는 점이다. 이 사건은 5공 정권이 1980년 10월 27일에 군인을 동원하여 불교계의 주요 사찰들을 습격하고, 연행해 간 승려들에게 고문과 폭행을 자행한 일을 가리킨다. 당시 5공 정권은 수사결과의 발표를 통해 불교계 전체를 거대한 비리집단으로 선전하였다. 즉 당시 사회 분위기에서 불교계의 사회적 위상은 5공 정권에 의해 강제적으로 추락한 상태였다. 한국기독교의 불교 공격은 이런 사회적 분위기에 편승한 측면이 없지 않았다.

1982년에 발생한 원주 사태는 한국기독교의 무례함이 물리적 폭력 사태로까지 비화된 대표적인 사례이다. 사건의 원인은 1982년 5월 25일 불교에서 개종했다고 하는 명진홍 목사가 원주 남산교회의 부흥회에서 불교를 비난하면서 시작되었다. 명진홍 목사는 1981년 4월 27일에 만들어진 개종선교회의 부흥회 주강사로 활약했던 인물이다.[13] 이 부흥회는 홍보 포스터에서부터 "과연 불교의 극락은 있는 것인가"라는 제목 하에 불교에서 기독교로 개종했다고 하는 사람들의 명단을 공개해 불교 신자들을 자극했다. 또한 부흥회 당시 명진홍 목사는 시종일관 "불교는 혼이고 예수교는 영이다. 혼은 지옥을 가리키고 영은 천당을 의미하기 때문에 불교를 믿는 자는 죽어서 지옥 밖에 가지 못 한다", "불교 법당은 귀신의 종합청사"라는 등 불교를 맹렬하게 비난했다. 그러자 교회 밖에 있던 불교 신자 10여 명은 교회 안으로 들어가 명진홍 목사에게 설교를 중단할 것을 요청했지만 소용이 없었다.

심지어 명진홍 목사의 설교에 격분한 한 불교 신자가 칼로 자신의 몸을 자해하는 사건이 발생하기도 했다. 이로부터 이틀 후인 5월 27일 불교 신자 300여 명은 명진홍 목사에 대한 성토대회를 가지고 "대한예수교장로회는 이번 원주 사태에 대해 깊은 사회적·도덕적 책임을 절감하고 국민과 불교도들에게 공개 사과하라"는 등을 요구했다. 이어서 이들은 "불교를 비난하는 것이 예수의 가르침인가" 등의 플래카드를 앞세우고 가두시위를 벌이다 경찰과 충돌하기도 했다.

훼불 현상

또한, 불교에 대한 한국기독교의 공격적인 선교는 훼불(毀佛)로 나타났다. 훼불은 사찰에 보관되어 있던 불상을 물리적 폭력을 가해 부수거나 페인트로 망가뜨리는 등 타종교에 대한 한국기독교의 폭력성이 잘 드러나는 배타적 현상이라 할 수 있다.

---

13. 이정각, 『기독교 25시』, 해냄출판사, 1987, 270-272쪽.

훼불 현상은 1980년대 중반부터 나타나기 시작해서 1990년대에 절정을 이루었다. 1984년 2월 서울 삼각산 무량사와 일선사의 법당벽화에 빨간 십자가를 그려넣고 마애불을 심하게 훼손한 사건, 1987년 12월 제주 탐라교회의 신자가 관음정사와 대각사에 불을 지른 사건, 1989년 3월 서울 삼각산의 구복암에 있던 석등과 석탑을 파괴하고 금불상에 빨간 십자가를 그려넣은 사건 등은 1980년대에 이루어진 훼불의 대표적인 사례이다.

훼불 현상이 폭발적으로 증가하기 시작한 계기는 1993년 1월 군부대 내에서 이루어진 훼불을 통해서다. 이때는 30여 년간의 군사 통치를 끝내고 들어선 문민정부가 출범할 때였다. 잘 알다시피 문민정부의 수장인 김영삼은 "청와대에서 찬송가를 울리게 하겠다"는 한국기독교의 전폭적인 지지를 받으며 대통령에 당선된 정치인이었다. 충현교회(합동교단)의 장로이기도 한 김영삼은 1992년 대통령 선거 당시 "모든 종교에 대한 균형적 발전 정책을 시행"하겠다고 약속했지만 뜻대로 지켜지지 않았다. 김영삼 장로가 대통령으로 취임하자마자 서울의 성북구청은 관내의 20여 개 사찰을 안내하는 표지판을 아무런 사전 통보도 없이 강제 철거해 버리는가 하면, 목사의 부인이기도 한 황산성 환경처 장관은 교회 사람들을 집무실로 불러 함께 예배를 드려 공직자의 종교적 중립성 논란을 일으키기도 했다. 심지어 일선 예비군 중대장과 면장이 각각 예비군훈련통지서와 재산세고지서에 복음 전도의 문구를 담아 화제가 되었다. 아마 이들에게는 세상에서 성공한 자라야 기독교를 널리 전파할 수 있다는 '고지론적' 사고방식이 작용하지 않았을까. 이것이 장로대통령의 등장으로 힘을 얻으면서 타종교와 타인에 대해 무례한 전도의 방식으로 표출되었다.

1993년 1월에 이루어진 군부대 훼불 사건은 육군 17사단 전차부대에서 일어난 일로, 대대장 조병석 중령이 부대 내 법당을 강제 폐쇄해 창고로 쓰게 하고, 불상을 인근 야산에 갖다 버리게 함으로써 사회에 파장을 일으켰다. 당시 언론 보도에 의하면, 조병석 중령은 순복음교회의 장로로 평소에도 형평성을 잃은 종교 활동을 강요해왔다고 한다. 본인에게는 소신을 다한 전도 활동이겠지만, 다종교 사회에서 다른 종교에 대한 배려를 간과한 처사라 할 수 있다.

이와 같은 사실이 알려지자 불교계는 대규모 규탄법회를 가졌다. 문제의 조병석 중령은 구속되었고(곧바로 기소유예로 석방됨), 국방부는 사과를 표명하며 앞으로 군에서의 종교차별을 방지할 것을 약속했다. 하지만, 17사단 훼불사건이 일어난 지 2개월도 안 되어 김해 공군기지에서 이와 비슷한 일이 발생했으며, 논산 훈련소에서 인격지도 교육시간에 군종장교가 훈련병들을 상대로 특정 종교의 교리를 설교하고 세례서약을 받은 일이 발생했다. 이러한 일이 계속되자 훼불 현상은 멈출 기미를 보이지 않았고, 현재까지 툭하면 언론에 보도될 정도로 지속성이 있다. 최근에는 충남 예산에 위치한 모교회의 최 목사가 "수덕사가 무너지라"는 내용이 담긴 사진을 SNS에 게재해 파문을 일으켰으며, 봉은사에서 모 기독교단체 소속의 청년들이 사찰이 무너질 것을 기도하기도 했다. 불교에 대한 한국기독교의 공격적 선교, 승리주의는 멈출 기미를 보이지 않고 있다.

무지에 의한 적대

한편, 불교에 대한 한국기독교의 공격적 선교에는 '무지에 의한 적대'가 주요하게 작용하고 있었다. 일례로, 1990년 7월에 일어난 '예수재(豫

修齋) 소동'은 타종교에 대한 한국기독교의 몰이해를 잘 보여준다. '예수재'라는 것은 불교의 의식 가운데 하나로 불교 신자가 살아 있을 때 사후를 위하여 미리(豫) 공덕을 쌓는(修) 불교의식(齋)을 가리킨다. 이렇게 하면 불교 신자가 사후에 지옥 등의 고통의 세계에 떨어지지 않고 극락왕생할 수 있다고 한다. 사십구재나 수륙재가 죽은 자의 명복을 빌어 고인이 극락왕생할 수 있도록 하는 의식이라면, 예수재는 산 자의 명복을 미리 구한다는 차이점이 있다. 아주 지극히 불교의 색채가 짙은 의식이라고 할 수 있다.

그런데 명칭이 주는 오해가 발생했다. 예수재는 불교의 고유한 의식임에도 불구하고 몇몇의 기독교인들은 이것이 자신들이 믿는 '예수'를 모독한 것으로 여기고 사찰에 불교 비방문과 경고문을 붙여 예수재를 즉시 중단할 것을 요구했다. 당시 언론 보도에 의하면, 이들은 예수재의 즉각 중지와 회개를 촉구하는 대자보를 부착했다가 적발된 데 이어 사찰 근처의 주택가에서도 이 같은 내용의 게시물이 부착 또는 배달되었다고 한다.[14] 이 사건은 일시적인 소동으로 그쳤지만 상대방에 대한 몰이해가 어떻게 오해로 이어져서 배타주의로 발전했는지를 잘 보여준다.

여기에 덧붙여 한국기독교는 우상숭배에 대한 이해가 근본적으로 뒤틀려 있다는 것을 지적해야 할 듯싶다. 십계명에서 하나님은 나 이외에 그 어떤 것도 절대적 존재로 만들지 말고 우상을 새겨 섬기지 말라고 했다. 그러나 여기에서의 우상론은 가치관에 대한 이야기라고 할 수 있다. 쉽게 말하자면, 광야의 시험에서 예수가 뿌리쳤던 그 유혹들을 섬기지

---

14. 「일부 기독교인들 불교 豫修齋를 예수齋로 오해 훼불 물의」, 『동아일보』, 1990년 7월 28일자.

말라는 의미이다. 그러나 한국기독교의 현실은 어떠한가. 눈에 보이는 우상을 만들지 않았을 뿐 돈·섹스·권력이라는 우상을 섬기고 있지 않은가. 한국기독교가 배타적 타자를 설정하고 공격하는 데 주력하기보다 '자기 안의 우상'을 내다보는 자성의 태도를 갖추었으면 한다.

죽음에 대한 무례함[15]

사실 고통 그 자체는 문제가 아니다. 괴로운 것은 고통이 어떻게든 설명되지 않을 때이다. 이유를 알 수 없고, 의미를 찾을 수 없을 때 그래서 그 고통이 정당한 것으로 받아들일 수 없을 때 비로소 괴로움이 생겨난다. 이러한 이유로 고통을 설명하는 문화적 장치들이 만들어지게 되었다. 그 논리와 방식은 시대와 지역마다 천차만별이겠지만 말이다.

대형 참사는 순식간에 수많은 사람의 목숨을 빼앗아가는 거대한 고통인 만큼, 대형 참사를 설명하기 위한 논리들이 필요했다. 이를 위해 기독교는 절대적 존재인 신과 세상의 거대한 악이 공존하는 모순을 합리적으로 풀어내기 위해 신정론을 만들어냈다. 신정론은 기독교의 역사가 이천년 동안 이어질 수 있는 토대를 제공했다. "신은 전능하다"와 "신은 우리를 사랑한다"는 명제를 안고 사는 기독교인은 고통의 문제가 해결되지 않을 경우 신앙이 무너질 가능성이 높기 때문이다. 따라서 고통의 문제는 논리적으로 설명이 가능한 그 무엇이어야 했다. 기독교인은 고통의 문제를 정당하고 타당한 것으로 설명해야 하는 강박을 가질 수밖에

---

15. 2015년 4월 16일자 〈청어람매거진〉에 실린 필자의 글, 「이웃의 고통을 종교적 자원으로 삼는 한국교회의 민낯」을 수정·보완한 내용이다. 원글은 http://ichungeoram.com/8768에서 확인할 수 있다.

없었다.

성서의 인물 가운데 욥은 신정론의 주요 테마로 자주 등장한다. 풍족한 삶을 살았던 욥에게 재앙은 순식간에 찾아왔다. 욥은 많은 재산과 자식들을 잃었을 뿐만 아니라 자신도 병에 걸려 고통을 당하게 되었다. 이때 욥의 세 친구가 등장한다. 이들은 고통 가운데 괴로워하고 있는 욥을 향해 위로는커녕 욥이 신에게 잘못했기 때문에 고통을 받고 있는 것이 아니냐는 얘기를 한다. 욥의 친구들은 욥의 고통에 위로와 희망을 나누기보다 문제의 원인을 지적하기에 바빴다. 여기에서 욥의 친구들은 하나님에게 잘못을 저지르면 고통이 돌아온다는 일종의 '업보론적 신정론'을 주장하고 있다.

업보론적 신정론은 고통의 문제를 합리적으로 설명해야 한다는 강박을 가진 오늘날의 기독교인에게도 쉽게 찾을 수 있다. 적지 않은 기독교인들이 업보론적 신정론으로 고통의 문제를 설명해 사회적 물의를 일으킨 적이 있었기 때문이다. 대표적인 예로, 2005년 1월 2일 에스겔 9장을 근거로 서남아시아의 쓰나미 사태를 하나님의 심판으로 설명한 김홍도 목사의 설교를 들 수 있다. 왜냐하면, 그가 보기에 이 지역은 우상숭배로 죄악이 넘쳐나는 장소였기 때문이다. 이슬람포비아가 밑바탕에 깔린 김홍도 목사의 업보론적 신정론은 엄한 아버지가 잘못을 저지른 자식에게 냉혹한 벌을 내리는 모습과 흡사했다.

더욱 큰 문제는 대형 참사와 같은 고통의 문제를 업보론적 신정론을 설명하기 위해 이용한다는 사실이다. 말하자면 한국기독교는 타인의 비극적인 죽음을 자신의 종교적인 자원으로 삼으려고 한다. 2005년 1월 9일 일주일 전 쓰나미 사태를 하나님의 심판으로 설교한 김홍도 목사는 하나님의 축복을 많이 받기 위해서 그만큼 투자가 있어야 한다는 요지의 설교를 한 적이 있었다. 이때 김홍도 목사는 "하나님의 방법대로 안 살면서 돈 많고 벼슬하고 잘 사는 것은 동남아시아에 지진과 해일이 덮친 것처럼 언제 날아갈지 모르는 것입니다. 보장이 없는 것입니다"라는 경고로 설교를 끝마쳤다. 쓰나미 사태를 멸시의 수단으로 사용한데 이어, 물질적 헌금을 거두기 위한 협박 수단으로 이용한 것이다.

이러한 예는 1995년에 일어난 삼풍백화점 붕괴사고와 2003년에 발생한 대구지하철 방화 사고에 대한 기독교인의 '기억'에서도 발견할 수 있다. 먼저, 《천국은 확실히 있다》라는 책으로 유명세를 탄 토마스 주남 (Choo Nam Thomas)을 따르는 인터넷 카페에 게재된 "삼풍백화점이 무너진 진짜이유"라는 제목의 글을 보면, 하나님의 종인 목사를 괴롭히는 대가로서 삼풍백화점이 무너졌다는 식으로 설명하고 있다. 삼풍기업의 회장인 이준 회장은 1970년대 초반에 여의도순복음교회를 지은 적이 있는데, 비용 문제로 조용기 목사를 못살게 굴었기 때문에 백화점 붕괴와 같은 참변을 당했다는 설명이다. 이뿐만이 아니다. 박한상 사건의 경우 교회에 헌금을 바치지 않아 초래된 것으로도 묘사하였다.[16]

192명이 사망하고 148명이 부상당해 삼풍백화점 붕괴사고 이후 최대 규모의 사상자가 발생했다는 대구지하철 방화사건에 대한 기억은 어떨까. 이와 관련하여 대구기독교총연합회는 한바탕 난리의 중심에 있었다. 먼저, 2003년 사고 당시 대구기독교총연합회는 추도문을 발표한 적이 있는데, "한국의 예루살렘이라고 불리우던 우리 대구가 우상의 도시로 변질된 것"에 대한 우려를 나타냈다. 추도문 말미에 유족들에 대한 위로

---

16. 1994년 5월 19일에 발생한 박한상 사건은 미국 유학 도중 도박에 빠진 박한상이 부모의 재산을 가로채기 위해 친부모를 살해한 존속살해사건이다. 그의 아버지는 교회의 안수집사였다고 한다.

를 전하고 있긴 하지만, 죽은 사람을 생각하며 애도하는 글에 들어갈 적절한 표현은 아니었다. 몇 년 후 대구기독교총연합회는 대구 팔공산에 불교테마공원을 조성한다는 소식을 접하고 이를 반대하기 위한 동영상을 제작한 적이 있다. 그런데 이 동영상에는 대구가 통일대불과 같은 우상을 세웠기 때문에 1995년 가스폭발사고와 2003년 참사를 겪게 되었다고 표현해 사회적 물의를 일으켰다.

위의 예들을 통해 볼 때, 한국기독교는 타인의 죽음을 종교적 자원으로 삼는 몹쓸 발언을 심사숙고 없이 과감하게 내뱉는 우를 범했다. 이런 발언들은 당시의 상황과 맥락에 따라 한국기독교의 특정한 목적을 이루고자 하는 의도가 있었다. 삼풍백화점 붕괴사고나 박한상 사고의 원인을 목사에 대한 불순종으로 설명함으로써 사제주의를 강화시키려 했고 대구지하철 방화 사고를 우상숭배의 결과로 규정지음으로써 불교에 대한 특혜를 봉쇄하려고 했다. 타인의 고통과 죽음은 신앙이라는 이름으로 수단화될 뿐이다. 거기디 사고의 원인과 배경을 업보론적 신정론으로만 이해하다보니 가해자와 피해자의 경계가 모호해지는 기현상이 발생한다. 아니, 오히려 피해자야말로 사고의 원인을 제공한 죄인으로 규정될 여지가 생겼다. 고통을 당하고 있는 욥에게 "악을 갈아 재난을 뿌리는 자는 그대로 거두더라"고 말한 엘리바스의 논리처럼 말이다.

대형 참사를 업보론적 신정론으로 해석하는 태도는 이들이 비합리적이기 때문이 아니다. 오히려 이들은 합리주의의 과잉에 시달리고 있다고 볼 수 있다. 업보론적 신정론은 고통의 문제를 신의 존재와 모순 없이 해결해야 한다는 강박이 작용하기 때문이다. 또한, 타인의 고통이 어떠할지를 상상하고 공감할 수 있는 감수성이 결여되었기 때문에 가능한 신정론이기도 하다. 그들에게 대형 참사의 원인은 돈에 대한 욕심, 규제의 완화, 어른들의 무책임 등으로 설명되지 않는다. 여기서 큰 문제가 발생한다. 이들은 타인의 고통을 자신들의 방식대로 설명하기에 바쁠 뿐 그 아픔을 함께 나누려고 하지 않는다.

누가복음 7장에 보면, 죽은 과부의 아들을 되살리는 예수의 모습이 기록되어 있다. 예수는 외아들을 잃은 어머니에게 "울지 말아라(13절)"라고 위로한 뒤 "젊은이여 일어나라(14절)"고 외치며 이적을 행한다. 그 결과 죽음의 강을 건널 뻔했던 아들은 살아 움직이기 시작했다. 15절에서 "예수께서 그를 그 어머니에게 돌려주었다"고 표현했다. 뭔가 뭉클한 구절이다. 세월호 참사가 발생한 지 2년이 되었다. 우리는 예수와 같이 죽은 사람을 소생시키는 재주를 가질 수는 없다. 다만, 가슴에 자식을 묻은 부모의 마음에 상처를 내는 불상사는 미연에 막을 수 있으며, 이웃의 아픔과 고통에 여러 가지 방식으로 동참할 수 있다. 지난 2년 동안 세월호 참사와 관련하여 한국기독교는 '망언의 종교'로 치부되었다. 부디 앞으로는 타인의 고통을 수단화하지 말고 오롯이 공감하고 애도하는 종교가 되었으면 한다.

12. 기독교기업의 잔혹사

한국현대사는 노동자들의 처참한 희생을 요구하며 압축적인 근대화의 과정을 거쳤다. 농촌에서 도시로 이주한 수많은 사람들은 '산업역군'이라 불리며 가혹한 노동조건을 감수해야 했다. 휴일도 없이 하루 12시간 일을 해야 했으며, 잠이 오지 않게 하는 약 '타이밍'을 먹어가며 밤을 새야 했다. 나이 어린 소녀들은 각종 직업병 때문에 시들시들 말라갔다. 그렇다고 회사에서 월급을 정해진 날짜에 맞춰 꼬박꼬박 주는 것도 아니었다. 휴가나 퇴직금을 바라는 것은 사치였을 정도다. 직업병에 걸리거나 산업재해를 당했을 때는 개인이 해결해야 할 문제였을 뿐이다. 이런 열악한 노동조건들은 1970년 11월 13일 평화시장의 전태일이 "근로기준법을 지켜라"고 외치며 자신의 몸을 불태운 이유가 되었다.

컴패션 집단해고 사건

노동자들은 사업주의 착취와 횡포에 맞서기 위해 노동조합을 결성하기 시작하였다. 노동자들의 단결권과 단체교섭권, 그리고 단체행동권은 노동자의 인간다운 생활을 보장하기 위해 마련된 법적 장치이다. 그러나 법은 멀고 주먹은 가깝다는 말이 있었다. 헌법에 명시된 권리임에도 불구하고 노동조합의 결성은 한국근현대사에서 아주 극심한 탄압을 받아야 했다.

1966년 10월에 발생한 컴패션(Compassion) 집단해고는 노동조합의 결성에 대한 기독교계의 부정적인 입장을 확인할 수 있는 최초의 사건이다. 컴패션은 한국전쟁 당시 전쟁고아의 참상을 목격한 에버렛 스완슨(Everett Swanson) 목사에 의해 설립된 국제적인 구호단체이다. 처음에는 '에버렛 스완슨 전도협회(Everett Swanson Evangelistic Association)'라는 명칭으로 시작되었으나 1962년 "내가 무리를 불쌍히(compassion) 여기노라"라는 성서구절에 영감을 받아 명칭이 '컴패션'으로 개명되었다. 1960년대에 이르러 컴패션은 1만 5천명에 달하는 한국의 고아들을 돕는 구호단체로 발전하였다.

문제는 1966년 8월 27일 컴패션 한국사무실에서 근무하는 70여 명의 한국인 직원들이 노동조합을 결성하면서 시작되었다. 이들은 미국인 책임자의 인종차별, 행정계통을 무시한 독단적인 처사 등에 반감을 가지고 있다가 전 직원의 월급을 아무런 상의도 없이 삭감 조치하겠다는 계획을 알게 되면서 노조를 만들었다.[1] 이때는 컴패션의 창립자인 스완슨 목사가 사망한 이후의 시기다. 그의 후임은 인도에서 30년 간 선교 사업에 종사한 헨리 하비 목사였다.

노조가 결성된 지 약 40일 정도 지난 10월 10일 컴패션은 돌연 13명

---

1. 「컴패숀에 노조 결성」, 『기독신보』, 1966년 8월 27일자.

(문서번역과 4명, 현지시찰조사부 2명, 총무부 7명)의 직원을 해고하겠다는 방침을 밝혔다. 예산상의 문제로 이들을 해고할 수밖에 없다는 이유에서다. 그리고 문서번역과는 고아원과 직접적인 관계가 없는 부서, 현지시찰조사부는 고아원의 반발을 받고 있는 부서, 총무부는 미국에 없는 부서라는 이유를 들었다.[2] 그런데 해고 조치된 대부분의 직원들은 노조 결성의 주도인물이었다는 점에서 노조 결성에 따른 보복조치가 아니었겠냐는 추측이 제기되었다.[3] 이 사건은 예산삭감으로 인한 부득이한 정리해고냐 아니면 예산삭감을 명분으로 한 노조에 대한 탄압이냐는 두 가지 쟁점으로 압축할 수 있다.

컴패숀 측의 갑작스런 해고 통지에 이들은 해임 조치를 취소할 때까지 저항하기 시작했다. 그리고 컴패숀에 남아있는 직원들은 공동서명으로 '복직의 고려'를 요청하는 진정서를 하비 목사에게 제출하였다. 그러나 하비 목사는 아주 단호하게 이들의 복직불가를 선언하였다. 그런데 해고 조치된 이들이 계속 출근하자 하비 목사는 문을 닫고 들어오지 못하게 하거나 신분증을 발행하여 신분증 소지자만 들어오게 하는 방법 등을 구상하였다. 심지어 하비 목사는 경찰을 동원하여 이들을 끌어내는 것까지 생각하였다. 하비 목사는 "아무리 한국법이 뭐라고 해도" 이들의 복직을 거부하겠다는 입장을 고수하였다.[4]

그런데 결국 이들의 복직은 이루어졌다. 1966년 11월 16일 서울특별시지방노동위원회는 "지난 10월 10일부로 해고시킨 13명에 대해서 즉

---

2. 「컴패숀 회장 헨리 하비 목사 단독회견기」, 『기독신보』, 1966년 10월 15일자.
3. 「컴패숀 한인직원 돌연 13명 해고」, 『기독신보』, 1966년 10월 15일자.
4. 「컴패숀 해고 사건 들어나는 감정 인사」, 『기독신보』, 1966년 10월 22일자.

시 원직에 복직시킴"과 동시에 "해고 기간 중의 임금을 지급"하라는 판정통보를 내렸다. 여기에는 몇 가지 이유가 있으나 결정적인 점은 캠패션 측이 전 직원에게 노조 탈퇴를 강요하였고, 해고된 13명이 노조 간부이거나 노조에 적극 참여한 인사였기 때문이었다.[5]

컴패션 집단해고 사건은 이후에 전개될 기독교기업 측과 노조 간의 갈등을 예고한다고 볼 수 있다. 컴패션은 구호단체임에도 불구하고 조직의 운영방식은 너무나 폭력적이었고 불법을 자행하는 데 별다른 불편함을 느끼지 않았다. '기독교'를 표방한다면 조직의 운영방식에 대한 대안적인 고민이 필요한데도 말이다. 이런 점에서 컴패션 집단해고 사건은 기독교를 표방하는 조직이 얼마나 쉽게 이율배반적인 함정에 빠질 수 있는지를 잘 보여주는 사례다.

초창기 산업전도

한편, 컴패션 집단해고 사건(1966)이 한창일 때 일반 기업체에서는 새로운 전도운동으로 부각되고 있는 산업전도가 전개되고 있었다. 산업전도는 산업시대에 대응하기 위한 전도방식으로 기업주와 노동자들을 교회로 끌어들이려는 성격이 강했다. 여기에는 착취를 당하고 있는 노동자들의 문제에 대한 관심은 없었다. 오히려 산업전도는 노동자보다 기업주와의 관계를 매우 중요시하였다. 이는 기업주나 간부만 잘 전도해도 낙수효과 때문에 거기에서 일하고 있는 노동자들이 신앙을 갖게 될 것이라는 '고지론적인' 사고방식이 작동한 까닭이다. 고지론(高地論)은 기

---

5. 「서울노동위 컴패숀 사건에 판정」, 『기독신보』, 1966년 11월 26일자.

독교인이 보다 더 높은 자리로 올라가면 갈수록 더 선하고 좋은 영향력을 발휘할 수 있다는 생각을 의미한다. 물이 위에서 아래로 흐르듯이 말이다. 한 산업전도 관계자는 "중역들과 간부들에게 전도하는 일이 노동자에게 전도하는 것만큼, 때로는 그 이상으로 중요하다는 사실을 기억해야 한다"라고 강조할 정도였다.[6]

산업전도의 출발은 매우 순조로웠다. 기독교인 기업주들은 자신들이 운영하는 공장에서 이루어지는 전도에 대해 아무런 거부반응을 보이지 않았다. 심지어 기업주가 기독교인이 아니더라도 요청이 올 정도였다. 한 예로, 서울통상의 기업주는 불교신자임에도 불구하고 예배실까지 따로 마련해주고 예배에 적극적으로 협조했다고 한다. 이들이 산업전도를 환영한 이유는 설교의 내용이 자신들의 의도와 부합했기 때문이다. 이때 이루어진 설교는 주로 "여러분의 온갖 근심 걱정을 송두리째 하나님께 맡기십시오. 하나님께서는 언제나 여러분을 돌보십니다(베드로전서 5:7)", "수고하고 짐진 사람은 다 내게로 오라. 내가 너희를 편히 쉬게 하리라(마태복음 11:28)" 등의 성서 구절을 바탕으로 모든 근심을 하나님께 맡기고 범사에 감사한 마음으로 일에 성실히 임하라는 내용이었다.[7] 현재는 고통스럽고 힘들지라도 참고 윗사람에게 순종하고 견디면 저 천국에서 영광을 얻을 수 있다는 내용이다. 불의한 일에 대해 문제를 제기하기보다 고통을 감내하고 인내할 것을 요구했다. 심지어 일요일에 일하는 문제에 대해서도 "지금 여러분이 노력해야 할 일은 한국의 경제수준

---

6. 오철호, 「한국에 있어서의 산업전도의 실태」, 『기독교사상』, 1961년 5월호, 65쪽.

7. 차옥숭, 「한국의 노동문제와 교회」, 이화여대 기독교학과 석사논문, 1977, 59~60쪽.

을 높이는 일이다. 이것이 달성됨으로써 여러분이 봉착하고 있는 일요일에 일하는 문제가 해결 되리라고 믿으며 그러한 날이 꼭 오리라고 믿는다"라고 하면서 주말 근무를 정당화하였다.[8] 성서에 대한 해석과 여기에서 도출되는 윤리와 교리가 기업주의 이해 안에서 채택되고 전파되었다.

강제예배 반대운동

그렇다면 '기독교기업'이란 무엇을 의미할까? 기업은 기본적으로 이윤 추구를 목적으로 한 자본과 노동의 결합체라고 할 수 있다. 기업은 자본과 노동이 근로계약이라는 법적 매개를 통해 결합되어 활동하는 사회적 조직이다. 비록 그 기업의 기업주가 특별한 경영철학이나 이념을 가지고 있다 하더라도 자본과 노동의 관계는 기본적으로 법적 관계를 떠나서 논할 수 없다. 그러므로 양자의 관계는 계약취지에 맞게 각자의 의무를 성실히 이행해야 한다. 기업주는 정당한 임금과 인간다운 노동환경을 제공해야 하며 노동자는 자기가 계약상 담당한 업무를 충실히 수행해야 하는 것이다.

문제는 기업의 이념이 특정 종교를 표방할 경우 수반되는 억압적 상황에 있다. 기업이 노동자들에게 기독교를 강요하는 건 종교의 자유를 보장하는 헌법과 근로기준법을 위반하는 행위이다. 기업이 기독교를 강요하는 이유는 크게 두 가지다. 하나는 종교를 통한 노동의 통제이며, 다른 하나는 회심에 대한 잘못된 이해이다. 전자의 경우 기독교기업은 종교를 통해 기업정신에 동조하고 순응하는 태도와 의식을 노동자들에게

---

8. 「주일에 일하는 문제」, 『산업전도』 제5호, 1964.12, 3쪽.

내면화하려고 한다. 즉 기독교를 기업성장의 도구로 사용하는 것이다. 후자는 기독교로의 개종을 강제하는 크리스텐덤(Christendom)적 방식이다. 그런데 이 둘은 별개의 차원으로 진행되지 않고 서로 맞물리는 경향이 강하다. 대표적인 사례로 1970년 초반부터 문제가 된 강제예배를 들 수 있다. 먼저, 강제예배에 시달렸던 노동자들의 증언을 들어보도록 하자.[9]

사례1. 우리 회사에서는 전 종업원이 모이는 것은 1달에 한 번, 기숙사는 매주 목요일에 예배를 보았다. 예배는 방목 기계를 치우고 현장에서 보는데, 마루 바닥에 앉아서 보기 때문에 마루 바닥에 기름이 배어있어 종이를 깔아도 기름이 배어들어와 그것이 제일 싫었다. 예배에 들어갔는지 안 들어갔는지는 기숙사 사람이 체크하고, 정문에서는 경비병이 일체 나가지 못하게 했다. 심지어는 변소도 열어보고 방마다 조사한다. 예배에 참석치 않은 것을 들킬 경우엔 1주일 동안 외출이 금지되고 변소청소, 풀 뽑기를 시켰다. 교회에 착실히 나가는 사람에게는 외출 특혜도 준다. 그렇기 때문에 비기독교인인 경우 심한 경우에는 캐비넷 속에 숨는 경우도 있다. 설교 내용은 귀에 들어오지 않고 재미가 없어 책을 보거나 라디오에 레시바를 꽂고 듣기도 한다.

사례2. 내가 다니던 공장에서는 매주 월요일마다 예배를 보았다. 예배에 참석하고 안하고는 보너스와 승급에 관계가 있었다. 목사가 설교하는 가운데 '근심하지 말라. 하나님이 너희와 함께 계신다'라는

---

9. 차옥숭, 「한국의 노동문제와 교회」, 63-64쪽.

내용을 이야기하자 이곳저곳에서 '배가 부르니 저런 소리를 하는 거야, 저 얼굴에 기름 흐르는 것 좀 보아'하는 식의 욕설이 터져 나왔다.

사례3. 우리는 종업원이 300명인 조그만한 섬유 회사였다. 예배는 일주일에 화요일과 금요일 2번 예배를 보았다. 예배는 사장 부인이 인도했다. 사장 부인은 우리 모두 한사람도 빠짐없이 예배를 보도록 극성을 떤다. 그러나 일이 바빠지면 예배는 중단된다. 이러한 사실에 종업원들은 '일이 바빠지면 예배를 중단하고 하나님보다는 돈이 좋은 모양이지', '자기네들이 하나님을 믿으면 믿었지 왜 우리에게까지 강요를 한담'하는 식의 불평을 털어 놓는다.

이상과 같이 기독교기업이 강요한 기독교문화는 노동자들에게 억압과 폭력으로 작용하였다. 여성노동자들은 예배에 불참하는 것이 발각될 경우 1주일 동안 기숙사 외출이 금지되거나 풀 뽑기 등의 벌을 감수해야 했다. 심지어 예배출석은 보너스, 승급과 긴밀히 연관되기도 했다. 이것은 기독교인 기업주가 자신의 종교적 행위에 몰두한 나머지 열악한 노동조건에서 힘겹게 일하고 있는 노동자들의 삶과 처지에 대한 상상력이 결핍되어 있음을 보여준다. 설교 내용도 노동자들에게 근면과 복종을 강조하는 내용인 만큼 노동자들의 공감을 얻기 힘들었을 것이다. 현실의 문제와 괴리된 설교가 지루하게 선포될 뿐이다. 거기다 평소에는 예배를 강요하면서도 바쁠 경우 예배를 중단하는 일관성의 결여도 노동자들에게는 기독교인의 위선으로 밖에 보이지 않았을 것이다.

1970년대 초반 강제예배 문제로 노사갈등을 겪은 대표적인 회사는 동아염직과 대한모방이었다. 두 회사는 대부분의 간부들이 교회에 다니고 있던 이른바 '예수 믿는 회사'였다. 특히, 동대문 지역의 중심교회인 동신교회는 이 두 회사와 깊은 관련이 있었다. 당시 동아염직의 사장 이봉수와 대한모방의 사장 김성섭은 모두 동신교회의 장로였기 때문이다. 먼저, 동아염직의 이봉수 장로는 어릴 적부터 '작은 예수'라는 별명으로 불릴 정도로 신앙이 독실한 것으로 알려져 있었다. 그는 평안북도 의주가 고향이지만 북한 정권이 들어서면서 신앙의 자유를 위해 월남한 실향민이었다.

이봉수 장로는 공장의 모든 노동자들에게 종교를 불문하고 정인영 목사(영은교회)가 설교하는 예배를 보게 했다. 종교의 자유가 침해당한 것도 그렇거니와 12시간이나 되는 장시간의 노동에 지친 노동자들의 피곤함을 무시한 처사였다. 이것은 노동자들에게 정신적인 고통뿐만 아니라 육체적으로도 괴로운 일이었다. 이 문제가 지속적으로 발생하자 동아염직의 여성노동자들은 저항하기 시작했다. 1973년 1월 15일 그녀들은 자신들의 요구를 문서에 담아 회사에 제출했다. 그녀들은 회사의 강제 예배가 종교의 자유와 사생활의 자유를 속박하는 처사이자 선교에 역행한 것이라고 비판했다.[10] 그녀들은 회사가 강제적 수단으로 행해지고 있는 예배를 그만두고, 노동자가 자유의사에 따라 예배를 볼 수 있어야 한다고 주장했다. 또한, 예배에 불참했다는 이유만으로 부당한 처사를 주지 말 것을 요구하였다. 하지만, 회사 측의 대응은 강경했다. 동아염직은 이 일에 앞장섰던 노동자를 기숙사에서 쫓아내는 등 갖은 수단으로 탄압하기에 바빴을 뿐이다.

---

10. 「신앙의 자유와 기숙사에서의 사생활간섭금지를 요구한 동아염직노동자들」, 『노동현장과 증언』, 풀빛, 1984, 373쪽.

강제예배 문제에 대해 항의하고 있는 대한모방 노동자들의 성명서. (출처: 민주화운동기념사업회)

대한모방의 경우도 이와 매우 비슷하다. 당시 대한모방의 사장은 2009년 장로회신학대학교에 10억 원을 기부한 바 있는 김성섭 장로였다. 그도 동아염직의 이봉수 장로와 마찬가지로 평북 의주 출신에다가 동신교회의 장로였다. 김성섭 장로는 매월 한차례와 매주 한차례씩 노동자들에게 예배를 강제로 보게 했다. 12시간 동안 중노동에 시달렸던 여성노동자들이 기독교가 무엇인지도 모른 채 피곤한 몸을 가누지 못하고 앉아서 조는 모습은 "예배라기보다는 차라리 강제노동과 같은 고통을 주는 일"이었다고 한다.[11] 매주 목요일마다 퇴근 후에 진행한 기숙사예배에 참여하지 않으면 외출이 무기한 정지되었다. 처벌을 받은 여성노동자는 감옥 아닌 기숙사에서 부당하게 자유를 빼앗기고 외부와의 접촉이 단절된 채 어떠한 급한 일이 있어도 외부로 나갈 수 없었다. 당시 대한모방에 근무하고 있던 임경자는 예배에 한 번 빠졌다는 이유만으로 2개월 동안 기숙사 외출 정지를 당해야 했다고 한다. 예배에 한 번 빠진 것치곤 아주 가혹한 처벌이었다. 기독교인 기업주들이 진정으로 예수의 사랑을 아는 자라면 예배를 강요하기보다 집에 가서 휴식을 취할 수 있도록 해야 하지 않았을까.

기독교기업의 부당해고와 복직운동

대한모방은 강제예배 이외에도 여성노동자들에게 주말마다 18시간 노동을 강요했다. 토요일 저녁 6시에 출근해서 다음날 일요일 낮 12시가

---

11. 임경자, 「강제 예배도 예배 입니까」(1973.4.11.), 민주화운동기념사업회 아카이브등록번호: 00835634.

되어야 퇴근할 수 있었다. 이에 여성노동자들은 행동에 나섰다. 강요된 예배와 18시간 노동에 빼앗긴 자신들의 시간과 삶을 되찾기 위해서다. 1973년 1월 9일 대한모방의 여성노동자들은 '강제예배 중지'와 '18시간 노동 철폐'를 요구하기 시작했다. 하지만, 회사 측은 사칙위반이라는 명분으로 네 명의 여성노동자들을 부당 해고하였다. 대한모방은 이들에게 구두로 해고를 통보하고 경비원들을 통해 5분 이내로 퇴사할 것을 명령했다. 대신, 대한모방은 강제예배 중지와 18시간 노동 철폐, 그리고 법적 점심시간 준수 및 주1일 휴일을 실시하기 시작했다. 대한모방은 문제가 확산되는 것을 미연에 방지하기 위해 그녀들의 요구를 들어줬지만 일벌백계의 효과를 주기 위해 여성 노동자 4명을 집단 해고시킨 것이다.

이제 남은 문제는 부당하게 해고된 여성노동자들의 복직이었다. 먼저 집단 해고를 당한 네 명의 여성노동자들은 각계에 협조를 요청하는 진정서를 제출하였고 대한모방을 근로기준법 위반과 근로자 인권침해혐의로 고소하였다. 그러고는 대한모방의 사장 김성섭 장로가 다니고 있던 동신교회에서 단식농성을 감행하기 시작했다. 2007년 대표적인 기독교 기업인 이랜드의 집단해고에 맞서서 사장 박성수 장로가 다녔던 사랑의교회 앞에서 농성을 벌인 비정규직 노동자들의 모습과 오버랩된다. 하지만, 동신교회 측에서는 농성중인 노동자들의 편을 드는 도시산업선교회가 예배를 방해한다는 내용의 유인물을 전 교회에다 배부할 뿐이었다.[12] 이외에도 그녀들은 다른 교회를 찾아가 호소해 보았으나 당시 한국기독교는 여의도 5·16광장에서 열린 빌리 그래함 전도대회에 "눈과 귀와

---

12. 『노동현장과 증언』, 378쪽.

마음이 완전히 사로잡혀 있는 때"였기 때문에 아무것도 듣지 못했다.[13]

다른 한편, 대한모방에 남아있던 여성노동자들은 동료들의 복직을 위한 서명운동을 전개하였다. 이들도 동신교회 부흥회에 찾아가 시위를 하였으며, 복직운동에 앞장서지 않고 있는 노조를 규탄하였다. 이에 대해 대한모방은 아주 강경하게 대응하였다. 대한모방은 복직운동에 참여하고 있는 노동자에게 부서이동 및 기숙사 외출금지 등의 방법으로 패널티를 주는가하면, 작업시간 중에 수시로 불러내어 회유 및 협박을 하였다. 퇴근시간 후에도 2~3시간씩 붙잡아 두면서 사람을 피곤하게 만들었다. 1973년 5월 30일 대한모방은 예배라는 명목으로 전 종업원을 모아 놓고 영등포 도시산업선교회를 규탄하는 결의문을 채택하였다. 이때 대한모방은 집단해고가 사칙에 따른 당연한 조치임을 다시 강조하였다. 그러나 싸움이 확대되는 것을 우려한 정부가 문제해결에 나서면서 일단락 되기 시작했다. 해고 노동자를 복직하고 그 동안의 임금을 100%지불하는 합의가 채택된 것이다. 하지만, 해고 노동자들은 복직과 동시에 회사를 떠나야만 했다.

믿음과 사랑으로 위장한 신애전자

1970년대에 신비한 치유능력으로 전국적인 유명세를 탄 현신애 권사가 있었다. 그녀가 만든 '천국 다이야찐 고약'은 소금물로 반죽된 밀가루 떡인데, 그것을 환부에 붙이면 거짓말 같이 병이 나았다고 한다. 그녀의 치유 사례를 담은 《능력의 증언》을 보면, 위궤양과 고혈압, 심장병과

---

13. 박형규, 「소외된 대중과 교회의 선교」, 『기독교사상』, 1973년 7월호, 30쪽.

신장병, 뇌암, 위암, 자궁암 등 그녀가 못 고친 병은 없었다. 혹자는 현신애 권사가 약 70만 명의 사람들을 고쳤다고 한다. 어쨌든 그녀는 영험한 치유능력으로 많은 돈을 벌 수 있었다. 일례로, 1986년 현신애 권사는 자신의 일부 재산을 정리하여 예장 합동교단의 대표적인 대형교회인 충현교회에 30억 원이나 기부했을 정도였다.[14] 그런 그녀가 1986년에 설립된 신애전자의 회장으로 나타난 것은 전혀 어색할 일이 아니었다. 신애전자는 카스테레오 전문업체로 약 350명의 직원이 근무할 정도로 큰 규모를 자랑하였다.

그런데 사람의 병을 기적적으로 치유하는 권사가 회장으로 있는 회사였지만 노동자들에게는 몸과 마음의 병을 주기에 바빴던 모양이다. 당시 신애전자의 사장은 정진종이라는 인물로 동대구교회(예장 합동)의 장로였다. 그는 대구에서 창신기업을 운영하던 중 현신애 권사의 수양아들이 됨으로써 신애전자의 사장이 될 수 있었다고 한다. 정진종 장로는 자유당 시절 경찰서장과 지리산 토벌대장을 지낸 경력의 소유자였다. 그래서인지 그의 노무관리는 입사 시 강제적으로 사직서 받아두기, 생산라인 · 기숙사 · 식당 · 화장실 등에 감시카메라 설치하기, 한 달 평균 여자 100시간 · 남자 140시간 이상의 연장근무 강요하기, 일주일에 2~3일 이상의 철야근무 강요하기, 납땜으로 인한 유독연기 문제 방치, 두발과 복장검사 등 대단히 군사적이고 폭력적이었다. 신애전자는 근로기준법을 엄청나게 위반하는 노동조건으로 노동자들을 일만하는 기계로 착취하였다.

그런데 이뿐만이 아니다. 신애전자는 대략 40분 정도의 시간이 소요

---

14. 「충현교회 북한선교원에 현신애 권사 30억 기증」, 『경향신문』, 1986년 3월 24일자.

되는 예배에 참석시키기 위해 노동자들을 매일 아침 일찍 나오게 했다. 신애전자는 강제예배를 통해 장시간 노동에 시달린 노동자들을 편히 쉬도록 내버려 두지 않았다. 당시 이 회사에 근무하고 있던 김 아무개(19)가 "특히 오전 7시 40분까지 출근해 강제로 예배에 참석하는 것은 없어져야 한다"라고 분개할 정도로 강제예배는 노동자들의 큰 골칫거리였다.[15] 앞에서 본 동아염직과 대한모방의 강제예배는 한 달이나 한 주에 한 번 정도로 치러진 것이었지만, 신애전자는 매일 강제예배가 이루어졌다. 이때의 설교도 자본가의 착취를 합리화시키는 내용으로 비인간적 노무관리를 정당화하였다.[16] 이른바 '하나님의 종'이라는 박래출 목사(구로성결교회)는 "노사분규의 원인은 노동자가 돈 욕심이 많기 때문이다", "잔업 철야를 많이 하면 젊을 때 일 많이 하게 되어 좋은 것이며 하나님께 감사해야 한다", "이 세상 고생은 아무것도 아니다. 천국에서 하나님이 모든 것을 예비하고 계신다"라며 노동자에 대한 착취를 정당화하였다. 심지어 예배 시간에는 두발 검사와 복장 검사를 하거나 여성노동자들의 몸치장이나 걸음걸이 등을 검열하기도 했다. 물론, 예배시간은 무급 처리되었다.[17] 기독교를 빙자한 신애전자의 착취에 대해 노동자들은 노조를 만들어 맞서기 시작했다. 노조와 회사 간에는 강제 철야 작업의 철폐와 예배참석의 자유 등을 합의했지만, 회사 측은 노조에 가입한 노동자들에게 출근정지 명령을 내리고 노조 간부들을 해고하였다.

---

15. 「인격보장 요구에 휴업 공고」, 『한겨레』, 1988년 9월 15일자.

16. 「신애전자는 악덕기업입니다」 (민주화운동기념사업회 아카이브등록번호: 350033)

17. 「일천만 기독형제에게 드리는 호소문」(1988.11.6) (민주화운동기념사업회 아카이브등록번호: 350060)

1988년 10월 27일 신애전자 노동자들이 회사 앞에서 시위를 벌이다 경찰에 의해 강제로 해산을 당하는 모습. (출처: 1988년 10월 29일자 《한겨레》)

　노조가 회사의 부당한 노동조건에 대해 항의를 하자 기독교기업인 신애전자는 무지막지한 폭력을 휘둘러 이들을 제압하기 시작하였다. 1988년 10월 20일 신애전자는 용역을 동원해 노동자들에게 모래와 고춧가루를 뿌리고 소방호스로 물세례는 물론 자갈과 벽돌까지 퍼부었다. 기독교기업의 무지막지한 진압에 의해 황천수라는 노동자의 눈은 실명상태가 되었으며, 김남원이라는 노동자는 공장 관리자가 휘두른 쇠파이프에 맞아 팔뼈에 금이 갔다. 그 외에도 30여 명의 노동자들은 머리를 다치는 중상을 입었다. 처참한 폭력이 자행되었다. 이때 노조를 제압하기 위해 구성된 구사대 중에는 '신우회'도 포함되어 있었다. 교회에 다니는 사원들의 모임인 바로 그 신우회가 폭력으로 노동자들을 제압한 것이다. 여기에 대해 노동자들은 다음과 같이 외쳤다. 평소 예수님의 사랑을 외치던 기독교인들이 차마 인간으로서 못할 일을 저질렀다고. 지금껏 예수를 팔아 자신의 부만 채워왔을 뿐 하나님의 사랑을 실천하면서 살고자 하는 진정한 신앙인의 모습을 찾아볼 수 없었다고 말이다.[18]

신애전자의 노동자들은 문제의 해결을 위해 기독교계에 자신들의 어려움을 호소하였다. 1988년 11월 6일 노동자들은 충현교회, 구로성결교회, 신애복음재단, 동대구교회 등 신애전자와 긴밀한 관계를 가졌던 교회를 방문하였다. 하지만 이들의 호소에 반응을 보인 건 기독학생총연맹, 한신대학협의회, 기독청년협의회 등 진보 성향의 기독교단체들 뿐이었다. 이들은 함께 모여 "선교라는 미명하에 자신의 배를 채우는 악덕 기독실업인을 그리스도의 적으로 규정"한 다음 "모든 재화는 하나님의 것이다. 기업주는 다만 청지기의 사명을 다하는 것이다", "선교는 강제적인 예배를 통해 이루어지는 것이 아니라 하나님의 정의를 노동 현장에서 실현하는 것에 의해 이루어지는 것이다", "노조를 혐오하는 기독실업인의 노조파괴 책동은 반도덕적일 뿐 아니라 반기독교적이기도 하다" 등을 고백하였다.

신화적 성장의 이랜드, 노조탄압에도 신화창조

2014년 9월에 개봉한 영화 〈카트〉는 비정규직 여성노동자들의 아픔을 다룬 영화로 2007년 이랜드 사태를 모티브로 제작되었다. 이랜드는 1980년 이화여대 앞 '잉글랜드'라는 옷가게로 시작해 헌트, 브렌따노, 로엠, 후아유, 언더우드 등의 의류브랜드를 만들며 급성장한 기업이다. 이

---

18. 「기독교인 여러분께 드리는 글」(1988.11.6.) (민주화운동기념사업회 아카이브 등록번호: 00097654)

랜드라면 대표적으로 떠오르는 두 가지가 있다. 하나는 이랜드의 '신화적 성장'이며, 다른 하나는 '기독교기업'이다. 1980년대에 이랜드는 신화라고 불릴 정도로 폭발적인 매출 확대의 과정을 거쳤다. 한 예로, 이랜드의 1988년도 매출은 506억이었지만, 불과 2년이 지난 1990년도에는 2,200억의 매출을 달성했다. 2년 만에 4배로 성장한 것이다. 이러한 폭발적인 성장의 결과 이랜드는 쟁쟁한 대기업들을 제치고 국내 5대 섬유업체의 하나로 등장할 수 있었다. 2000년대에 들어 이랜드는 5조 5,000억 규모의 자산을 보유하게 되었고, 계열사 27개를 거느린 대기업으로 성장하였다. 특히, 이랜드는 중산층을 만족시키는 품질, 디자인, 브랜드네임, 가격대를 매치시켜 새로운 가격대인 중저가 상품을 시장에 선도적으로 내놓아 폭발적인 성장을 이룰 수 있었다.

하지만, 이랜드의 성장 신화 이면에는 노동자에 대한 착취가 있었다. 이랜드는 노동자들에게 주 평균 59시간 이상의 근무를 요구했으며, 재고조사, 사무실 도배 등의 일로 시간 외 근무를 많이 시켰다. 하지만 시간 외 수당을 주는 법은 없었다. 이뿐만이 아니었다. 이랜드는 급여와 상여금을 한 달 이상 늦게 주는 임금체불을 자주 저질렀고 여직원들의 생리휴가도 제한을 받게 했다.

한편, 이랜드는 교회와 다를 바 없는 프로그램을 운영하여 대표적인 기독교기업으로 이미지화하는 데 성공하였다. 이랜드는 하나님 중심, 말씀 중심, 믿음 중심으로 대표되는 18항목의 경영이념을 내세웠으며, 이랜드 성공 신화의 주인공인 박성수 회장은 사랑의교회의 장로이기도 했다. 또한, 이랜드는 세 가지 기독교모임에 참여할 의무조항을 두고 있는데, 월요모임, QT(Quiet Time, 성경묵상시간), 수련회가 그것이다. 이랜드는 일주일의 시작을 하나님께 드린다는 의미로 매주 월요일마다 예배

이랜드 노동조합의 홍보자료에 실린 만평 (출처: 민주화운동기념사업회 아카이브)

형식의 모임을 가졌다. 월요모임이 끝나면 10시 30분부터 업무를 보게 되는데 이 때문에 월요일의 퇴근시간이 늦어지는 경우가 많았다고 한다. 또한, 성서 구절을 함께 읽고 생각을 나누는 QT는 기업정신을 강화하는 역할을 수행하였다. 즉 성서 구절을 기업정신과 연결시킴으로써 노동통제의 이데올로기를 강화하였다.

매년 여름과 겨울에 한 번씩 실행하는 수련회는 기독교 정신을 재확인하고 강화하는 과정이다. 특히 수련회는 전체 사원의 일체감을 조성하고 업무동기를 부여하는 데 효과적이었다. 수련회에서 많이 다루어지는 내용은 '감사정신'에 관한 것이다. 이러한 과정을 통해 이랜드는 사원들이 종교적인 일체감을 갖게 하고 기업정신을 강화할 수 있었다.[19] 이밖에 이랜드는 예수의 탄생을 함께 기뻐하고 팀워크와 공동체 의식을 향상시킨다는 목적으로 크리스마스 때 '송 페스티발'을 열기도 한다. 이때는 각 브랜드별로 전 사원이 참여해 찬송가를 부르고 잘 부른 팀에게 시상을 한다. 이를 위해서는 업무가 끝난 이후가 되서야 연습을 할 수밖에 없었다.

문제는 이랜드의 기독교문화가 일종의 가족 이데올로기로 기능하면서 노동을 통제한다는 데 있다. 이랜드는 직업을 통한 선교라는 명분을 공유함으로써 이해관계를 기반으로 한 이익집단인 기업을 혈연관계에 기초한 가족의 개념으로 받아들일 수 있게 하였다. 전 사원이 함께 참여하는 수련회나 찬양대회 등은 사원들로 하여금 가족 같은 친밀감을 느끼게 하고 일체감을 갖게 하기 때문이다. 먼저 가족 이데올로기는 가부

---

19. 서정아, 「종교적 기업문화와 노동통제: 이랜드 사례연구」, 이화여자대학교 석사학위논문, 1992, 65-66쪽.

장적인 위계구조를 형성하는 데 일조하였다. 즉 박성수 회장은 '아버지'의 역할을 담당함으로써 절대권한을 행사하게 되는데, 사원들 간의 결속과 동시에 사원들에 대한 효율적인 통제를 가능하게 했다. 또한 사원들로 하여금 가족 내에서의 무조건적인 희생을 감수하게 하여 노동의 착취를 은폐하기도 했다.

또한 가족 이데올로기는 노사관계에도 큰 영향을 미쳤다. 예를 들어, 이랜드는 노동조합이 발족하기 전만 해도 노사협의회를 '가족협의회'라고 불렀을 정도다. 노사관계를 가족관계로 파악하게 하는 인식은 사원들에게 노동조합의 필요성을 느끼지 못하게 하거나 부정적인 견해를 갖게 하였다.[20] 이랜드는 노동 조건과 복지의 개선을 요구하는 노조의 활동을 가족 내지 공동체를 파괴하는 이기적인 행위로 규탄하였다.

이랜드의 노동조합은 1993년 10월 22일에 발족되었다. 1980년에 설립된 이래 노조 없이 운영되던 이랜드에 마침내 노조가 결성된 것이다. 그러나 노조의 집회 현장에서 "비기독교신자들이 많이 늘어난 영향이 있지 않겠느냐"고 얘기한 이랜드 간부를 통해서 알 수 있듯이 이랜드는 노조의 결성을 탐탁치 않게 여겼다. 이런 시각을 의식하여 노조는 회지 창간호에서 "회사의 선교비전과 경영자의 도덕성을 전폭적으로 지지한다"라고 명시하였다. 그러나 노조가 결성될 당시에는 8백여 명이 가입했으나 사측의 조직적인 방해 때문에 3개월 동안 250여 명이 탈퇴하였다. 특히 이랜드는 신앙의 논리로 탈퇴를 강요하였다. 다음은 이랜드의 본부장이 노동조합에 가입한 조합원들을 대상으로 실시한 면담의 내용이다.[21]

---

20. 같은 논문, 87쪽.

21. 『부당노동행위 백서』, 8-9쪽. (민주화운동기념사업회 아카이브등록번호: 00354184)

- 왜 조합에 가입했느냐?
- 산업선교회가 개입해서 망하지 않은 기업이 있느냐?
- 노동조합은 성경적 관점에서 올바르지 않다.
- 내가 이랜드 본부장으로 있게 한 것은 이런 불의한 일에 대해서 타협치 말라는 하나님의 뜻으로 알고 있다.
- 성경에 위로부터의 권위에 순종하라고 되어 있는데 조합이란 그것에 어긋나는 것 같다.

이랜드 노조의 초창기 활동은 주로 부당 노동 행위의 해결을 위한 조사 및 시정 요구였다. 그러다가 1994년 3월 부당해고 사건이 터지자 노조는 부당해고자의 복직을 위한 투쟁에 나섰다. 이로써 노사 간의 갈등이 표면화되었다. 이후 이랜드는 57일 간의 첫 파업(1997)과 대대적인 정리해고(1998)에 이어 비정규직의 정규직 전환과 관련한 265일 간의 극렬한 파업(2000)을 겪었다. 2000년대의 이랜드는 거의 매해 노사 간의 크고 작은 갈등과 대립이 있었는데 2007년 비정규직보호법의 시행을 앞두고 영화 〈카트〉의 배경을 이루는 사건이 일어났다. 이랜드는 근무기간 2년을 초과한 비정규직을 정규직으로 전환해야 한다는 비정규직보호법의 고용의무를 피하기 위해 비정규직 노동자를 집단 해고하거나 외주화를 시켰기 때문이다. 이후 510일에 걸쳐 이어지게 되는 기나긴 파업이 시작되었다.

2007년 이랜드 사태는 기독교기업이란 무엇인가 하는 질문을 던졌다. 이후 기독교기업의 정체성에 대한 논의가 활발히 진행되었다. 기독교기업이란 무엇인가. 기업주가 기독교인이면 기독교기업인가. 아니면 기업의 직원들이 기독교인이면 기독교기업인가. 경영적인 측면에서 세금을 정직하게 납부하면 기독교 경영인가. 기업의 수익을 사회에 환원하면 기독교기업인가. 지난 현대사에서 예수의 이름으로 노동력을 착취하고 불의를 행하는 데 몰두했던 기독교기업의 역사를 우리는 함께 살펴보았다. 혹자는 기독교기업이 수익의 얼마를 사회에 환원하는 것을 거론하며 반박할지 모르겠다. 그러나 사회적 환원이 있다고 해서 헌법에 명시된 종교의 자유를 침해하고 노동력을 착취하고 부당 해고하는 처사는 정당화될 수 없다. 오히려 분배의 정의를 강조하는 성서의 원리를 경영의 구조와 과정에 적용하려는 노력이 필요하지 않을까 싶다.

참고문헌

1. 사료

기독교신문
『기독교신문』, 『기독공보』, 『한국기독시보』, 『교회연합신보』, 『크리스챤 신문』, 『기독신보』

기독교잡지
『기독교사상』, 『낙원』, 『활천』, 『신학지남』, 『씨알의소리』

일반신문 및 잡지
『매일신보』, 『경향신문』, 『동아일보』, 『사상계』

그 외
국가기록원 자료
민주화운동기념사업회 아카이브 자료

2. 연구논문

강성호, 「1950년대 중후반 이승만 정권 · 개신교와 천주교의 갈등」, 성균관대 사학과 석사학위논문, 2014.

강인철, 「해방 이후 4 · 19까지의 한국교회와 과거 청산 문제」, 『한국기독교와 역사』 제24호, 2006.

김남균, 「미국정치에 있어서 소수 종교문제: 알 스미스와 1928년 대통령 선거」, 『미국사연구』 제7집, 1998.

김승태, 「일제 말기 한국기독교계의 변질 · 개편과 부일협력」, 『한국기독교와 역사』 제24호, 2006.

박정신 · 박규환, 「'뒤틀린 기독교' 굳히기」, 『현상과 인식』 36권 1호, 2012.

박태영, 「구한말과 일제 식민지통치시대의 북미 선교사들의 정교분리 연구」, 숭실대 기독교학과 박사학위논문, 2013.

서정민, 「중일 · 태평양 전쟁과 기독교」, 『한국기독교와 역사』 제21호, 2004.

서정아, 「종교적 기업문화와 노동통제: 이랜드 사례연구」, 이화여자대학교 석사학위논문, 1992.

손승호, 「일제말 한국장로교회와 해방후 죄책고백에 관한 연구」, 연세대 신학과 석사학위논문, 2008.

손승호, 「유신체제하 한국기독교교회협의회의 인권운동에 대한 연구」, 연세대 신학과 박사학위논문, 2014.

안유림, 「일제하 기독교 통제법령과 조선기독교」, 이화여대 사학과 박사학위논문, 2012.

윤선자, 「일제하 종교단체의 경제적 기반 확보 과정」, 『한국근현대사연구』 제24집, 2003.

이강일, 「한국개신교 복음주의운동 연구」, 한국학대학원 종교학과 박사학위논문, 2015.

이종록,「일본제국주의가 한국교회의 구약성경 이해에 미친 영향」,『신학과 사회』제15집, 2001.

이재근,「매코믹신학교 출신 선교사와 한국 복음주의 장로교회의 형성, 1888~1939」,『한국기독교와 역사』제35호, 2011.

장규식,「군사정권기 한국교회와 국가권력」,『한국기독교와 역사』제24호, 2006.

정승우,「예수는 어떻게 한국에서 민족과 반공의 아이콘이 되었는가」,『신약논단』제20권 제3호, 2013.

차옥숭,「한국의 노동문제와 교회」, 이화여대 기독교학과 석사논문, 1977.

최보민,「1920년대 중반 반기독교운동 연구」, 성균관대 사학과 석사학위논문, 2013.

최태육,「남북분단과 6·25전쟁 시기 민간인 집단 희생과 한국 기독교의 관계 연구」, 목원대 신학과 박사학위논문, 2014.

홍승표,「일제하 한국기독교 출판 동향 연구」, 연세대 신학과 박사학위논문, 2015.

홍이표,「일제하 한국 기독교의 일본인식 연구:「內地」개념을 중심으로」, 연세대 신학과 박사학위논문, 2014.

3. 단행본

강동진,『일본의 한국침략정책사』, 한길사, 1980.

강인철,『한국기독교회와 국가·시민사회』, 한국기독교역사연구소, 1996.

강인철,『종속과 자율: 대한민국의 형성과 종교정치』, 한신대출판부, 2013.

강인철,『저항과 투항: 군사정권들과 종교』, 한신대출판부, 2013.

강인철,『한국의 개신교와 반공주의』, 중심, 2006.

김기진,『끝나지 않은 전쟁 국민보도연맹』, 역사비평사, 2002.

김덕영,『환원근대: 한국 근대화와 근대성의 사회학적 보편사를 위하여』, 길, 2014.

김상구,『믿음이 왜 돈이 되는가?』, 해피스토리, 2011.

김승태,『한국기독교와 신사참배문제』, 한국기독교역사연구소, 1991.

김승태,『한국기독교의 역사적 반성』, 다산글방, 1994.

김승태,『일제강점기 종교정책사 자료집』, 한국기독교역사연구소, 1996.

김승태,『한말 일제강점기 선교사 연구』, 한국기독교역사연구소, 2006.

김승태,『식민권력과 종교』, 한국기독교역사연구소, 2012.

김양선,『한국기독교해방십년사』, 예수교장로회종교교육부, 1956.

김종서,『종교사회학』, 서울대학교출판문화원, 2005.

김진호,『시민K, 교회를 나가다』, 현암사, 2012.

김홍수,『한국전쟁과 기복신앙확산 연구』, 한국기독교역사연구소, 1999.

권명아,『식민지 이후를 사유하다』, 책세상, 2009.

노치준,『한국의 교회조직』, 민영사, 1995.

류대영,『초기 미국 선교사 연구』, 한국기독교역사연구소, 2001.

류대영,『개화기 조선과 미국 선교사』, 한국기독교역사연구소, 2004.

류대영,『한국근현대사와 기독교』, 푸른역사, 2009.

미야타 미쓰오,『국가와 종교: 유럽 정신사에서의 로마서 13장』, 삼인, 2004.

민경배,『정인과 그 시대』, 한국교회사학연구원, 2002.

박용권,『국가주의에 굴복한 1930년대 조선예수교장로회의 역사』, 그리심, 2008.

박원순,『역사를 바로 세워야 민족이 산다』, 한겨레신문사, 1996.

배덕만,『한국 개신교 근본주의』, 대장간, 2010.

서정민,『일본기독교의 한국인식』, 한울, 2000.

서정민,『한일 기독교 관계사 연구』, 대한기독교서회, 2002.

서중석, 『한국현대민족운동연구』, 역사비평사, 1997.

서중석, 『한국현대민족운동연구』, 2, 역사비평사, 1996.

서중석, 『이승만의 정치이데올로기』, 역사비평사, 2005.

서중석, 『이승만과 제1공화국』, 역사비평사, 2007.

서중석, 『대한민국 선거이야기: 1948 제헌선거에서 2007 대선까지』, 역사비평사, 2008.

송규진 외, 『통계로 본 한국근현대사』, 아연, 2004.

신광은, 『천하무적 아르뱅주의』, 포이에마, 2014.

신광은, 『메가처치를 넘어서』, 포이에마, 2015.

신광철, 『천주교와 개신교: 만남과 갈등의 역사』, 한국기독교역사연구소, 1998.

아사미 마사카즈, 『한국기독교, 어떻게 국가적 종교가 되었는가』, 책과함께, 2015.

안종철, 『미국 선교사와 한미관계: 1931~1948』, 한국기독교역사연구소, 2010.

알렌 크라이더, 『회심의 변질』, 대장간, 2012.

양현혜, 『윤치호와 김교신』, 한울, 2009.

유홍렬, 『한국천주교회사』, 가톨릭출판사, 1962.

윤경로, 『한국근대사의 기독교사적 이해』, 역민사, 1992.

윤선자, 『일제의 종교정책과 천주교회』, 경인문화사, 2001.

윤선자, 『태평양전쟁 발발 이후 일제의 인적 지배와 그리스도계의 대응』, 집문당, 2005.

윤정란, 『한국전쟁과 기독교』, 한울, 2015.

윤해동, 『식민지의 회색지대』, 역사비평사, 2003.

이덕주·조이제 엮음, 『한국 그리스도인들의 신앙고백』, 한들, 1997.

이덕주, 『한국 토착교회 형성사 연구』, 한국기독교역사연구소, 2000.

이상규, 『한국교회사의 뒤안길』, 킹덤북스, 2015.

이성전, 『미국선교사와 한국근대교육』, 한국기독교역사연구소, 2007.

이재근, 『세계 복음주의 지형도』, 복있는사람, 2015.

이재원, 『대구장로교회사(1893~1945)』, 사람, 1996.

이혜영, 『한경직의 기독교적 건국론』, 대한기독교서회, 2011.

자끄 엘륄, 『뒤틀려진 기독교』, 대장간, 2012.

자끄 엘륄, 『선전: 순수한 신앙과 불온한 선전의 동거』, 대장간, 2012.

장규식, 『일제하 한국 기독교민족주의 연구』, 혜안, 2001.

장숙경, 『산업선교, 그리고 70년대 노동운동』, 선인, 2013.

장을병 외, 『국가권력과 기독교』, 민중사, 1982.

정병준, 『우남 이승만 연구』, 역사비평사, 2005.

정성한, 『한국기독교 통일운동사』, 그리심, 2003

조희연, 『박정희와 개발독재시대』, 역사비평사, 2007.

최종원, 『이승만의 기독교 수용과 기독교국가건설론 연구』, 북랩, 2014.

편집부, 『우리는 왜 기독교를 반대하는가』, 클럽안티기독교 카페, 2003.

편집부, 『에센스 부정선거 도감』, 프로파간다, 2015.

하라 마코토, 『전시 하 일본 기독교사: 국가를 넘어서지 못한 일본 프로테스탄트 교회』, 한들, 2009.

한민주, 『권력의 도상학: 식민지 시기 파시즘과 시각 문화』, 소명, 2013.

한상범·이철호, 『법은 어떻게 독재의 도구가 되었나』, 삼인, 2012.

한석희, 『일제의 종교침략사』, 기독교문사, 1990.

허종, 『반민특위의 조직과 활동: 친일파 청산 그 좌절의 역사』, 선인, 2003.

후지이 다다토시, 『갓포기와 몸뻬, 전쟁: 일본 국방부인회와 국가총동원체제』, 일조각, 2008.